城市综合交通结构演变的实证研究

毛保华 郭继孚
陈金川 刘 爽 著

人民交通出版社
China Communications Press

内 容 提 要

本书在系统调研伦敦、纽约、东京、首尔、上海、广州和北京七个典型城市交通系统变化的历史的基础上，分析了各城市不同交通方式的发展历程，提出了其在不同历史时期的发展特征，并从交通结构的角度分析了各城市间存在的阶段差异，最后对国内城市未来的交通发展政策提出了建议。

本书适于科研、设计单位的工程技术人员作为研究中外城市综合交通系统、交通发展史的重要参考资料使用，也可作为各高等院校交通运输类相关专业本科、研究生的辅助教材使用。

图书在版编目（CIP）数据

城市综合交通结构演变的实证研究/毛保华等著.
—北京：人民交通出版社，2011.5
　　ISBN 978-7-114-08903-9

Ⅰ.①城… Ⅱ.①毛… Ⅲ.①市区交通－交通运输管理－研究－世界　Ⅳ.①U121

中国版本图书馆 CIP 数据核字（2011）第 025746 号

书　　名：	城市综合交通结构演变的实证研究
著 作 者：	毛保华　郭继孚　陈金川　刘　爽
责任编辑：	杜　琛
出版发行：	人民交通出版社
地　　址：	(100011) 北京市朝阳区安定门外外馆斜街 3 号
网　　址：	http://www.ccpress.com.cn
销售电话：	(010) 59757969、59757973
总 经 销：	人民交通出版社发行部
经　　销：	各地新华书店
印　　刷：	北京鑫正大印刷有限公司
开　　本：	720×960　1/16
印　　张：	18
字　　数：	294 千
版　　次：	2011 年 5 月　第 1 版
印　　次：	2011 年 5 月　第 1 次印刷
书　　号：	ISBN 978-7-114-08903-9
印　　数：	0001－2000 册
定　　价：	50.00 元

（如有印刷、装订质量问题的图书由本社负责调换）

前言
Preface

　　城市交通是城市运行的重要支撑系统,直接影响甚至决定着城市的发展、运行效率与居民生活质量。对城市交通系统可以从三个层面来认识:一是宏观层面,主要涉及交通发展目标、交通结构及其发展引导政策;二是中观层面,包括各种运输方式网络的具体架构、线路类型与运输系统的技术模式;三是微观层面,重点包括线路与站点设施的配置、系统能力的配置、运行管理机制等操作层面的问题。这三个层面的问题相互作用和影响,共同决定着整个城市交通系统的绩效及其对城市社会运行的服务质量。

　　城市交通结构是指不同运输方式在整个交通系统运行中承担的运输任务的比例的一种组合,是分析和评价交通系统类型及其运行效率的重要基础。本书分析了城市综合交通结构的概念及其内涵,系统调研了伦敦、纽约、东京、首尔、上海、广州与北京七个典型城市交通系统变化的历史,分析了道路、铁路、水运等不同交通方式以及私家车、出租车、公共交通等不同形式交通的发展历程。根据各城市人口、经济总量、土地面积、交通设施规模、出行水平等指标的实际变化,提出了各城市在不同历史时期的发展特征。本书还横向分析比较了国外四个城市与国内三个城市的相关指标,从交通结构角度分析了各城市间存在的阶段差异,并对国内城市未来的交通政策提出了建议。

　　本书编写分工为:毛保华负责第1章,第2章,第9章;郭继孚负责第4章,第8章;陈金川负责第5章,第7章;刘爽负责第3章,第6章。

　　本书是在教育部"城市交通复杂系统科学与技术"重点实验室完成的。城市综合交通结构演变的实证研究得到了国家973计划项目子课题"典型大城市交通疏堵问题的综合实证研究"(2006CB7055)、国家自然科学基金重点项目(70631001)和北京交通发展研究中心相关项目的资助以及北京交通大学中国综合交通研究中心的大力支持。在本书讨论与写作过程中,得到了全永燊教授级高级工程师、陆锡明教授级高级工程师、金安高级工程师、孙壮志教授级高级工程师、张国伍教授、高自友教授、贾顺平教授、冯雪松博士以及利兹大学陈海波博士、内华达大学田宗忠博士、日本铁道综合研究所厉国权博士的帮助与支持。在资料整理及图表绘制过程中,研究生朱锦、周锐、何韬、陈松、梁肖等提供了许多帮助。同时,全书参考了大量国内外文献。作者在此对以上人员和相关文献的作者一并表示衷心感谢。

作者

2010 年 12 月

目录
Contents

1 相关术语及概念 …………………………………………… 1
   1.1 交通结构概念 ………………………………………… 1
   1.2 交通结构的作用 ……………………………………… 3
   1.3 本书的结构 …………………………………………… 4

2 伦敦 ………………………………………………………… 5
   2.1 伦敦交通概况 ………………………………………… 5
   2.2 伦敦交通发展沿革 …………………………………… 6
   2.3 伦敦交通结构分析 …………………………………… 18
   2.4 公共交通系统分析 …………………………………… 26
   2.5 私人交通发展策略 …………………………………… 33
   2.6 伦敦的拥挤收费政策 ………………………………… 37
   2.7 小结 …………………………………………………… 40

3 纽约 ………………………………………………………… 43
   3.1 纽约交通概况 ………………………………………… 43
   3.2 纽约交通发展沿革 …………………………………… 46
   3.3 纽约交通结构分析 …………………………………… 48
   3.4 公共交通系统分析 …………………………………… 63
   3.5 私人交通发展策略 …………………………………… 73
   3.6 交通政策 ……………………………………………… 76
   3.7 小结 …………………………………………………… 79

4 首尔 ………………………………………………………… 81
   4.1 首尔交通概况 ………………………………………… 81

4.2	首尔交通发展沿革	83
4.3	首尔交通结构分析	87
4.4	公共交通系统分析	88
4.5	私人交通发展策略	94
4.6	首尔交通的建设与发展	96
4.7	小结	100

5 上海　101
- 5.1 上海概况　101
- 5.2 上海交通发展沿革　104
- 5.3 上海交通结构分析　108
- 5.4 公共交通系统分析　120
- 5.5 私人交通发展策略　135
- 5.6 上海交通政策　138
- 5.7 小结　146

6 广州　149
- 6.1 广州交通概况　149
- 6.2 广州交通发展沿革　150
- 6.3 广州交通结构分析　154
- 6.4 公共交通系统分析　160
- 6.5 私人交通发展策略　165
- 6.6 广州交通政策研究　169
- 6.7 小结　179

7 东京　182
- 7.1 东京城市概况　182
- 7.2 东京交通发展沿革　184
- 7.3 东京交通结构分析　192
- 7.4 公共交通系统分析　195
- 7.5 私人交通系统分析　198
- 7.6 东京交通政策　199
- 7.7 小结　205

8 北京　206
- 8.1 城市交通概况　206
- 8.2 北京交通发展沿革　208

  8.3 北京交通结构分析 ·· 218
  8.4 公共交通系统分析 ·· 223
  8.5 私人交通发展策略 ·· 228
  8.6 交通发展政策 ·· 233
  8.7 小结 ·· 244
9 典型城市交通系统的比较研究 ·································· 246
  9.1 典型城市的选取 ·· 246
  9.2 交通基本情况比较 ·· 249
  9.3 道路交通运行状态比较 ······································ 252
  9.4 交通结构比较 ·· 255
  9.5 交通发展模式及管理策略的借鉴 ······························ 266
  9.6 主要结论 ·· 271
参考文献 ·· 274

1 相关术语及概念

1.1 交通结构概念

交通结构是综合交通体系中不同交通方式所承担的交通量比重,反映了交通需求的特点和不同交通方式的主要功能与地位。

国际上对城市交通结构的应用非常灵活多样。常常根据不同的研究重点,选取不同的交通结构种类,主要包括以下五类:

(1)按区域范围不同:分为对外交通结构、市域交通结构和市区交通结构。

(2)按出行目的和出行时段不同:分为全日全目的交通结构、高峰小时全目的交通结构、高峰小时通勤交通结构、非高峰小时非通勤交通结构。

(3)按交通方式不同:分为全方式交通结构、不包括步行交通方式结构和机动化交通方式结构。

(4)按出行方式链不同:主要以出行方式链为研究对象,一次完整的从出发地到目的地的出行,包括分段多种交通方式的组合,因此不同的出行方式的组合形成了不同的出行方式链。如果将出行方式链进行优先级归类,方式的优先级由高到低依次为轨道交通、公共汽(电)车、小汽车/出租车、非机动车、步行(比如一次出行方式链为步行-非机动车-轨道交通-步行,则归为轨道交通出行方式链),就可以得到出行方式结构;如果将出行方式链的分段按不同交通方式进行归类,就可以得到乘行方式结构;如果在出行方式链中加入距离因素,就可以得到客运方式结构。

(5)按度量方式不同：分为出行方式结构、乘行方式结构和客运方式结构。三种方式结构的度量内容分别是出行量、乘行量和客运周转量，所采用的指标分别为人次、乘次及人公里。对相同前提范围，采用不同度量内容，交通结构会有较大差异。出行方式结构基于出行中优先级交通方式构成；乘行方式结构在出行方式结构的基础上考虑了换乘因素，是各种交通方式承担的客运量的构成；客运方式结构考虑换乘次数和出行距离，是最能客观反映交通本质的交通结构(表1-1)。

不同度量方式下的交通结构 表1-1

交通结构类型	度量内容	单位	说明	优点	缺点
出行方式结构	出行量	人次(Trips)	若一次出行包括多种交通方式时，出行量按优先级别计入最主要的交通方式(如其他方式换乘轨道交通时，出行量按轨道交通方式计算)	反映全方式出行优先级交通方式的构成情况	只能通过交通调查得到，同时模糊了次要级交通模式比重
乘行方式结构	乘行量	乘次(Boardings)	在实际应用中为便于统计，非机动车(自行车和助动车)和步行等非机动交通方式采用出行方式数值	反映各种交通方式承担客运量的构成情况，通过统计资料方便获得	没有考虑运输距离因素，与事实有一定偏差
客运方式结构	客运周转量	人公里(Passenger Kilometers)		考虑各种交通方式客运量和运输距离的客运周转量构成情况，客观反映交通结构	对交通统计资料的要求较高

以北京市为例，《北京交通发展纲要(2004~2020)》中提到了全市、市域、市区、市中心区、中心城、新城、旧城区等范围概念，这些范围概念在不同的研究报告中其内涵稍有差异。根据《北京城市总体规划(2004~2020)》，本报告所涉及的研究区域具体所指如下：

(1)市域(又称为全市、北京市)：指北京市行政辖区共18个区县(目前已经调整为16区县)，面积为16410.54平方公里。

(2)城八区(现为城六区)：指东城区、西城区、崇文区、宣武区、朝阳区、丰台区、石景山区、海淀区,面积共 1368.32 平方公里。

(3) 城四区(现为城二区):指东城区、西城区、崇文区、宣武区,面积共 92.39 平方公里。

(4) 远郊区县:指房山区、通州区、顺义区、昌平区、大兴区、门头沟区、怀柔区、平谷区、密云县、延庆县,面积共 15042.22 平方公里。

(5) 中心城❶(又称为市区、城区):范围东起定福庄,西到石景山,北起清河,南到南苑,加上回龙观与北苑北地区,面积约 1085 平方公里。

(6) 中心地区:面积约 336 平方公里,范围大体以四环路为界(四环路内面积 302.76 平方公里),包括旧城和边缘集团。

(7) 旧城:范围为明清时期北京护城河及其遗址以内的城市区域,面积约 61.87 平方公里(大体以二环路为界)。

(8) 边缘集团:包括北苑、酒仙桥、东坝、定富庄、垡头、南苑、丰台、石景山、西苑、清河,面积约 268 平方公里。

(9) 新城:规划建设新城 11 个,分别为通州、顺义、亦庄、大兴、房山、昌平、怀柔、密云、平谷、延庆、门头沟。

1.2 交通结构的作用

作为城市综合交通系统的重要特征指标,交通结构具有以下作用。

(1) 交通结构是反映交通发展模式的重要特征指标

城市交通结构反映了在不同区域、不同时段、不同研究内容下各种交通模式的比例构成,是表征交通发展模式的重要特征指标,不仅科学、直观,而且便于对比研究。在世界城市交通年度报告中,交通结构指标是不可缺少的内容,可见其表征性和说明力度非常强。

(2) 交通结构表现一定交通需求在一定交通供给下的总体效果

城市交通结构是一定用地布局产生的交通需求在一定交通供给模式下形成的总体效果,是城市交通供需调节措施实施的结果说明。在与交通有关的规划、建设、运营和管理的各个环节,常被用以说明相关政策措施的实施效果。

(3) 交通结构可作为城市交通模式未来的发展目标

---

❶ 在涉及中心城的一些定量数据时,有时没有确切的统计数据,报告中会采用城八区(现为城六区)的数据近似(在引用时特别注明)。

在对规划年限交通发展战略研究中,交通结构常常作为城市交通模式的发展目标,与现状交通结构相比较,表现交通结构调整的方向和目标,能够充分体现城市交通战略重点。

(4)交通结构对城市交通规划、建设、运营和管理有总体指导作用

作为交通模式发展目标的控制性指标,交通结构对城市交通规划、建设、运营和管理具有总体指导作用,这种作用体现在城市交通规划理念、交通投资建设的重点和规模、交通运营服务质量、交通管理的各种手段和控制力度等方面。

因此,城市交通作为城市居民衣食住行活动的重要支撑,研究城市综合交通结构的演变,不仅是深刻认识城市发展过程的基础,而且对于改善城市运行效率、提高城市居民生活水平也具有重要的意义。

1.3 本书的结构

本书结合作者近年开展的一系列研究,先后系统调研了伦敦、纽约、首尔、上海、广州、东京与北京七大城市交通发展的历史资料。从这些城市交通结构的历史演变过程的分析中,总结提炼了这些城市发展过程中的交通基本特征及其得失。最后,本书简要分析比较了这些城市间在交通结构上的差异及其成因,并就它们对我国城市交通发展的借鉴意义进行了初步分析,结合作者的认识提出了引导城市交通结构发展的一些基本观点。

2 伦 敦

2.1 伦敦交通概况

英国伦敦是世界级大都市与国际金融中心。整个大伦敦地区(Greater London)面积为1580平方公里,其中伦敦中心区为27平方公里,除中心区外的内伦敦区(Rest of Inner London)为294平方公里,外伦敦区(Outer London)为1259平方公里。伦敦各地区的划分及面积如图2-1所示。

图 2-1 伦敦各地区划分示意图

2006年,伦敦全市道路系统总长度为14926公里,其中快速路60公里,主干道1721公里,次干路及其他道路13145公里。快速路与主干路里程占总里程的 11.93%，路网结构基本完善。伦敦的轨道交通系统发展得最早，是世界上第一条地铁的诞生地，并已形成了世界规模最大的地铁系统。

伦敦的人口出现过波动，1939 年时曾达到 860 万人，20 世纪 80 年代下降到 680 万人。2007 年，大伦敦行政区人口达到 757.2 万人，其中内伦敦人口 300.7 万人，外伦敦人口 456.5 万人。总体来看，伦敦地区人口呈现出缓慢增长趋势，预计到 2031 年伦敦地区居住人口将达到 849 万人。1971~2006 年伦敦居住人口统计情况如表 2-1 所示。分析发现，伦敦地区居住人口多分布于内伦敦地区。

伦敦各年龄段居住人口统计（千人）　　　　　表 2-1

统计年份	伦敦各年龄段人口统计				各地区人口统计		
	0~14 岁	15~64 岁	65 岁及以上	合计	伦敦市区	伦敦郊区	英国
1971	1598	4922	1010	7530	3060	4470	54388
1981	1245	4513	1048	6806	2550	4255	54815
1991	1266	4600	964	6830	2599	4230	55831
1996	1360	4686	929	6975	2656	4318	56477
2001	1368	5058	897	7323	2859	4463	57361
2002	1362	5104	895	7361	2886	4475	57627
2003	1356	5116	892	7364	2891	4473	57855
2004	1351	5150	888	7389	2907	4482	58136
2006	1360	5269	884	7513	2973	4539	58846
比例变化							
1971~1981	－22%	－8%	4%	－10%	－17%	－5%	1%
1981~1991	2%	2%	－8%	—	2%	－1%	2%
1991~2001	8%	10%	－7%	7%	10%	6%	3%
2001~2006	－1%	4%	－2%	3%	4%	2%	3%

注：数据来源于 London Travel Report 2007。

2.2　伦敦交通发展沿革

从城市发展历史看，伦敦自 1801 年进入快速发展时期。这一时期经济、人口的高速发展给交通带来了一系列问题，也使公共交通成为解决交通问题的最主要手段。这也使得伦敦成为世界公共交通系统发展最早、最完善的城市之一。

1829年,伦敦出现了世界最早的公共交通工具——马拉公交车;1836年伦敦客运铁路开始运营;1863年,世界第一条地铁——伦敦大都会铁路(The Metropolitan Railway)开始运营;1890年世界上第一条采用电力牵引技术的地铁——城市和南伦敦铁路(The City and South London Railway,简称C&SLR)开始运营。

人口数量是体现城市发展过程的重要指标,人口增长促进了城市扩张,也扩大了交通需求规模。公元60年到2007年中期,伦敦的人口变化情况如表2-2所示。

伦敦人口变化历史数据　　　表2-2

年份	大伦敦地区			内伦敦地区			外伦敦地区			数据来源
	人口(人)	密度(人/平方英里)	密度(人/平方公里)	人口(人)	密度(人/平方英里)	密度(人/平方公里)	人口(人)	密度(人/平方英里)	密度(人/平方公里)	估算
60				30000						估算
200				45000~50000						估算
1100				14000~18000						估算
1200				20000~25000						估算
1340				40000~50000						估算
1600				200000						估算
1700				575000~600000						估算
1801	1096784	1764	681	959310	8137	3143	137474	273	105	人口调查
1851	2651939	4266	1648	2363341	20045	7742	288598	573	221	人口调查
1861	3188485	5129	1981	2808494	23821	9201	379991	754	291	人口调查
1901	6506889	10466	4042	4536267	38476	14861	1970622	3912	1511	人口调查
1931	8110358	13045	5039	4397003	37294	14405	3713355	7371	2847	人口调查
1951	8196807	13185	5093	3681552	31226	12061	4515255	8962	3462	人口调查
1961	7992443	12856	4966	3492879	29626	11443	4499564	8931	3450	人口调查
1981	6608598	10630	4106	2425630	20574	7947	4182968	8303	3207	人口调查
2001	7172036	11536	4456	2765975	23460	9061	4406061	8746	3378	人口调查
2007	7556900	12450	4807	3000300	24338	9397	4556600	9420	3637	人口调查

注:数据来源于ONS Mid-year Estimate。

可以看出,伦敦人口在20世纪40年代前后突破过860万人,到20世纪80年代跌到660万人,2007年又回升到750万人左右。下面将对1801年以来伦敦交通历史的发展历程进行简要回顾。

2.2.1　1829～1850年:公共交通的起步

(1)公共马车的出现

1829年7月4日,伦敦最早的公共交通方式——公共马车开始运营。这种公共马车可以容纳20名乘客,由三匹马牵引,在Bury Street和Bloomsbury两个地区进行运营。最初的公共马车线路由伦敦郊区到伦敦市区,全长8045米(5英里),耗时约1小时。公共马车运营初期,是被禁止在伦敦中心城区搭载乘客的,因为当时伦敦中心城区被出租马车(今天出租车的前身)垄断运营。直到1832年,迫于公共压力,伦敦当局才允许公共马车在中心城区开始运营。

(2)公共马车运营竞争的加剧

18世纪30年代,随着公共马车的发展,不同运营商之间的竞争进一步加剧。当时的公共马车没有固定的站点,乘客可以在路边招呼就近上车,下车时需拍打车顶发出声音或拽另一端系在驾驶员臂上的绳子,后来出现了用摇铃来通知驾驶员停车的方法。到18世纪40年代,公共马车彻底取代了短距离的出租马车,成为伦敦地区的主要交通方式。随着公共马车的发展,运营商开始设计出不同类型的公共马车,新型的双层公共马车就是现在伦敦双层公交车的前身。

2.2.2　1851～1875年:铁路的发展与地铁的诞生

(1)铁路的建设与发展

1836年2月8日,伦敦第一条铁路开通,即伦敦至格林威治间一段长3.75英里的线路,同年12月29日,伦敦至格林威治全线开通。在运营初期,火车票价为每人1便士。据统计,1839年全年共计运送了12万名旅客。随着铁路运输的发展,到1844年,伦敦至格林威治铁路的年运量达到200万人。

18世纪40年代至60年代是伦敦铁路快速发展时期。1837年,伦敦至伯明翰铁路开通,连通了英国当时最大的两个城市;1848年,滑铁卢线开通;1852年,建成国王十字站;1854年,建成帕丁顿站。

(2)伦敦地铁的诞生

1840年前后,伦敦交通拥堵进一步加剧。由于地区所有铁路线路的终点均位于城市边缘地区,铁路乘客进入伦敦市区需要换乘其他交通方式,而当时伦敦市中心并没有健全的道路体系,这加剧了进城道路的拥挤。为解决拥堵问题,伦敦于1855年专门成立了委员会来实施各项解决交通拥堵的措施,如完善伦敦各级道路体系、建设铁路通道、建设人行步道等。然而,这些建议的实施需要大量费用来重建伦敦中心城区设施。因此,建设连接各地区的地下铁路成为解决交通拥堵问题的最有吸引力途径。

伦敦律师查尔斯·皮尔森(1793~1862)是伦敦地铁计划的坚定支持者,他认为这项计划能够吸引工作在伦敦地区的人们搬到环境更好的郊区居住。不过,他最初假设建设城市铁路枢纽的建议于1851年被议会驳回,因为政府不允许铁路公司建设进入伦敦中心的铁路线。另一项由企业家协会提出的修建地下铁路的建议被议会采纳。1854年,两项提案合并后伦敦城市铁路公司成立。然而,由于部分媒体提出隧道可能垮塌、乘客可能会由于车辆废气而中毒等问题,公司融资遇到了很大困难。经多方努力,西部铁路公司和城市公司(The Great Western Railway and the City Corporation)最终决定对地铁进行投资。

伦敦大都会铁路(The Metropolitan Railway)是世界第一条地铁,于1863年1月10日开始运营并取得了成功。运营第一天,大都会铁路就运送了约4万名乘客,在运营开始的6个月里,平均日运量达到了26500人。该线由帕丁顿(Paddington)到法灵顿街(Farringdon Street),全长3英里,中间经过优斯顿(Euston)和国王十字(King's Cross)两个主要站点,线路主要采用挖填法进行建设。该线路运营车辆为蒸汽机车,由西部铁路公司设计生产,线路按一定间隔在隧道开出通风口,使机车排放的蒸汽能及时排出。直至1905年电力车辆开始运营之前,车辆排出的烟气始终是困扰伦敦地铁的主要问题。

查尔斯·皮尔森的另一重要贡献是他提出的通勤人员票价折扣方案于1864年5月在大都会铁路中实施。这项措施允许通勤人员在早晨乘坐地铁可以享受30%的折扣。自1883年火车票价折扣法案(Cheap Trains Act)实施以后,其他铁路公司也采用了这种票价折扣方式。由于交通的便利和折扣票价的实施,部分市民开始由拥挤的市区搬到外围城区居住,这种居住地外移的趋势后来在伦敦中产阶级中扩大。

大都会铁路的成功,引发了政府建设其他线路的兴趣。1864年,工程师约翰·福勒被伦敦议会授权与大都会地铁公司合作建设地铁环线，该环线可以连接全部铁路干线站点。由于大都会铁路公司和地区铁路公司间的竞争以及中心区建设费用高昂，环线地铁直到1884年才最终建设完毕。

2.2.3 1876～1900年：城市快速扩张与郊区发展

1876～1900年是伦敦城市快速扩张时期。通勤人员折扣票价政策的实施以及公共马车的发展使得伦敦地区交通非常便捷，中产阶级开始向伦敦中心外围迁移。公共交通网络可达性的增强，使富裕的工薪阶层也开始向外围迁移。随着富人向外部区域的迁移，他们在中心城区的房屋被改造成公寓出租给更多的人。伦敦最贫困阶层依然居住在中心城区，居住条件较差。伦敦经济的快速发展，吸引着英国各地区人们涌入伦敦，更加剧了拥堵，伦敦向外围扩张已迫在眉睫。

干线铁路在最初阶段主要服务于长距离出行。当干线铁路转向郊区短距离出行后，其最初的目标是较富裕的出行者，通过提供免费的火车季票来鼓励这些居民在一些新火车站点附近建房。东部铁路等其他一些铁路公司，则主要服务于工薪阶层的出行者。1883年，伦敦贸易委员会通过了火车票价折扣法案，鼓励铁路公司在早、晚两个时段向出行者提供打折车票。该法案进一步促进了伦敦郊区居住区的发展。

1888年，伦敦市议会（The London County Council，简称LCC）成立。该组织在交通方面主要负责交通管理、贫民区拆除以及房屋建设的相关工作。18世纪90年代，伦敦市议会取消了马拉公共车辆，改为电力公交车，并延长电车线路至新建的外围居住区。居民向伦敦中心外围迁移的趋势随着环境优美的伦敦郊区的建设延续到19世纪初期。伦敦中心区人口由1851年的12.8万人下降到1901年的2.7万人。威斯敏斯特和霍尔庞地区的人口从1871年的34万人下降到1901年的24.2万人。与此同时，伦敦内郊区的人口由330万人上升到445万人。1880～1900年，伦敦外郊区人口由62.5万人上升到200万人。

随着伦敦中心城区人口增长、拥堵加剧、死亡率升高（1832年、1848年、1853～1854年三次霍乱流行导致死亡率上升），伦敦中心城区缺少墓地。伦敦当局通过立法决定在郊区新建墓地。1854年，伦敦墓地铁路（The London Necropolis Railway）开始运营，用于运送由沃特卢站到墓地的死者灵柩和参加葬礼的人们。

2.2.4　1901～1913年：电力牵引地铁、无轨电车、公交车出现

（1）伦敦电力牵引地铁出现

1890年12月开始运营的城市和南伦敦铁路是世界上第一条采用电力牵引技术的地铁，运行于King William街至Stockwell之间，并通过液压电梯将乘客由街道运送到站台。地铁列车由三节车厢组成，通过电力机车进行牵引，由当时英国最大发电站对列车进行供电。

城市和南伦敦铁路最初的车厢设计每次只能运送96名乘客。1900年城市和南伦敦铁路延伸到伊斯林顿（Islington）和克拉珀姆（Clapham），1907年延伸到国王十字街（King's Cross）和优斯顿（Euston），1926年成为北部线的早期部分。

（2）无轨电车

无轨电车是有轨电车和公交车的结合，通过空中供电线路供电，采用充气轮胎行驶，没有地面轨道。无轨电车是有轨电车的有效替代，可以继续使用有轨电车时期的供电系统。

伦敦曾在1909年进行过无轨电车可行性论证，但无轨电车最早投入运营的城市是1911年的布拉德福和利兹市。1931年5月16日伦敦联合有轨电车公司（The London United Tramways，简称LUT）开始了伦敦第一条无轨电车线路（Twickenham Junction至Teddington）的运营，替换了原有的有轨电车线路。1935年伦敦开始大规模的将无轨电车替换为有轨电车。

无轨电车的存在时期很短暂，高速发展的伦敦郊区需要线路的迅速扩张，廉价的汽油和供电线路高昂的维护费用使得无轨电车越来越不适应。自1959年开始，无轨电车全面被公交车替代，1962年5月9日最后一条无轨电车线路（Wimbledon至Fulwell）结束运营。

（3）公交巴士起步

直到19世纪末期，伦敦的主要交通依然依赖马车。人们为其他替代能源进行了不断的尝试，比如电力和蒸汽。内燃机的发展使得公交车的使用成为可能，1899年伦敦公交车开始运营。早期的公交车可靠性不高，直到1910年，进一步发展的科学技术开始逐步克服公交车的各种缺点，马拉公交车辆已经无法与真正的公交车抗衡。1914年8月4日，最后一条马拉公交车结束了运营。

2.2.5 1914～1918年：第一次世界大战交通发展停滞

1914～1918年为第一次世界大战期间，英国为参战国，此间伦敦交通的发展处于停滞状态。

2.2.6 1919～1938年：伦敦交通发展的黄金年代

(1) 伦敦旅客运输委员会(LPTB)成立

第一次世界大战结束后，伦敦议会提出建议：应在伦敦地区建立一个统一的交通管理机构来避免无序竞争，并改善服务质量，降低费用。1919年，英国政府设立了交通部长一职，伦敦交通应由一个专门机构管理的问题又被提出。直到1929年，交通部长Herbert Morrison和地铁部门主管Lord Ashfield共同提出了一个针对伦敦交通的实施方案，他们认为最好的方式是由一个独立统一的机构来负责整个伦敦的交通运营管理，并进行商业化运作。

1933年7月1日，伦敦旅客运输委员会（伦敦交通委员会）(London Passenger Transport Board，简称LPTB，也称LT)成立，开始负责管理当时世界最大的旅客交通系统。伦敦交通委员会成立初期，雇佣了70500个员工。到1947年，伦敦交通委员会雇用的员工达到10万人，成为当时较兴旺的行业。

由于伦敦郊区的快速发展，地铁网络（尤其是通往郊区的）在20世纪30年代有了快速发展，其中大部分项目由伦敦交通委员会的New Works计划提供资金支持。同时，公交车的成功运营也保证了New Works计划的实现，伦敦交通成为伦敦现代化的一个标志。

(2) 公交车快速发展

1912年，伦敦地铁集团(Underground Group)接管了伦敦通用公共汽车公司(The London General Omnibus Company，简称LGOC)。这种所谓的"联合"带来了交通系统的垄断，并通过公交收益来弥补利润较低的地铁系统。

20世纪20年代，伦敦地区公交车比电车更受欢迎。1922年，一批新的独立运营商开始向伦敦通用公共汽车公司的垄断地位发出挑战。许多运营商经常在高峰时刻使用不固定的时刻表，给乘客选择带来困难。而伦敦通用公共汽车公司通过其公交线路的可靠性和低廉费用在与对手的竞争中胜出。无序的竞争造成了混乱，必须通过制订标准来解决。1924年设立的伦敦交通法案严格限制了在某特定线路运营的公交车数量,这种限制维护了伦敦通用公共汽车公司的垄断地位,并使得该公司能够将利润投入到公交车车型的改进研发上。

1933年,伦敦所有的公交公司都归并到了伦敦交通委员会形成了当时世界上最大的公交管理机构。伦敦交通委员会继续沿用伦敦通用公共汽车公司的标准和政策。该委员会以1932年研制的STL型公交车作为标准车型批量进行生产。

1939年研制的RT型公交车,融合了当时车辆设计的最新技术,成为伦敦交通委员会选用的主要车型。第二次世界大战前,RT型公交车只生产了150辆;战后该车型的生产继续进行,并于1947年推出了新型RT公交车。20世纪50年代,该车型大量生产,1956年伦敦交通委员会开设了一个新厂,以扩展业务并维护其运营的12000辆公交车。

1935年以前,伦敦地区的公交车都是随叫随停,而电车等则是实行固定站停靠的。1935年3月20日,伦敦当局在从Euston Road到Seven Sisters Corner的公交线路上首次设置了固定公交车站。到第二次世界大战时,伦敦地区已有380英里的线路实行了车站固定化,但仍有970英里的线路的公交车站没有固定化。如今,伦敦交通委员会的管辖范围内已有约17000个公交站(其中某些还配有电子信息系统),其已成为伦敦街道熟悉的一景。

从1912年开始,伦敦最大的公交运营商——伦敦通用公共汽车公司就将其业务扩大到了伦敦郊区范围,并使其成为了一项固定业务从而提高公司利润。伦敦当局鼓励居民在周末离开城市前往郊区休闲。到1930年,伦敦通用公共汽车公司已开设了80多条郊区公交线路。

(3)伦敦交通地图的设计革新

清晰易读的信号、地图和相关文字是保证城市交通高效、舒适、安全运行的重要条件。早期的伦敦交通图由城市区划及铁路构成。这些线路开通于19世纪60年代至70年代,这期间的地图就是用来向出行者指示线路具体走向和换乘枢纽,并提示出行者在何处换乘火车或公交车等交通方式之用,具有较强的地理特性,显示了地铁线和火车站与实际道路的真实关系。

19世纪末到20世纪初,快速发展的铁路线路由多家铁路公司分别运营,而各铁路公司制作地图时仅绘制自己公司的线路。1908年,伦敦地铁总公司制作了统一的包括所有铁路线路的标准地图,这对地铁成为一个独立系统起到了重要的促进作用。不过,多条线路绘制在这种以实际地理特性为基准的地图上可读性较差。

为解决伦敦交通地图不易读的问题，1931年，Harry Beck（1903～1974）受电路图的启发而制作出了一种新型简略地图。这种简略地图并不严格依照城市地图的比例铺画线路，拥有许多车站的城市中心地带被放大，而外部区域被相对压缩。Beck 地图还进行了一些创新，如铁路线路都被画成垂直、水平或呈45°角斜度的方向，不同线路用不同颜色标出，使地图非常清晰易懂。图上的车站用节点表示，换乘站用圆圈或菱形表示。不过，最初地铁部门拒绝了 Harry Beck 的设计，认为其过于简单。经过了多次改版之后，Harry Beck 又将他设计的地图提了出来，并于1933年印发了试行版的袖珍地图，由于其清晰易读而迅速获得成功。

目前，伦敦使用的地铁地图就是基于 Harry Beck 地图设计的。这种地图使人们感觉使用方便，可以很容易地进行增加新的车站和线路的修改。Beck 地图已经被世界广泛认可并作为一种设计标准。一些大城市的交通系统也采用这种绘制方式，如纽约、圣彼得堡和悉尼等。

2.2.7　1939～1960年：第二次世界大战停滞与战后恢复

1940年12月29日晚上，第二次世界大战期间（简称"二战"）纳粹德国空军的轰炸机疯狂地袭击了伦敦的旧城区，企图摧毁英国首都伦敦的战时指挥中心，轰炸损毁了大量交通设施。

2.2.8　1961～2000年：交通政策变化与新线路建设

(1) 伦敦交通政策变化

20世纪20年代，伦敦当局意识到有必要建立一个单独的部门来管理伦敦中心及周边地区的客运系统。1933年，联合常务委员会（Joint Standing Committee）成立。该委员会负责对现有及新建的交通系统提出扩展和改进方案，其中部分方案由政府资助，成为伦敦 New Works 计划的组成部分。联合常务委员会所提出方案具体包括：既有线路电气化改造、地铁线路及其站点的改造、无轨电车替换有轨电车、中心线东扩和提出维多利亚线的修建计划。

"二战"期间，以上所提出的各项计划被迫停止。"二战"结束后，伦敦交通系统进入了重建阶段，但食品和供给的短缺影响了交通系统的重建速度。1950年，伦敦交通委员会复成为当时世界最大的交通系统，雇佣了近10万名员工。1952年，有轨电车全部被公交车替换，最终退出了历史舞台。

(2) 伦敦交通系统国有化

"二战"后,政府对交通的投资促进了交通系统的迅速恢复,英国首相艾德礼(Clement Richard Attlee,1883~1967)领导的工党政府计划将伦敦交通委员会及其他重要的交通系统国有化。1948年1月1日,英国交通委员会(British Transport Commission,简称BTC)成立,接管了伦敦交通委员会以及全部的铁路系统、内河航运系统和港口。伦敦交通委员会执委会成员由英国政府交通部长直接任命,Lord Latham被任命为执行委员会的主席。

1951年,丘吉尔(Winston L. S. Churchill,1874~1965)再度当选英国首相。1953年,保守党政府制定新的交通法案,撤销英国所有交通管理组织,将全部交通系统的管理统一归英国交通委员会。

1962年,新的交通法案取消了英国交通委员会,建立由政府任命的独立管理部门。1945~1965年,由于英国交通政策的不断改变以及诸如小汽车高速增长等一些其他问题,使伦敦交通处于发展和动荡的阶段。

(3) 伦敦交通系统归于大伦敦市议会(GLC)

1965年4月1日,大伦敦市议会(GLC)成立,取代了伦敦原有的管理机构伦敦郡议会(LCC)。大伦敦市议会的管辖范围在伦敦郡议会的基础上扩大到米德尔塞克斯郡(Middlesex)和周围其他一些郡县,并获得了管理伦敦道路交通的权利。1970年1月1日,大伦敦市议会从英国政府接管了伦敦交通委员会,开始全面管理伦敦交通系统。大伦敦市议会积极制订限制私人小汽车使用的各项措施,并鼓励通勤者使用公共交通出行。

这段时期,伦敦交通委员会面临许多严峻问题,交通拥堵持续恶化,通货膨胀不断加剧,企业员工严重紧缺,政府补贴大幅下降。这些问题导致伦敦交通系统服务质量不断下降。大伦敦市议会与英国政府在交通政策上冲突不断,费用公平政策就是一个最典型的例子。

费用公平政策的背景是:1980年,Ken Livingstone领导的工党团队取得了大伦敦市议会的领导权,他们推行低廉的公交价格政策。公交票价被削减了32%,这部分收入的减少需要通过征收市附加税收来弥补。这项政策出台后很受市民欢迎,但它仅增加了9%的地铁系统出行量,根本不足以弥补票价降低带来的缺口。对公共交通系统的财政补贴被迫从30%提高到了54%的空前水平。这时,保守的Bromley议会将大伦敦市议会告上了法庭,指控其制定的费用补贴政策不合理,因为伦敦部分地区没有地铁服务,这些地区承担如此高的费用补贴是不公平的。最终,英国国会上议院对这场争论作出最终裁定,费用公平政策被判定为非法。1982年3月,地铁票价提高了96%,导致地铁客流大幅度下降。

1983年,公交卡和票价分区制开始实施,这项政策是该时期较为成功的政策之一,一直沿用至今。

(4)政府重新取得伦敦交通系统控制权

20世纪80年代至90年代初期,伦敦公共交通系统发生了一系列变化。鉴于诸多政策改变和控制权的斗争,英国下议院的交通委员会建议成立一个独立的城市交通管理机构,从大伦敦市议会接管伦敦交通委员会。1984年4月1日,伦敦交通委员会重新由政府接管,并成立了伦敦地区交通委员会(London Regional Transport,简称LRT),该机构实际上是管理公交系统和铁路系统的控股公司。

1950~1970年,英国经济快速发展,就业、经济一片繁荣,同时小汽车迅速进入伦敦市民家庭,造成了交通的严重拥堵和各路段车速的不断下降。伦敦交通管理者采取了信号控制和单行道设置等方法试图缓解交通拥堵,但由于小汽车数量增长过快,各项措施收效甚微。此时,伦敦公交系统陷入了一个可怕的恶性循环,道路交通量的增长以及公交系统员工的短缺使得公交服务的可靠性不断下降,公众对公交车的欢迎程度不断下滑;同时,为了节省开支,公交频次的削减进一步导致了公交服务水平的下降,使得公交系统收入不断下降,又影响了公交服务水平的改善。

对公交系统更为不利的是,伦敦地区交通委员会投资和收益体系也发生了改变。公交服务原本一直是高利润的,可有效弥补成本昂贵且利润较低的地铁系统。公交系统服务水平和效益的下降使得政府没有能力对整个交通系统进行改善。

1966年,运营成本更为低廉的红箭公交车开始运营。20世纪70年代初期,伦敦开始对公交专用道进行改革试点,但与小汽车相比并不足够快速便捷。公交服务和乘客人数进一步下滑。

公交卡(Travelcards)和票价分区制(Zoning)的实施,使得许多出行者由公交车转向地铁。为了改变这种局面,伦敦当局在2000~2002年间采取了设置公交专用道、交叉口公交优先信号、站点车辆到达时间实时显示牌等一系列措施来提高公交车吸引力。

(5)地铁新路线——维多利亚线路(1962~1971年)

英国经济经过战后的繁荣期后,形势已不再乐观,对地铁系统的投资计划不断推迟。维多利亚路线就是在1948年被提出后不断推延,直到1959年才筹集到足够资金,开始建设该线路的Seven Sisters至Finsbury Park段,并于1962年完工。

维多利亚线有效地满足了当时对新线路建设的需求,采用了当时最先进的技术,如自动检票系统、单人驾驶列车等。1969年3月7日,Walthamstow Central至Victoria段正式开通。1971年7月,到Brixton的最后一段也终于开通。20世纪70年代早期,维多利亚线路的作用充分体现出来,客流量增加显著。

(6) 地铁新路线——Jubilee路线(1979年)

Jubilee线路是"二战"结束后的另一条新的地铁线路。与维多利亚线类似,Jubilee线早在1949年就被提议修建,但直到1979年才开通了从Charing Cross至Baker Street的线路。

新开通的10英里的Jubilee线路使地铁延伸到了Southwark、Bermondsey、North Greenwich和Canada Water等地区,连接起了西区的Docklands和东区的Stratford。Jubilee是唯一一条和其他所有线路都相连的线路。这条线路的建设是英国自1951年以来最大的公共建设项目。那些新车站采用极高的环保标准,配备了英国历史上车站所采用的所有的安全措施。它获得了许多殊荣,如BCE(Business Commitment to the Environment)的总理奖、金融时代设计奖、商业建筑奖、英国工业建筑奖、钢结构设计奖以及市民青睐的城市设计奖。

(7) 港口轻轨(Docklands)与新型有轨电车(1987~2000年)

1987年,港口轻轨(Docklands)开通,将港口和地铁网联系了起来。2000年,经由Greenwich和Deptford至Lewisham的港口轻轨扩展线也正式开通。乘坐港口轻轨的旅客人数也不断增加。

有轨电车在伦敦消失50年后重新归来。2000年,克罗伊登有轨电车线路(Croydon Tramlink)正式开通,这条舒适环保的电车线路是由伦敦地区交通委员会和克罗伊登区议会(Croydon Borough Council)共同出资2亿英镑建造的。长约9公里的有轨电车线路将中心的Croydon与Wimbledon、Beckenham和New Addington连接了起来。克罗伊登有轨电车有许多优点,如容量相当于公交车两倍、方便残疾人乘坐的无障碍设计等。

2.2.9　2000年后：现状与未来

20世纪的最后十年到21世纪初期，伦敦人口持续增长，经济和旅游的增长加剧了交通压力。交通系统资金十分短缺，无法应对日益增长的交通需求。伦敦交通系统的容量、可靠性及整体功能远落后于伦敦经济增长的需求。

伦敦的交通危机给商业运行效率带来了威胁，影响了城市参与全球竞争，并恶化了市民生活环境。中央伦敦和外围城镇中心道路交通拥挤产生的空气污染，严重影响了驾驶员、公共汽车乘客和行人的健康。地铁乘客面临的是拥挤的列车、破旧的电梯和严重的不可靠性问题。这些明显的交通问题成为伦敦城市发展的重大障碍，伦敦的交通需求面临着严峻挑战。

伦敦当局制定了一系列缓解中心城区交通拥堵的政策，其中2003年2月17日实施的拥堵收费政策最引人注目。这项政策规定，在工作日的早上7:00到下午6:30期间，凡进入东西约5公里、南北约4公里规定区域的普通轿车驾驶员每天要交纳5英镑费用。实施效果显示，内环中的交通量减少了20%。

伦敦当局还制定了未来10~20年的交通战略，计划将增加伦敦地铁及铁路系统的整体容量（未来15年里将增加50%）。战略中建议的铁路项目将占增加容量的2/3，其余需通过改善现有地铁及国家铁路网络来增加容量。同时，战略目标之一是：2011年使公共汽车的容量增加40%，从而彻底改善伦敦交通拥堵的状况，迎接2012年伦敦奥运会的到来。

2.3　伦敦交通结构分析

2.3.1　出行量及出行方式

出行段（Journey）和出行（Trip）为伦敦地区统计居民出行情况的两种不同口径。一个出行段指一个出行者单一出行目的的由起点到讫点的一次移动；一次出行由采用多种交通方式的多个出行段构成，该次出行的方式由此次出行的距离最长出行段的方式决定。

按出行段统计，2008年伦敦全市居民的日均出行量为2840万次/日。通过与历史数据的对比分析发现，伦敦日均出行量近年来逐步增长，2008年日均出行量比1993年的日均2300万次/日增长了540万次/日。1993~

2008年伦敦各种交通方式的日均交通量变化情况如表2-3所示。

伦敦各种交通方式日均出行量(按出行段统计)(百万次/日)　　表2-3

年份	铁路	地铁	港口轻轨	公交车	出租车	小汽车	摩托车	自行车	步行	合计
1993	1.4	2.0	—	3.1	0.3	10.5	0.2	0.3	5.2	23.0
1995	1.5	2.1	—	3.3	0.3	10.5	0.2	0.3	5.2	23.4
2000	1.8	2.6	0.1	3.7	0.4	10.8	0.2	0.3	5.5	25.4
2004	2.0	2.7	0.1	5.0	0.4	10.4	0.2	0.4	5.6	26.8
2008	2.4	3.0	0.2	5.7	0.4	10.3	0.2	0.5	5.7	28.4

注：1. 出行段：出行的一部分，只采用一种交通方式进行。
　　2. 在不同铁路运营公司之间换乘，重新计为一铁路出行段。
　　3. 乘坐一次公交车计为一公交出行段。
　　4. 铁出行段通过地铁车站入口进行计算，站内换乘被忽略。
　　5. 有一次出行全部由步行完成时，计为一步行出行段；当步行和其他方式共同构成一次出行时，不计算。
　　6. 数据来源于伦敦交通管理局(Transport for London,简称TfL)、铁路管理署(Office of Rail Regulation,简称ORR)、英国交通部道路交通统计数据(Department for Transport road traffic statistics,简称DfT)。

按出行统计，2008年伦敦全市居民日均出行量为2440万次/日，比1993年的2100万次/日增加了340万次/日。总体来看，近年来伦敦居民日均出行量呈现稳定增长趋势。1993～2008年伦敦各种交通方式的日均交通量变化情况如表2-4所示。

伦敦各种交通方式日均出行量(按出行统计)(百万次/日)　　表2-4

年份	铁路	地铁/轻轨	公交车	出租车	小汽车	摩托车	自行车	步行	合计
1993	1.3	1.4	2.1	0.3	10.2	0.2	0.3	5.2	21.0
1995	1.3	1.6	2.2	0.3	10.2	0.2	0.3	5.2	21.3
2000	1.7	2.0	2.4	0.3	10.4	0.2	0.3	5.5	22.8
2004	1.8	2.0	3.3	0.3	10.0	0.2	0.3	5.6	23.5
2008	2.2	2.1	3.5	0.3	9.9	0.2	0.5	5.7	24.4

注：数据来源于伦敦交通管理局(Transport for London,简称TfL)、铁路管理署(Office of Rail Regulation,简称ORR)、英国交通部道路交通统计数据(Department for Transport Road Traffic Statistics,简称DfT)。

2008年，按出行段和出行两种统计口径，伦敦公共交通方式出行比率分别占41%(按出行段统计)和33%(按出行统计)。根据2001年伦敦市居民出行调查统计，当年居民日均出行率为2.81次/人，其中男性居民日均出行率为2.77次/人，女性居民日均出行率较男性略高，为2.84次/人。在

2006/2007年度调查中显示,日均出行率为2.81次/人,男性居民日均出行率为2.77次/人,女性居民日均出行率为2.84次/人,没有太大的变化(表2-5)。

伦敦居民性别与交通方式日均出行比例交叉分析表　　　表2-5

交通方式	2001年			2006/2007年度		
	男性	女性	全部	男性	女性	全部
铁路(%)	5.19	3.90	4.51	6.07	4.12	5.03
地铁/轻轨(%)	8.15	5.88	6.96	8.8	6.19	7.42
公交车(%)	9.71	12.88	11.38	12.56	16.14	14.45
出租车(%)	1.49	1.29	1.38	1.50	1.39	1.45
小汽车(%)	45.42	42.46	43.87	40.37	37.43	38.81
自行车(%)	2.41	0.81	1.57	2.22	1.08	1.62
步行(%)	27.63	32.78	30.33	28.48	33.65	31.22
全方式(%)	100	100	100	100	100	100
人均出行次数(次/人)	2.77	2.85	2.81	2.76	2.93	2.85

注:数据来源于LATS 2001 Household Survey,LTDS 2006/2007 Household Survey。

对不同职业人群的日均出行状况进行统计发现,兼职人员(其中80%为女性)日均出行率最高,达到3.73次/人;退休人员日均出行率最低,为2.22次/人(表2-6)。

伦敦2006/2007年度居民职业与交通方式日均出行比例交叉分析表

表2-6

交通方式	全职	兼职	学生	无工作	退休	全部
铁路(%)	8.55	3.07	5.91	1.15	2.37	5.62
地铁/轻轨(%)	11.72	4.86	10.94	2.63	3.11	8.16
公交车(%)	9.43	11.22	28.57	16.14	22.06	13.87
出租车(%)	1.86	0.85	0.55	1.32	2.50	1.63
小汽车(%)	42.92	48.74	22.20	32.51	37.84	39.59
自行车(%)	2.52	1.23	1.65	0.81	0.51	1.75
步行(%)	23.00	30.03	30.18	45.44	31.61	29.38
全方式(%)	100	100	100	100	100	100
人均出行次数(次/人)	3.09	3.73	2.44	2.89	2.22	2.91

注:数据来源于LTDS 2006/2007 Household Survey。

2.3.2 出行空间分布

以 2001 年调查为基础,分别对伦敦中心区、内伦敦地区、外伦敦地区三个区域内部和区域之间的出行情况进行统计,如图 2-2 所示。

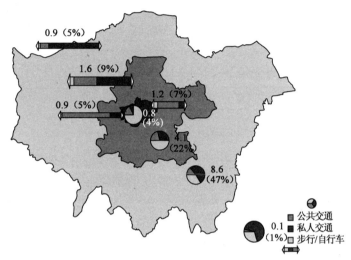

图 2-2　2001 年伦敦中心区、内伦敦区、外伦敦区出行量、出行方式示意图

可以看出,47%的居民出行起讫点均在外伦敦地区;66%的居民出行起讫点有一端位于外伦敦地区;26%的居民出行为跨区出行。公共交通方式为进出伦敦中心城区的主要交通方式,伦敦中心区和内伦敦地区间的出行中公共交通占 66%,伦敦中心区和外伦敦地区间的出行中公共交通占 79%。私人交通方式占内伦敦地区和外伦敦地区之间出行、外伦敦地区内部出行总量的 50%以上。区域间出行的距离长于区域内部出行,因此区域内部步行和自行车出行所占比例较高,伦敦中心区步行和自行车出行所占比例超过 75%。

伦敦公交车和地铁的收费从中心往外分为 1~6 共 6 个区域,根据 2006/2007 年度的统计,伦敦 6 个区域的公交车出行构成情况如表 2-7 所示。可以看出,77%的公交出行为区域内部出行,跨区出行比例较低。

对 2006~2007 年伦敦 6 个收费区域的地铁出行情况进行统计,各区域地铁出行的构成情况如表 2-8 所示。

可以看出,与公交出行不同,78%的地铁出行的一个端点位于区域 1 内,30%的地铁出行的起讫点均位于区域 1 内(表 2-8)。

2006/2007 年度各区域公交出行的分布情况（百万次） 表 2-7

区　域	区域 1	区域 2	区域 3	区域 4/5/6
区域 1	250	—	—	—
区域 2	212	417	—	—
区域 3	29	95	329	—
区域 4/5/6	6	18	132	667

注：数据来源于 GLBPS 和 UUS。

2006/2007 年度各区域地铁出行的分布情况（百万次） 表 2-8

区　域	区域 1	区域 2	区域 3	区域 4/5/6
区域 1	293	—	—	—
区域 2	223	46	—	—
区域 3	135	61	22	—
区域 4/5/6	108	33	26	24

注：数据来源于 GLBPS 和 UUS。

2.3.3 出行时间分布

根据 2006 年伦敦市交通调查绘制的平日全天机动化出行量变化曲线如图 2-3 所示。可以看出，与晚高峰相比，早高峰期间出行量高峰特性更为显著；不过，晚高峰形成了 15:00、17:00 两个小高峰，高峰持续时间也更长。早高峰期间出行总量超过 800 万的时间约为 2.5 小时，而晚高峰超过了 4 小时。

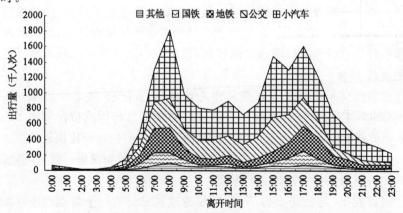

图 2-3　伦敦地区机动化出行量全天变化趋势图

2.3.4 通勤交通与家庭交通支出

通勤交通是多数城市交通问题的焦点。研究表明,工作地点位于伦敦中心城区的出行者的工作出行中有67%采用铁路或地铁,采用小汽车的比例为11%。从整个伦敦地区的统计情况来看,40%的工作出行采用小汽车方式,英国其他地区工作出行中使用小汽车的比例达到76%。

从按居住地点的统计看,居住在内伦敦地区的出行者工作出行采用的主要交通方式为公共交通,而居住在外伦敦地区的出行者采用的交通方式主要为小汽车。外伦敦地区出行构成统计见表2-9。

2006年伦敦分地区工作出行构成情况统计(%) 表2-9

方式	工 作 区						居 住 区		
	伦敦中心	内伦敦	外伦敦	伦敦全市	英国其他地区	英国	内伦敦	外伦敦	伦敦全市
小汽车	10	31	63	37	76	71	20	47	37
摩托车	2	1	1	1	1	1	2	1	1
自行车	3	4	2	3	2	3	5	2	4
公交车	12	16	14	14	7	8	21	13	16
铁路	40	16	4	19	2	4	11	14	13
地铁/轻轨	28	19	5	16	—	2	26	14	18
步行	4	12	10	9	11	10	14	8	10
其他方式	1	1	1	1	1	1	1	1	1
全方式	100	100	100	100	100	100	100	100	100

注:数据来源于Labour Force Survey, ONS。

工作地区位于伦敦中心的出行者出行平均时耗为55分钟,远长于工作地点位于外伦敦所需时耗的27分钟和英国其他地区所需时耗的20分钟。工作地点位于伦敦中心的出行者采用小汽车的工作出行时耗也远长于其他地区。伦敦分地区出行时耗见表2-10。

1991~2008年早高峰期间进入伦敦中心城区不同交通方式的分担情况如表2-11所示。分析表明,轨道交通(铁路、地铁)在早高峰期间进入伦敦中心城区的人数所占比例最高,约占79%;小汽车所占比例逐步下降,已由1991年的14.9%降至2008年的6.2%,见表2-11。

2006年伦敦分地区工作出行的出行时耗统计（分钟）　　表2-10

方式	工作地区					
	伦敦中心	内伦敦	外伦敦	伦敦全市	英国其他地区	英国
汽车	48	32	25	29	20	20
摩托车	36	29	27	31	19	21
自行车	33	24	20	25	15	17
公交车	47	39	36	40	33	34
铁路	69	66	43	66	47	58
地铁/轻轨	49	45	37	47	42	46
步行	21	16	13	15	12	13
全方式	55	39	27	39	20	23

注：数据来源于 Labour Force Survey, ONS。

1991～2008年早高峰不同交通方式进入伦敦中心城区人数百分比（%）

表2-11

方式\年份	铁路	铁路换乘地铁	地铁	公交车	中型客车	小汽车	出租车	助力两轮车	自行车	合计
1991	24.6	16.1	33.3	7.1	1.9	14.9	0.0	1.2	0.9	100
1995	22.3	17.5	35.0	6.3	2.1	14.6	0.0	1.2	1.0	100
2000	24.3	17.7	34.5	6.6	1.3	12.4	0.7	1.5	1.0	100
2004	24.2	19.3	32.6	11.2	0.9	8.3	0.7	1.5	1.3	100
2008	23.5	19.9	35.5	10.0	1.0	6.2	0.6	1.3	2.0	100

注：数据来源于 Central Area Peak Counts，简称 CAPC，1991～2008。

1990～2006年早高峰期间进入多各斯岛（Isle of Dogs）的出行者人数统计如图2-4所示。2005～2006年早高峰进入多各斯岛出行者人数增加了20%以上，采用地铁Jubilee线的出行者占2006年全部进入多各斯岛出行者的37.6%，并且有持续上升的趋势。

小汽车和公交车每车可载人数是评价出行方式效率的重要参数。表2-12对1991～2006年早高峰进入伦敦中心城区的小汽车和公交车的每车人数进行了统计。不难看出，小汽车每车载客数变化不大，维持在1.3～1.4人/车；公交车每车载客数持续上升，从1991年的32人/车增长到了2006年的41.3人/车。

伦敦家庭月均交通支出与英国整体情况差距不大，每月交通支出占全部支出的比例略低于英国整体水平。伦敦每户每周交通相关费用统计见表2-13。

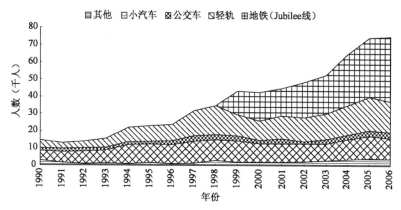

图 2-4 1990～2006 年早高峰不同交通方式进入多各斯岛人数变化趋势图
数据来源：Isle of Dogs Cordon Survey

各年早高峰（7：00～10：00）进入伦敦中心城区每车人数统计（人/车） 表 2-12

年 份	公 交 车	小 汽 车
1991	32.0	1.32
1995	27.8	1.32
2000	34.4	1.39
2002	37.2	1.36
2004	43.7	1.37
2006	41.3	1.38

注：数据来源于 CAPC，Central Area Peak Counts。

伦敦每户家庭每周交通相关费用统计（英镑） 表 2-13

年份	机动车					车票及其他费用				总 计	
	机动车购买与维修	购买附件	机动车保险及税	燃料	其他支出	铁路/地铁车票	公交车车票	联合费用①	其他费用	交通支出	全部支出
伦敦											
26	31.80	1.30	11.00	15.00	2.40	4.00	2.20	7.30	10.00	85.00	583.30
2007	25.70	1.90	9.60	15.00	2.00	4.50	1.10	7.90	6.80	74.50	551.30
2008	22.40	1.30	10.80	15.00	1.90	4.30	1.10	7.00	7.80	72.40	575.60
全英国											
2006	31.80	2.20	11.50	19.80	2.60	2.40	1.40	1.10	6.00	78.80	494.30
2007	30.10	2.00	10.50	19.00	2.50	2.60	1.20	1.40	5.30	74.60	477.60
2008	27.40	2.40	10.70	21.00	2.10	2.40	1.40	1.20	5.40	74.00	471.00

注：数据来源于 Travel in London Report 2010。
①联合费用包括旅行卡在地铁、公交等处的使用。

2.4 公共交通系统分析

2.4.1 概述

公交和地铁在整个伦敦交通系统中起着至关重要的作用。从2004/2005年度开始，伦敦地铁出行量一改2000~2003年小幅下降的趋势，开始逐步增加，2008/2009年度达到8641百万人公里。同时，伦敦公交车运量也持续增加，2008/2009年度达到了7942百万人公里（图2-5），达到历史最高水平，这可能与拥挤收费政策的实施有直接关系。

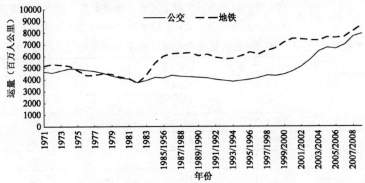

图2-5　伦敦历年公交与地铁运量趋势
数据来源：TfL Service Performance Data

从出行量的变化趋势来看，公交车出行量近年来持续上升，2008/2009年度达到2247百万人次；地铁出行量自2000年以来变化不大，维持在一个较稳定的水平（图2-6）。

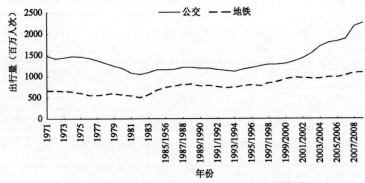

图2-6　伦敦历年公交与地铁出行量变化趋势图

2.4.2 市内公交与长途客运

2006/2007 年度公交出行量有所增加,但增幅较前几年要小一些。具体数据见表 2-14。

公交车主要指标统计　　　　　　　表 2-14

年　度	周转量（百万人公里）	出行量（百万人次）	2006/2007 年度价格水平下每人公里平均收入（便士）	公交运营公里数（百万公里）	公交车单车平均载客数	出行段平均距离（公里）
1991/1992	3996	1149	15.2	299	13.4	3.5
1995/1996	4018	1198	17.0	325	12.4	3.4
2000/2001	4709	1354	16.3	357	13.2	3.5
2002/2003	5734	1536	13.8	397	14.4	3.7
2004/2005	6755	1793	13.7	450	15.0	3.8
2006/2007	7014	1880	14.3	458	15.3	3.7

注:数据来源于 TfL Service Performance Data。

公交车出行在各工作日的上、下午高峰时段达到最大值。在周末,公交出行段数受工作时间的影响较小,周六在接近中午的时候达到高峰,周日则比较平均(图 2-7)。

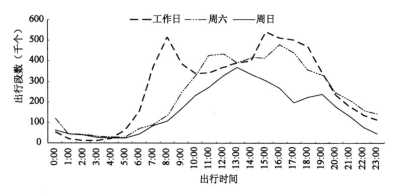

图 2-7　工作日和周末在各时段内的出行段数(2006/2007)
数据来源:GLBPS

伦敦地区公交车正点率等指标近年来持续得到改善,2008/2009 年度完成的计划运营里程的百分比为 97%。高频次公交服务的额外等待时间近年来保持在 1.1 分钟。低频次公交服务的正点率近年来也一直不断提高,比十年前增加了 11.4%(表 2-15)。

公交车的服务可靠性 表 2-15

年　度	完成预计运营里程的百分比(%)			高频服务平均等待时间(分钟)		低频服务
	运营百分比	由于交通拥堵造成的损失	由于其他原因造成的损失	实际值	额外值	正点率
1993/1994	96.9	0.8	2.3	6.6	1.9	66.7
1995/1996	98.2	1.0	0.8	6.5	1.7	71.4
2000/2001	95.3	2.1	2.6	6.8	2.2	67.7
2002/2003	96.3	2.6	1.3	6.4	1.8	70.5
2004/2005	97.7	1.6	0.7	5.6	1.1	77.1
2006/2007	97.5	1.9	0.6	5.5	1.1	78.1
2008/2009	97.0	2.3	0.7	5.5	1.1	80.8

注:数据来源于 Transport for London。

伦敦地区的另一种公交服务是电话预约上门接送的公交服务(Dial-a-ride),通过现代化通信调度设备以增加公交车辆的准点率和安全性。从发展趋势来看,2008/2009 年度的电话预约上门接送公交的注册总人数有所减少,公交车数目在逐渐增加(表 2-16)。

电话预约上门接送公交的各年度变化情况 表 2-16

年　度	出行量(千人)	公交车数量(辆)	注册乘客数(千人)	2008/2009年度价格水平下每次出行平均费用(英镑)	2008/2009年度价格水平下全部收入(百万英镑)
1990/1991	676	160	77	18.52	13.6
1995/1996	961	242	66	15.42	16.2
2000/2001	1222	292	73	12.76	16.1
2004/2005	1261	316	66	19.43	23.5
2008/2009	1172	352	50	26.14	30.8

注:数据来源于 Transport for London, Dial-a-ride。

伦敦地区对外公路客运站中最重要的长途客运站是维多利亚长途汽车站,该站承担着对国内及欧洲大陆等地区的长途汽车运输业务。1994 年以来,国内长途汽车运输处于增长趋势,而国际发送量则基本稳定(表 2-17)。

维多利亚长途汽车站的发车量（千辆）		表 2-17
年　　度	国内发车量	国际发车量
1994/1995	159	12
1995/1996	158	11
1998/1999	179	12
2000/2001	177	14
2002/2003	176	13
2004/2005	175	11

注：数据来源于 Victoria Coach Station Departure Figures。

2.4.3 铁路、轻轨与电车

伦敦地铁的出行量和运量近年来持续小幅上升，2008/2009年度两项指标均达到了自1993/1994年度以来的最高水平（表2-18）。

伦敦地铁的主要发展趋势				表 2-18
年　　份	运量 （百万人公里）	出行量 （百万人）	交通收入 （百万英镑）	平均出行距离 （公里）
1950		695		
1960		674		
1970	5100	672		7.6
1980	4200	559		7.5
1990/1991	6164	775	776	8.0
1995/1996	6337	784	960	8.1
2000/2001	7470	970	1242	7.7
2002/2003	7367	942	1228	7.8
2004/2005	7606	976	1241	7.8
2008/2009	8646	1089	1461	8.0

注：数据来源于 TfL Service Performance Data。

以1991年为基准年可以分析伦敦地铁近年来工作日全天各时段出行量变化情况，工作日全天各时段地铁出行量虽略有波动，但总体呈现出上升的趋势，其中以晚间（19:00～22:00）地铁出行量的增长最为明显。

伦敦地铁的乘车证件分4种类型：旅行卡（Period Travelcards，包括周票、月票、年票等）、日票（Daily Tickets）、车票簿（Carnets，其中含10张车票，仅限于1区的地铁使用）、自由通行证（Freedom Pass）。地铁出行在各工作日的上、下午高峰时段达到最大值。在周末，地铁出行段数受工作时间的影响较小，在接近中午的时候达到高峰（图2-8）。

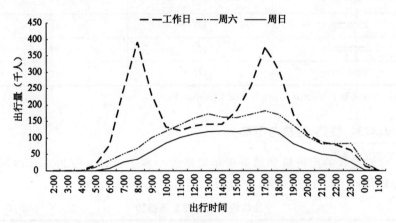

图2-8　2005/2006年度工作日和周末全天各时段地铁的出行量变化情况
数据来源：LUL Entry Counts

2005/2006年度伦敦城内铁路的出行量在连续增长了10年之后出现了小幅滑坡，城际间的长距离铁路出行量依然在不断增长（表2-19）。

伦敦铁路的旅客出行量　　　　表2-19

年　度	总出量（百万人）	城内量（百万人）	城际出行量（百万人）	城内出行量比例（%）
1995/1996	379	201	178	53.0
1998/1999	458	235	223	51.3
2000/2001	492	248	244	50.4
2003/2004	502	244	258	48.6
2005/2006	503	238	265	47.3

注：数据来源于Office of Rail Regulation。

1987年，伦敦的Docklands轻轨开通后运输量持续增长，2006/2007年度达到了6130万人次，列车行驶里程逐年增长。伦敦的有轨电车形势看好，运输量亦持续上升，2006/2007年度达到了2450万人次，运营里程基本保持不变（表2-20、表2-21）。

Docklands 轻轨历年主要指标变化情况　　　　表 2-20

年　度	运量 (百万人公里)	出行量 (百万人)	2006/2007 年度 价格水平下人公里 运费(便士)	2006/2007 年度 价格水平下交通 收入(百万英镑)	列车行驶里程 (百万车公里)
1987/1988	15.4	3.3	17.7	2.7	0.5
1990/1991	33.0	8.0	14.6	4.8	0.8
1995/1996	70.0	14.5	17.9	12.5	2.0
2000/2001	195.3	38.4	17.7	34.5	2.9
2002/2003	232.0	45.7	18.2	42.3	3.2
2004/2005	242.8	50.1	19.1	46.3	3.3
2006/2007	300.6	61.3	17.5	52.5	4.3

注：数据来源于 DLR。

有轨电车的主要发展趋势　　　　表 2-21

年　度	运量 (百万人公里)	出行量 (百万人)	2006/2007 年度 价格水平下每人 公里平均运费 (便士)	2006/2007 年度价 格水平下交通收入 (百万英镑)	运营里程 (百万公里)
2001/2002	97	18.6	13.7	13.3	2.4
2002/2003	100	19.2	13.8	13.7	2.5
2004/2005	113	21.8	14.9	16.9	2.4
2006/2007	127	24.5	14.5	18.5	2.5

注：数据来源于 Tramtrack Croydon Limited。

2.4.4　出租车交通

伦敦的出租车作为公共交通的组成部分在过去 20 年中一直处于比较稳定的发展状态。2007 年全市出租小客车总数达到 2.16 万辆,注册出租车驾驶员 2.46 万人。除了一般的出租车之外,2001 年以后,伦敦还出现了一批私人小型出租车,负责部分货运业务。

尽管平均每人的出行段数有所下降,但是成员数量增加了 26%,所以 Taxicard 的出行段数在 2004/2005 年度增加了 20%。现在只有 The City of Westminster 一家仍在继续使用自己独立的 Taxicard 系统(表 2-23)。

伦敦的出租车和驾驶员　　　　　表 2-22

年　份	注册出租车驾驶员(千人)			注册出租车数(千辆)
	城区	郊区	总数	
1983	16.2	1.9	18.1	13.1
1985	16.6	1.8	18.4	13.8
1990	18.9	1.7	20.6	16.3
1995	20.2	1.8	21.9	18.3
2000	21.0	2.4	23.4	19.4
2004	21.7	3.1	24.9	20.9
2007	21.5	3.1	24.6	21.6

注：数据来源于 TfL,Public Carriage Office,PCO Licensing Book。

Taxicard 的主要发展趋势　　　　　表 2-23

年　度	出行量(千人)	成员数(千人)	人均出行量(次)	2008/2009 年度价格水平下每辆车每次出行平均花费(英镑)	2008/2009 年度价格水平下每次出行的平均花费(英镑)
1990/1991	756	35	22	13.84	—
1995/1996	751	44	17	10.99	—
2000/2001	478	41	12	13.06	—
2002/2003	653	44	15	13.72	4.61
2004/2005	948	63	15	13.07	2.90
2006/2007	1275	77	17	14.69	2.44
2008/2009	1638	83	—	10.23	2.25

注：数据来源于 Taxicard Survey。

2.4.5　民航运输与水运

一方面，由于观光游客和私人租船业务需求增大，使水运客运量在 2008/2009 年度大幅增加。另一方面，由于水运运营商将业务从 Embankment 港转移到了 Westminster 港，使 Embankment 港 2008/2009 年度客运量减少了 13%，而 Bankside 港客运量增加了 4.4%（表 2-24）。

伦敦各码头各年度售票量统计① (千张)　　表 2-24

年度 码头名称	2000/2001	2001/2002	2002/2003	2003/2004	2004/2005	2005/2006	2006/2007	2007/2008	2008/2009
Bankside	4	5	45	80	109	114	104	114	119
Blackfriars②	25	28	67	12	24	29	—	—	—
Embankment	357	395	345	310	255	190	216	193	168
Festival	15	18	8	10	10	6	8	11	8
Greenwich	177	185	162	197	184	194	210	233	445
Millbank	—	—	—	59	83	75	93	74	53
Tower	237	224	235	207	289	272	332	359	448
Waterloo③	291	178	271	171					
Westminster	468	706	634	636	745	721	796	808	675
合计	1574	1739	1767	1682	1699	1601	1759	1792	1916
变化率	—	10.5%	1.6%	-4.8%	1.0%	-5.7%	9.9%	1.9%	7.0%
Thames Clippers④	—	—	—	183	367	525	662	704	848

注:数据来源于 TfL London River Services。
① 除去特殊票的发售。
② 从 2006 年开始,Blackfriars 仅是通过 Thames 快艇,因此所有的乘客都在该码头。
③ Waterloo 由 LRS 运营,数据只收集到 2003 年 7 月 31 日。
④ Thames 快艇的乘客没有被计算在 LRS 码头里。

2.5 私人交通发展策略

2.5.1 汽车拥有量

英国的私家车发展在 20 世纪 80 年代进入成熟期。1951 年,英国家庭平均拥有的小汽车数量为 0.18 辆,1961 年为 0.38 辆,1971 年达到 0.64 辆,1981 年达到 0.82 辆,1991 年达到 0.98 辆,2001 年为 1.08 辆。目前,无车家庭仍占 1/4 左右。预测表明(Gerard Whelan,2007 年),2011 年英国家庭平均拥有的小汽车数量为 1.15 辆,伦敦地区为 0.90 辆,低于全英平均水平。表 2-25 列出了英国家庭数量及其车辆拥有的情况。

2007/2008 年度伦敦和英国在不同家庭汽车拥有量比例（%）　表 2-25

拥有的汽车数	家庭中的成员数（人）					平均家庭规模（人/户）
	一人	两人	三人	四人及以上	所有的家庭	
伦敦						
无车	66	38	32	24	43	1.9
一辆车	33	46	43	41	40	2.5
两辆及以上	1	16	25	35	17	3.3
合计	100	100	100	100	100	2.4
英国						
无车	52	17	16	10	25	1.7
一辆车	46	48	38	33	43	2.2
两辆及以上	2	35	46	57	32	3.1
合计	100	100	100	100	100	2.4

注：数据来源于 DfT，National Travel Survey。

2.5.2 交通周转量

从伦敦近 10 年来的各类道路交通周转量来看，伦敦地区的交通周转量在缓慢增长后近 5 年，维持在一个稳定水平（表 2-26、表 2-27）。

伦敦机动车的交通周转量（十亿车/公里）　表 2-26

年　份	伦敦高速路和干线	伦敦主干路	伦敦次干路	伦敦全部道路	英国全部道路
1993	8.3	11.3	11.1	30.7	412.3
1995	8.5	11.5	11.2	31.2	429.7
2000	9.1	11.6	11.9	32.6	467.1
2002	2.2	18.1	12.5	32.8	486.5
2004	2.1	18.0	12.6	32.7	498.6
2006	2.2	18.1	12.7	33.0	506.4

注：1. 自 2001 年起，干线被归类为主干路。
　　2. 数据来源于 National Road Traffic Survey，DfT。

伦敦的主要道路（快速路、主干道、次干道）上自 2001 年以来公交车和长途巴士的平均周转量在稳步上升，但小汽车和出租车的流量近 6 年来一直持续下降（表 2-28）。

2 伦敦

2006年伦敦各种车辆类型的交通周转量分布（百万车公里） 表2-27

道路类型	小汽车和出租车	摩托车	公交车和长途巴士	小货车	重载货车	全部机动车辆
快速路	1682	19	15	265	218	2199
主干路	14455	482	409	2182	664	18192
次干路	10261	322	197	1680	191	12651
全部道路	26398	823	621	4126	1073	33041

注：数据来源于 National Road Traffic Survey，DfT。

伦敦历年主要道路上各种车型的日均交通流量（千辆/日） 表2-28

年份	汽车和出租车	摩托车	公交车和长途巴士	轻载货车	重载货车	全部机动车辆数
1993	24.8	0.6	0.4	3.1	1.3	30.2
1995	25.1	0.6	0.5	3.4	1.3	30.9
2000	25.6	0.7	0.5	3.5	1.4	31.7
2002	25.2	0.7	0.6	3.4	1.4	31.3
2004	24.5	0.7	0.6	3.5	1.4	30.7
2006	24.8	0.8	0.7	3.8	1.4	31.5

注：1. 主要道包括快速路、主干道和次干路。
2. 数据来源于 National Road Traffic Survey，DfT。

分别对通过伦敦各区域边界（伦敦中心界、内伦敦界、外伦敦界）1971~2007年的各年度日均进入各区域的机动车数量进行统计，如图2-9所示。分析发现，进入伦敦中心区的机动车数量随着拥挤收费政策的实施近年来持续下降，而进入内伦敦区域的机动车数量较为稳定。

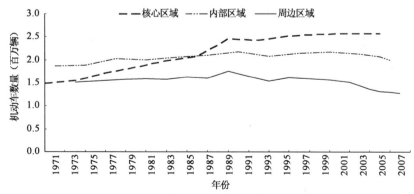

图2-9 1971~2007年日均进入各区域的机动车数量统计
数据来源：Transport for London

2.5.3 机动车辆行驶速度

由于伦敦中心区实施了拥挤收费等相应的疏堵方案,2002年以来伦敦中心区内的平均车速有所提高,但近30年来伦敦其他地区的平均车速总体呈下降趋势(表2-29)。

伦敦各区域的机动车平均速度(英里/小时)　　表2-29

年　份	中心区	除中心区外的内伦敦区	内伦敦	外伦敦	伦敦所有区域
早高峰(7:00～10:00)					
1977～1982	12.2	14.1	13.6	19.2	17.2
1983～1990	11.7	12.7	12.4	18.6	16.5
1990～1997	10.6	13.3	12.4	17.2	15.7
1997～2000	10.0	12.0	11.4	18.2	15.9
2000～2002	9.9	11.7	11.1	16.9	15.0
2003～2006	10.6	11.7	11.4	16.3	14.8
2006～2009	9.3	11.2	10.7	—	—
中午平峰(10:00～16:00)					
1977～1982	12.1	17.3	15.3	25.0	20.8
1983～1990	11.5	15.5	14.1	24.0	19.9
1990～1997	10.7	15.4	13.7	22.7	19.2
1997～2000	10.0	14.8	13.0	21.9	18.5
2000～2002	9.0	13.7	12.0	21.4	17.7
2003～2006	10.5	14.1	12.9	21.3	18.3
2006～2009	9.4	13.7	12.3	—	—
晚高峰(16:00～19:00)					
1977～1982	12.1	13.8	13.3	20.3	17.6
1983～1990	11.3	12.4	12.1	20.0	16.9
1990～1997	10.6	13.0	12.2	19.3	16.8
1997～2000	10.2	11.4	11.0	19.1	16.2
2000～2002	9.6	11.3	10.8	18.4	15.7
2003～2006	10.6	12.3	11.9	17.9	16.0
2006～2009	10.2	12.2	11.7	—	—

注:数据来源于TfL Traffic Speed Survey。

2.5.4 非机动化交通

伦敦地区的非机动化交通数量不大,2007年统计的主要道路上各种车型的日均交通流量约为450辆。根据2007年统计的数据分析,男性出行者是自行车出行的主要构成部分,占全部自行车出行的73%。在不同目的的自行车出行量统计中,工作和休闲娱乐两种目的占全部出行的70%。骑自行车上班人员占工作人员比例情况如图2-10所示。总体来看,伦敦各地区差异很大,伦敦中心区和西部区域的居民比东部和外伦敦的居民更倾向于选择自行车位出行方式。

步行是非机动化出行的另一重要组成部分。从步行交通的统计上看(图2-11),男性占57%,女性占43%。步行的出行目的则以非工作出行为主,与工作相关的步行仅占13%。

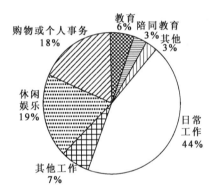
图2-10 不同目的自行车出行量比例

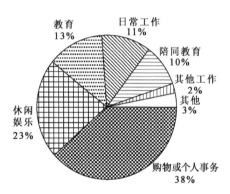
图2-11 不同目的步行出行量比例

2.6 伦敦的拥挤收费政策

20世纪后10年,伦敦人口、经济和旅游的增长加重了对交通的压力。交通系统的容量、可靠性及整体功能落后于伦敦经济增长需求。为维持现有服务设施的运营,伦敦交通系统面临资金短缺的问题。与此同时,道路拥堵、服务水平下降、空气污染等交通问题成为伦敦城市发展的重大障碍,伦敦的交通需求面临着更大的挑战。

交通战略的实施,将使伦敦地铁及铁路系统的整体容量在未来15年里增加50%。其中铁路项目将占增加容量的2/3,其余则通过改善现有地铁及国家铁路网络来实现。同时,至2011年使公共汽车的容量增加40%也是战略目标之一。伦敦交通的总体战略目标是将伦敦建成一个繁荣的城市、以人为本的城市、交通可达的城市、公平的城市和绿色的城市。伦敦交通发展的十大策略措施如下。

(1)建立交通一体化机制，提高系统决策与运行效率。

(2)克服地铁投资滞后，提高容量，减少拥挤，提高运营可靠性和发车频率。

(3)改善放射状出行条件，提供穿越伦敦的公共汽车服务，包括增加公共汽车运输能力、改善可靠性及提高服务频率。

(4)更好地整合国家铁路与伦敦其他交通系统，以使通勤便利、拥挤减小、安全性提高，形成一个高效的覆盖全伦敦的轨道交通系统。

(5)通过一些重要的穿越伦敦的铁路连接来提高伦敦交通系统的整体容量，包括改善至国际机场的连接、改善内伦敦环状铁路连接以及新的跨泰晤士河的东伦敦通道。

(6)改善小汽车使用者出行时间的可靠性，这将对以小汽车使用为主导的外伦敦有益，同时通过增加出行选择来减少对小汽车的依赖。

(7)支持地方性的交通措施，包括改善至城镇中心及新发展地区的连接、实施步行及自行车计划、规划学生上学的安全线路、管理养护路桥以及注重街道整体的和谐性。

(8)促使伦敦货物的配送及服务更加可靠、更具有可持续性并提高效率，同时减少对环境的负面影响。

(9)提高伦敦交通系统的可达性，使每个人(包括残疾人)能享受到在首都居住、工作及旅游参观的交通便利，以提高社会包容性。

(10)提出新的整合措施，以提供一体化的、简便和适应大众购买力的公共交通票价；改善重要的换乘点，提高所有出行方式之间换乘的安全性。保证出租车及私人租用车辆完全与伦敦交通系统一体化，提供更好的信息及候车环境。

伦敦道路拥挤收费于 2003 年 2 月 17 日正式实施。实施收费区域为内环路以内(连接尤斯顿路、潘敦维尔路、塔桥、象堡、伏克斯豪尔桥及梅丽勒波恩路)，面积为 21 平方公里。在工作日的早上 7:00 到下午 6:30 期间，凡进入东西约 5 公里、南北约 4 公里规定区域的驾驶员每天要交纳 5 英镑费用。征收对象为普通轿车、摩托车、载货汽车、急救车、消防车、残疾车、公交车、班车、伦敦批准营业的出租车等属于免征对象，住在收费区的居民可获得 90%折扣。驾车进入规定区域的驾驶员可以通过因特网、电话或附近的杂货店等交费,登记汽车号码。路上新增设了200多部摄像机,将每天至少25万辆汽车的号码拍下来,确认其是否交费。若未交费,将处以2~16倍罚款。由此可见,交通需求管理在欧洲已经得到了足够的认识和重视,成为了解决交通拥挤问题的一项重要策略。最终的实施效果显示,内环中的交通量减少了20%。

拥挤收费实施后,2002~2003年进入中心城区的机动车数量减少了33%。目前,每天在交通拥挤收费时段(7:00~18:30)有12.5万辆小汽车进入中心城区(图2-12)。

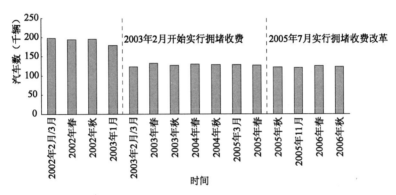

图2-12 每天收费时段(7:00~18:30)进入交通拥挤收费区域的机动车数量

数据来源:TfL,Congestion Charging

实施拥挤收费政策后,进入交通拥挤收费区域的出租车和自行车的数目明显增加,但这两类车辆的数目在2004年有所下降。进入交通拥挤收费区域的公交车和长途汽车的数目继续保持增长。

伦敦比较适合采用道路收费策略,其理由主要包括:道路空间有限,没有再扩大的空间;交通需求已经导致了严重的交通拥挤;交通高峰期现象明显;拥有较好的可选择方式,包括步行、出租车、公交车和地铁系统。不过,伦敦的道路收费系统也存在一些问题。例如,该费用标准没有考虑车辆在付费区域内的行驶里程;费用没有随时间变化,在高峰期较拥挤时与其他时间一样;费用没有考虑随地点变化,若在拥挤地段采用效果将更好;系统总开支较大;公共交通服务(尤其是地铁)仍比较拥挤,可靠性较低。

尽管如此,该计划的实施显著地改善了交通拥挤,改善了公交车和出租车的服务水平,获得了可观的收入,其公众认可度也在增加。目前,已准备扩大到伦敦其他地区和英国的其他城市。这也是欧洲城市实行的第一个拥挤价格计划,其成功也说明了拥挤收费在政治上的可行性。

在城市郊区交通的治理方面，英国政府制订了一系列需求管理计划。例如，在对一些有古迹的小镇的交通管理中，出台了交通需求管理指南，其目标包括：解释交通需求交通管理概念和背景、描述交通需求管理实施方法、总结交通需求管理规划和实施的措施及经验教训、提出开展交通需求管理的建议。

上述交通需求指南对于决策者实现政府的可持续发展战略十分有利，尤其是减少出行需求、影响交通量增长速度和减少整个交通系统对环境影响等战略。

2.7 小　　结

2.7.1 交通结构

交通结构是决定整个城市交通系统运行效率的基本因素。伦敦城区以轨道交通为骨架的公共交通系统覆盖面广且有效率，无论是通勤交通，还是中心区的交通结构，基本上都符合国际化大都市的特征，这也体现了政府对城市中心地区资源紧缺条件下公共资源合理运用的倾向性引导策略。

2.7.2 公共交通体系

伦敦建立了从硬件到软件一整套有效率的公共交通出行服务系统。作为现代工业与现代公共交通的重要发源地之一，伦敦关于交通管理与政策的研究与实践取得了大量成果。值得借鉴的经验是政府政策化的一系列文件，如"规划政策指南说明"（Planning Policy Guidance Note 13，简称PPG13）以及交通政策计划（Transport Policies and Programs，简称TPP）等。这些文件规范了交通发展目标，成为了英国交通建设与管理的重要依据，极大地促进了局域范围交通管理的实践。例如，"规划政策指南说明"的思路是需求管理应超越目前的交通限制实践，其方法是交通管理或停车管理，启动价格机制来影响需求。这种方法的重要性是强调"可持续发展——英国的战略"，其结果是"人的运输决策只能是经济上有效的，如果所支付的价格反映道路使用的全部边际费用的话，目前的问题是平均到或施加到其他人头上的这些费用应当更紧密地反映到运输决策（或选择）中去"。英国于1998年7月发布的白皮书表明：政府希望改善城镇环境，为人们创造更便捷的移动条件。更多的道路空间和优先使用权将会给予行人、自行车和公共交通。它提出不同的交通管理方法,并将其通过纳入新的地方交通规划的法定程序来保证新方法可以提交到地方政府。其基本目标包括空气质量、道路安全、公交使用、道路交通量减少等。

2.7.3 私家车管理与拥挤收费

伦敦道路拥挤收费政策是英国交通需求管理过程中最有意义的实践。不过,交通拥挤收费政策是一项涉及政府、行业、公众等多方利益的系统工程,影响面较大,实施与否应该开展充分论证,不可盲从。具体来说,伦敦实施交通拥挤收费有以下几方面的经验值得学习和参考。

(1) 措施实施前有详细的调查与周密的策划,实施时果断出手

伦敦于2003年果断推行区域拥挤收费政策。这一政策实际上经过了一系列周密准备和策划,其成功点涉及:公交改善策略实施为相关利益受损者提供交通选择;明确并透明收费实施后的财务收支计划,确保收费后中心城区的交通改善效果等。

收取交通拥挤费是调节交通流量的一种有效手段,需要技术、设备、管理等各方面的充分准备。例如,收费车种的确定、费率的高低、收费区域的划定、边界问题的解决等都应经过充分论证。在实施前,应尽量使道路出行者事先知晓路网中每条道路每类车种的收费费率。此外,交管部门要为道路使用者提供多种付费方式,如预付、赊付等。如果实施时变收费,则必须配备先进的道路交通信息系统。

(2) 措施出台需要大力宣传,最大限度争取社会公众的支持

以"交通拥挤收费"为例,该措施的实施涉及资源使用及不同群体利益的重新分配。因此,在实施拥挤收费政策前,政府交管部门应开展广泛有效的宣传工作,客观、全面地分析拥挤收费所可能产生的社会效益和经济效益以及可能带来的负面影响,在社会公众头脑中建立"谁造成拥挤、谁付费"的观念,最大限度地争取公众的支持。另外,需求管理也要循序渐进,逐步推广。在伦敦中心区取得成功后,便可顺利地延伸到伦敦西区。对其他交通需求管理措施来说,只要在理论和实践相结合的基础上,不断总结经验、不断改进,待时机比较成熟后即可进行推广。

(3) 发达的公共交通系统是对资源紧缺区域进行交通消费引导的基础

需求引导措施的根本在于扩大低能耗公共交通的份额。实际上,建立安全、舒适、高效的公交系统是未来城市交通系统建设的终极目标。相对来说,其他许多需求管理措施带有强制色彩,如征收交通拥挤费。许多城市实

施交通拥挤收费政策,在很大程度上是在城市道路空间资源限制下的无奈选择。我国多数城市机动化水平并不高,但这绝对不是道路负荷低的原因。相反,我国城市地区由于道路密度低,人口密度高,行人与非机动车混行,通行能力及服务质量与西方假设下的能力相去甚远,这是值得注意的。

(4)注重城市土地利用与交通出行的关系研究

交通出行水平直接取决于城市土地利用类型。因此,要从根本上解决交通问题,实际上应从土地利用类型的规划入手。充分把握不同类型土地开发的需求生成强度及其生成规律,对于构造一个良好的交通系统具有决定性的作用。我国不少城市目前处于快速发展阶段,有预见性地做好相关土地开发的规划工作,对于未来的交通管理具有重要的战略意义。

3 纽 约

3.1 纽约交通概况

纽约市(New York City)位于美国东海岸,是纽约州的一个行政区域,市中心位于北纬40°43′,西经74°00′。目前,纽约市总面积为800.31平方公里,陆地面积为776平方公里。最宽的地方由东北向西南约56.33公里,高度从曼哈顿的南端炮台公园的海拔1.5米到北端的华盛顿高地的海拔122米。纽约市包括5个行政区,分别为曼哈顿区(Manhattan)、布朗克斯区(Bronx)、皇后区(Queens)、布鲁克林区(Brooklyn)和斯塔滕岛(Staten Island),如图3-1所示。

2009年,纽约市人口约839万人,人口密度为10812人/平方公里。2000~2009年间,2001年的人口增幅最大,但也只有0.99%;其次为2007年,人口增长率为0.72%;其余年份的人口增长率均小于0.50%,各区的人口增长幅度也基本一致。由此可见,纽约市的人口发展已经到达某一稳定时期,城市所能承载的人口总数基本稳定在840万人左右。纽约人口(美国人口统计局)随着城市发展可分为4个的不同历史阶段,如图3-2所示。

第一时期为城市合并初期,工业革命促使资源和生产集中,大量人口涌入城市,1898年至20世纪50年代,是纽约人口快速增长的时期。

第二时期为20世纪50年代至70年代,纽约市的人口增长基本处于停滞状态,由于人口过度集中,住宿和交通问题日益显现,生存条件恶化,大大抑制了城市人口的增长。

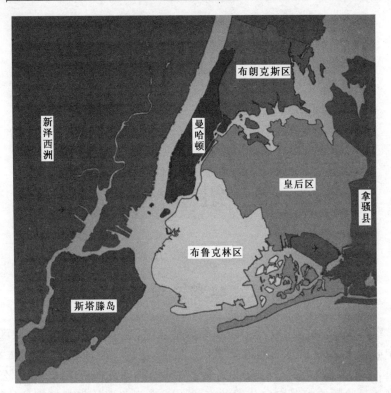

图 3-1 纽约市行政区域划分地图

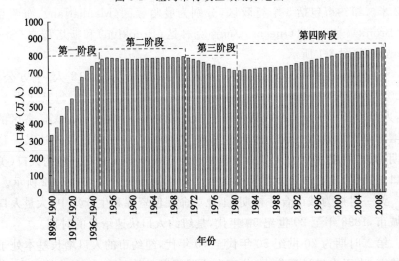

图 3-2 纽约市自 1898 年成立至 2009 年人口变化图

第三时期为20世纪70年代至80年代初期,人口开始由城市中心向城郊地区迁移。从图3-2可以看出,1970~1980年的纽约市人口呈下滑趋势,由789万人下降到707万人。产生这种现象的原因是政府为解决城市中心人口过度集中的问题,在20世纪70年代初开始大力推行卫星城计划,一方面在郊区修建大批住宅,鼓励居民贷款买房;另一方面修建通往郊区的公路,方便郊区与市中心的交通。因此,在这一时期,大批的中产阶级和高薪收入阶层迁入生存环境优越的郊区,城市人口有所下降。

第四个时期为20世纪80年代中期至21世纪初期,由于郊区通往城市的交通要道在上下班高峰期拥堵不堪,郊区与城区间的交通问题显现,因此城市人口有回升的迹象。

纽约市人口密度最高的区域主要分布在曼哈顿区以及布朗克斯区、皇后区、布鲁克林区靠近曼哈顿的部分,2009年纽约市各行政区人口分布情况见表3-1。

2009年纽约市各行政区人口对比 表3-1

辖区		陆地面积	人口	人口密度
行政区	州辖郡	(平方公里)	(人)	(人/平方公里)
曼哈顿区	纽约郡	59.5	1629054	27379.06
布朗克斯区	国王郡	108.7	2567098	23616.36
皇后区	皇后郡	282.2	2306712	8174.03
布鲁克林区	布朗克斯郡	183.8	1397287	7602.21
斯塔滕岛	里奇蒙	150.2	491730	3273.83

注:数据来源于美国人口统计局,U.S. Census Bureau。

总体来看,曼哈顿是人口密集的中心,越靠近曼哈顿的地区人口密度越高,随着与曼哈顿距离的增加人口密度逐渐降低。这主要是由于曼哈顿区高度发展的商务中心创造了大量的就业岗位,高强度开发的土地模式使得人口的密集程度超过了普通商业区。曼哈顿下城的中心商务区(CBD)是世界上最大也是商业最繁忙的商业地带,白天CBD的工作人员总数达到1700万人。每天通往商务区的桥梁和隧道都是道路交通的瓶颈,通勤高峰期拥堵时有发生。

人口分布不均、商业区集中导致了纽约市的交通十分复杂多样。由于纽约市为美国最大、最拥挤的城市,亦为世界上最大的大型都会区所在,因此该市的交通流量十分庞大。每逢高峰时段或假日,经常会有大量人潮、车潮流动于市中心曼哈顿内或五大区之间，导致市区内各重要干道及重要连外桥梁出现交通阻塞的情形。

纽约市与其周边地区的交通流量庞大，因此，以纽约市为中心的纽约都会区也有着由各州政府独自或互相合作成立的单位，负责提供大纽约地区的交通需求。纽约州、新泽西州与康乃狄克州有大量的通勤上班族，每天对纽约市有非常大的运输需要，这更使得纽约市拥有全美国最发达的大众运输系统。而相较于美国其他大部分都市（尤其是洛杉矶）以车代步的交通方式，纽约人主要搭乘公共汽车、地铁及渡轮上下班。其中，纽约地铁是世界上最大的公共运输系统之一。目前，可以共通使用于纽约地铁与公共汽车之间的磁卡票证系统（MetroCard）的使用，是纽约市政府为了推广大众捷运交通而实施的乘客优惠制度。此外，由于纽约市境内河流港湾错综复杂，因此桥梁及隧道数量众多，是民众往来市中心（曼哈顿）及郊区间的必经通道。但每逢上下班高峰时段，桥梁和隧道反而变成了交通瓶颈。

3.2 纽约交通发展沿革

纽约的城市交通是比较典型的由外部交通逐渐走向内部的城市交通类型。它由17世纪的水上运输演变到19世纪的铁路与水运方式，其后随着城市化速度的加快，城市内部交通问题逐渐突出。20世纪中纽约市解决城市交通问题大致可分为三个阶段。在不同的阶段，纽约的城市发展与城市交通也呈现出不同的特征。

3.2.1 20世纪20年代至60年代：大力发展小汽车阶段

20世纪20年代，针对快速发展的汽车工业，纽约市政府提出了普及小汽车的政策，不断完善其公路法规，加大了对城市道路基础设施的投入，以建设完善的公路网络、适应小汽车发展需求为目标，道路交通基础设施的供给能力大体与需求相适应，从而推动了汽车进入家庭，改变了人们出行、居住、交往的方式。市区的人口开始向市郊扩散，城市发展也开始向外延伸。这一阶段小汽车发展迅速，纽约市的公共交通系统开始萎缩。

1924年，纽约市的第一条现代汽车专用道——布朗克斯河边汽车专用道建成；1931年，哈德逊河上连接曼哈顿上城和新泽西的乔治·华盛顿大桥建成，这是纽约市第一个钢铁构成的桥梁；1934年，东河快车道（现在叫做FDR快车道）建成，它沿着曼哈顿东岸从贝特芮大桥一直到三区大桥；

1937年,林肯隧道建成,它穿越哈德逊河,连接曼哈顿中城和新泽西;1938年,修建带形汽车专用道,这是 Robert Moses 策划的多条道路中的一条,此条道路主要环绕布鲁克林区和皇后区;1948年,为了建设横穿布朗克斯区的快速路,东特里蒙特和莫里斯高地的159座公寓被推倒,1530个家庭被迫迁移;1956年,联邦州际道路法案批准修建了66000公里的州际公路,联邦政府承担90%的费用,纽约市利用此项法案建成了横穿布朗克斯的快速路。

在此期间,随着纽约道路交通的发展,美国汽车工业取得了长足发展。1929年,美国汽车工业的产值已占到全国工业产值的8%左右,小汽车的保有量由677.1万辆增加到2312.1万辆。但随之而来的是交通运行状况的急剧恶化。至20世纪40年代末,纽约市中心城区的交通拥堵达到令人难以容忍的程度,城市居民因为居住环境的恶化开始迁往郊区居住。

3.2.2 20世纪60年代至80年代:公共交通发展阶段

20世纪60年代,纽约市考虑到公路建设带来的城市交通问题、环境问题、社会问题及城市中心的振兴问题,开始提倡发展公共交通,鼓励城市公共交通系统的规划和建立,使得公共交通发展迅速。公共交通逐渐成为城市交通的主体,其客运量占总客运量的75%左右,其中轨道交通客运量占50%以上。纽约市轨道交通的发展改变了纽约地区的发展形态,使城市沿轨道交通走廊轴向伸展。

1962年,连接霍博肯、新泽西到曼哈顿的通勤铁路 PATH 系统建成;1967年,纽约市政府为了便于管理,规定所有出租车刷成黄色;1968年,纽约州立法局成立大都市交通局(Metropolitan Transportation Authority,简称 MTA),后来成为纽约市公交的母公司;1971年,纽约市出租车委员会成立,主要致力于规范出租车的管理;1980年,一种专门为残疾人设计的扶梯出现在市政府的公交车上。

3.2.3 20世纪80年代至今:多种运输方式协调发展阶段

20世纪80年代起,纽约开始强调各种运输方式协调发展,提出了各种交通方式通用法案。其宗旨是促使各种交通方式经济上有效、环境方面友好、能源利用高效,其中多项是关于发展公共交通的条款。注重城市交通与外部交通的协调统一。

1989年,在格林威治村的居民、环境保护主义者以及其他力量的奋力争取下,计划在曼哈顿区延哈德逊河修建的 Westway 高速公路停建;1990

年，《美国残疾人法案》成为正式法律，规定所有的公共交通设施必须方便残疾人使用，至 2002 年，纽约市所有的路缘都经过改造，以方便残疾人；1993 年，纽约市政府开始"红灯计划"，自动拍摄闯红灯的车辆的车牌号；1994 年，大都市交通局(MTA)正式推行电子客票，在华尔街和白宫街安装了与之相配的十字转门；1997 年，纽约市所有的公共汽车站和地铁站都安装了十字转门，即电子客票已经可以在纽约市所有公交车站使用；2001 年，受到"911 事件"的影响，部分交通设施遭到破坏；2002 年，都市交通局重组，都市交通局公共交通正式分为两个公司——MTA 地铁公司和 MTA 公交公司；2003 年，纽约市地铁和公交正式停止使用代币，同时 MTA 纽约公共交通部将客票价格从 1.5 美元提高至 2.0 美元，提高了 33.3%，这是纽约市公交历史上提价幅度最大的一次；2003 年，曼哈顿下城开发公司和其他机构计划在世贸中心地点上建设新的公共交通枢纽中心。

目前，由于交通基础设施的引导和支持，纽约作为美国的经济中心的向心力作用比较突出，纽约市单中心、高密度沿交通走廊方向发展的城市空间结构特征突出。

3.3 纽约交通结构分析

3.3.1 出行方式

(1) 20 世纪 50 年代至 80 年代的出行方式变化

1950~1990 年，纽约城市居民出行的交通方式的变化趋势为小汽车吸引越来越多的使用者，公共交通的占优地位受到严重威胁。

居民拥有的私家汽车数量在 1950 年至 1990 年的 40 年间增长了 44%。由于小汽车的使用频率也一直升高，因此小汽车出行的增长率居高不下。1963 年和 1997 年出行数据中交通方式统计的是出行中的主交通方式。一次出行中可能包括若干不同的交通方式，主交通方式是指出行中时间最长的交通方式。此数据中不包括步行出行以及低于 5 岁的儿童的出行。

如图 3-3 所示，根据美国居民出行调查(National Household Travel Survey)，1963~1997 年，纽约市在工作日的小汽车出行增长了 89%，而公共交通工具的出行下降了 15%。1963~1997 年，小汽车出行从占机动车出行的 33%增长到 50%，而公共交通工具(地铁和公共汽车等)出行的比例从 61%下降到 42%。

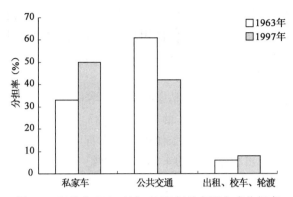

图 3-3 纽约市 1963 年与 1997 年的交通方式分担率

从 1950 年到 1990 年,小汽车出行比例的增长主要有以下几个原因。

①人口的增长集中在城市的郊区,在那里道路的交通压力并不大,而且停车位比较宽裕,更适于使用小汽车。

②在二十世纪六七十年代,地铁的犯罪率居高不下,客观上减少了乘客对公共交通工具的使用热情。

③收入的增加使得更多的纽约居民购买私人小汽车。

④公路网的扩展也为私家车的出行提供了更多空间。纽约市所有的高速路几乎都是在 20 世纪 40 年代末至 60 年代中期建设的。例如,布朗克斯高速公路、长岛高速、范威克高速以及哈勒姆河汽车路都是在 20 世纪 50 年代建造的。高威尼斯路从普通的汽车驾驶路扩宽为高速公路。在 20 世纪 50 年代末至 60 年代,布朗克斯区建设了布鲁可尼高速路,斯塔滕岛也建设了若干的高速路。同期,几条重要的过海通道也建成通车,如 1950 年通车的布鲁克林贝特芮隧道、1961 年通车的史瑞革斯耐可大桥以及 1964 年通车的 Verrazano-Narrows 大桥。

从图 3-4 中可以看出,20 世纪 50 年代至 80 年代,从小汽车的拥有率变化和公共交通方式的乘客人数变化判断,私家车和公共交通方式使用人数的变化率基本比较稳定。每 10 年私家车变化率和公共交通方式的变化率之差都维持在 18%～20%(Schaller Consulting,2001)。20 世纪 50 年代,私家车拥有率增长 1%,地铁乘客人数下降 19%;20 世纪 60 年代,私家车拥有率增长 13%,地铁乘客人数下降 7%;20 世纪 70 年代,私家车拥有率下降 2%,地铁乘客人数下降 20%;20 世纪 80 年代,私家车拥有率增长 21%,地铁乘客人数增长 2%。

因为无法得到 1950～1990 年的以 10 年为间隔的小汽车出行数,因此使用私家车拥有量作为小汽车出行增长的替代指标。同时,由于1970年以前的公交汽车的数据不可得,因此使用地铁乘客人数作为公共交通工具出行增长的替代指标。由于并不是比较实际的出行数,而是对比各种出行的增长率,经分析此替代是可行的。

在第二次世界大战后,除了私家车数量的增长外,出租车数量和租车服务也快速增长。虽然持照出租车的数量在1937年"牌照法"实行后一直维持在12187辆,但租车服务的扩张使得出租车行业车辆的增长率远远高于私家车的增长率。出租车行业的车辆在20世纪50年代的增长率为21%,20世纪60年代和20世纪70年代的增长率攀升到38%和61%,20世纪80年代和20世纪90年代的增长率回落到30%。

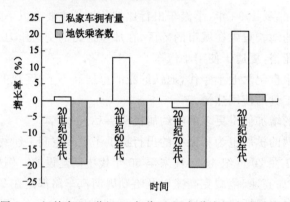

图3-4 纽约市20世纪50年代至80年代交通方式增长率

20世纪50年代至80年代,纽约市的交通方式主要呈现几个趋势:公共交通方式的乘客人数呈负增长,私家车拥有率增加,出租车行业发展迅速。小汽车的使用者可以分为两类:一类是公共交通工具无法满足他们的要求,如公交站距离住所太远或在工作日需要频繁出行的人群;二是感觉小汽车在出行费用、时间、可靠性、可预见性或安全等方面优于公共交通的人群。因此,要抑制小汽车出行的增长趋势,必须要增加公交系统的竞争能力。

(2) 20世纪90年代的出行方式变化

20世纪90年代的交通方式分担变化与前40年不同。私家车拥有率在20世纪80年代增长了21%,但在20世纪90年代却只增长了6%;地铁乘客人数在80年代增长了2%,但在90年代却增长了超过34%;公交汽车乘客人数在80年代下降了15%,但在90年代却增长了27%。

表3-2所示为1980~2000年各种交通方式的估计分担率。表3-2中使用地铁和公交汽车的年乘客人数作为公交工具出行的指标是准确的,使用

小汽车拥有量乘以小汽车使用率作为小汽车出行的估计。

1980～1990年，小汽车的分担率从41%上升到48%，上升了7个百分点；地铁的分担率从32%下降到29%，下降了3个百分点；公交汽车由20%下降到15%，下降了5个百分点。但是，这些趋势在20世纪90年代被逆转。小汽车的分担率下降了4%，而地铁上升了2%，公交汽车上升了1%。

1980～2000年各交通方式的分担率对比表　　　表3-2

出行方式	1980年	1990年	2000年	1980～1990年分担率变化	1990～2000年分担率变化
小汽车	41%	48%	44%	7%	-4%
地铁	32%	29%	31%	-3%	2%
公共汽车	20%	15%	16%	-5%	1%
出租车	6%	7%	8%	1%	1%
其他非步行出行	1%	1%	1%	0%	0%

注：数据来源于Mode shift in 1990's, Schaller Consulting, 2001。

1980～2000年，纽约市出行总数增长，20世纪90年代（增长20%）比20世纪80年代（增长9%）增长要快得多，这主要是三个原因造成的。首先，人口增长得快自然出行总数增长得也快。其次，20世纪90年代居民的收入提高，会产生更多的出行。根据普遍规律，收入高的家庭产生的出行一般比收入低的家庭要多。最后，由于电子客票的使用，刺激了地铁和公交汽车的使用，因此客观上也增加了总的出行人数。

造成20世纪90年代交通方式分担率变化的原因主要有六个。其中，前三个原因是关于增加公交系统竞争力的交通政策。

①政府为增加公共交通系统的硬件条件、服务可靠性以及质量而投入大量的建设资金。

②在公交系统内引入电子客票，不仅可以在整个公交系统内部统一使用，而且单次平均票价更便宜。

③重要原因是乘客乘坐地铁和公交汽车的安全意识不断提高，加之公交系统采取的积极措施，使得地铁和公交站的犯罪率不断下降，增加了公交的竞争力。

④纽约市的外来移民增长迅速，大部分的外来移民定居在布鲁克林区和皇后区，使得这两个区域的公交乘客人数显著增加。

⑤日益严重的道路交通阻塞和昂贵的停车费用降低了小汽车使用的吸

引力。

⑥随着经济的发展,在哈勒姆区等一些高度开发的地区,商业的发展和新兴的居民区需要公交系统的服务作为依托。

3.3.2 出行空间分布

(1)从曼哈顿区出发的通勤客流的去向

曼哈顿区与周边各区的交通便利,共有12座(条)桥梁和隧道相联系,其中与布朗克斯区、皇后区和布鲁克林区三个区连接的桥梁有7座(条),隧道2条。因此,曼哈顿区的居民去向各个区的交通均十分便利。2000年,从曼哈顿区出发的通勤客流去向见图3-5(New York City Department of Transport)。

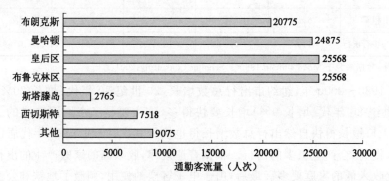

图3-5 2000年从曼哈顿出发的通勤客流的去向图

曼哈顿区、布朗克斯区、皇后区和布鲁克林区是就业岗位比较集中的四个区域,从曼哈顿出发的通勤客流主要去往这四个区域。与之相比,斯塔滕岛、西切斯特以及拿骚等其他区域,由于主要是住宅区,吸引的客流就比较少。这也是曼哈顿区与皇后区以及布朗克斯区间的桥梁和隧道在早晚上下班高峰时成为交通瓶颈的原因。曼哈顿区的居民在布鲁克林区和皇后区工作所占的比例均为22.02%,在本区工作的比例为21.42%,在布朗克斯区工作的比例稍低,为17.89%。总的来说,除斯塔滕岛外,曼哈顿区向相邻各区的通勤客流分布比较平均。

(2)从布朗克斯区出发的通勤客流的去向分布

从布朗克斯区出发的通勤客流主要是去往本区内以及曼哈顿区。1990年,去往本区内的客流占到总数的42.91%,去往曼哈顿区的占19.27%,2000年分别为42.21%、18.23%。这说明客流集中程度稍有缓解,但幅度很小(图3-6)。

从布朗克斯出发的通勤客流量很低,1990年占到3.93%,2000年占到3.98%,这主要是由于布朗克斯区与皇后区和布鲁克林区没有直接的隧道或桥梁相连,去往此两区需要绕道曼哈顿上城,两次过海,交通不便,不仅花费时间较多,而且需要付两次过桥(或隧道)费。由于布朗克斯区与西切斯特陆地相邻,交通比较方便,因此,虽然西切斯特并不是重要的通勤客流吸引源,但仍占有一定的比例,2000年为3.30%,1990年为2.99%。

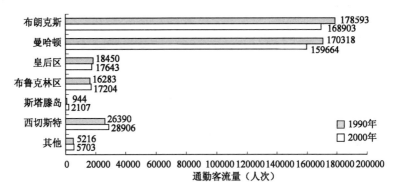

图3-6　从布朗克斯区出发的通勤客流去向图

(3) 从布鲁克林区出发的通勤客流的去向

从布鲁克林区出发的通勤客流主要去往曼哈顿区以及本区内。布鲁克林居民在本区工作的比例很高,1990年占到总数的51.01%,2000年略有下降,但仍占到49.26%。去往曼哈顿区的通勤客流比例,2000年占到38.94%,比1990年的38.90%略有升高。这主要是由于曼哈顿区的客流吸引力以及与布鲁克林区间便捷的交通。曼哈顿岛与布鲁克林区间通过3座桥梁和1条隧道相连,分别为威廉斯堡大桥、曼哈顿大桥、布鲁克林大桥和布鲁克林隧道。相比之下,去往皇后区和布朗克斯区的通勤客流比例就很低,1990年合计7.03%,2000年合计8.4%,虽有升高,但仍旧很低(图3-7)。这主要是由各区之间交通条件决定的。布鲁克林区与布朗克斯区在地理上并不相邻,去往布朗克斯区需要穿越整个曼哈顿区,两次过海,或穿行大半个皇后区,交通十分不便。

(4) 从斯塔滕岛区出发的通勤客流的去向

由于地理和交通的原因,斯塔滕岛的居民主要在本区和曼哈顿区工作。1990年在本区工作的居民比例为46.53%,将近总人数的一半;2000年下降到37.91%,但仍是最主要的通勤客流。1990年在曼哈顿区工作的居民比例为 33.49%,仅次于斯塔滕岛本区的通勤客流。2000 年,该数值上升至 35.92%,基本与本区持平。1990～2000 年,去往布朗克斯区、皇后区、布鲁克林区的客流比例均有不同程度的升高(图 3-8),说明斯塔滕岛已经成为各区高收入阶层的理想居住地,越来越多的人选择在斯塔滕岛居住,而在其他各区工作。

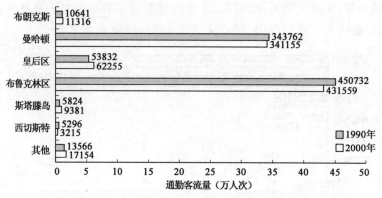

图 3-7 从布鲁克林区出发的通勤客流的去向图

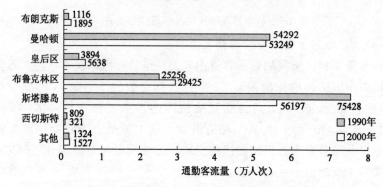

图 3-8 从斯塔滕岛出发的通勤客流的去向图

(5)各个区域流向对比

由于曼哈顿区拥有与其他各区便捷的交通联系以及发达的商业和高度集中的就业岗位,使得它吸引了来自其他各区的通勤客流,而且反向的通勤客流分布也比较均衡。其他各区主要的通勤客流都去往本区内,且第二大客流方向都是曼哈顿区(图 3-9)。

3.3.3 境界线交通量情况

(1)1963～2003 年的境界线交通量趋势(图 3-10)

纽约市第一次境界线数据调查是在1963年,当时在29个地点调查的双向日流量为1109200辆。皇后区与拿骚之间的境界线流量为546600辆,占总流量的19.3%。

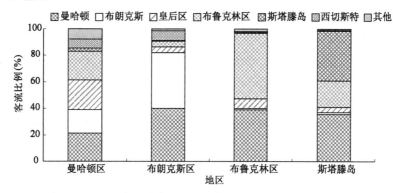

图3-9 2000年纽约市5个区通勤出行的客流去向对比图

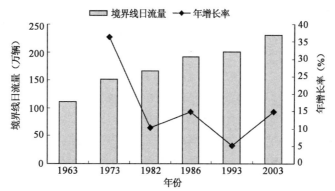

图3-10 1963~2003年纽约市境界线日交通量与年增长率变化图

数据来源:New York City Screenline Traffic Flow 2003, New York City Department of Transportation

1963~1973年,纽约市境界线的双向平均日流量上升至1510700辆,增加了401500辆,增幅为36.2%,所有境界线的流量增幅都超过20%。斯塔滕岛与新泽西之间的三座桥梁的过桥流量从27400辆增至81000辆,增长了将近两倍。曼哈顿与新泽西间的境界线流量从265600辆增至397200辆,增长了将近49.5%,是流量增加最多的境界线。布朗克斯与西切斯特之间的境界流量从269700辆增至361700辆,增幅为34.1%。皇后区和拿骚之间的境界线流量从546600辆增至670700辆,增幅为22.7%。

1973~1982年,纽约市境界线流量的增长趋于平缓,1982年的流量为

1667300 辆,9 年间增长了 10.4%。斯塔滕岛与新泽西间的流量增至 106700 辆,增幅为 31.6%;布朗克斯与西切斯特之间的流量增至 413800 辆,增幅为 14.4%;曼哈顿与新泽西间的流量增至 433700 辆,增幅为 9.2%;皇后区与拿骚之间的流量为 713000 辆,增幅为 6.3%。

1982～1986 年,纽约市境界线流量的增长幅度增大,纽约市的边界流量增至 1914800 辆,除去 1982 年末统计的布朗克斯的 Van Cortlandt Park East 和皇后区的中央大道以及 Seagirt Boulevard,4 年间增长了 14.8%。斯塔滕岛与新泽西间的流量增至 138400 辆,增幅为 29.8%;布朗克斯与西切斯特之间的流量增至 474000 辆,增幅为 14.6%;曼哈顿与新泽西间的流量增至 485800 辆,增幅为 12.0%;皇后区与拿骚之间的流量为 816600 辆,增幅为 14.5%。

1986～1993 年,纽约市境界线流量的增长比较平缓,平均日流量从 1986 年的 1951000 辆增至 1993 年的 2012400 辆,7 年间增幅仅为 3.1%。增幅最大的为皇后区与拿骚间的境界线流量,从 1986 年的 843500 辆增至 1993 年的 892300 辆,增幅为 5.8%。同期,斯塔滕岛与新泽西间的流量增至 140800 辆,增幅为 1.7%;布朗克斯与西切斯特之间的流量增至 506200 辆,增幅为 4.7%;曼哈顿与新泽西间的流量增至 473100 辆,增幅为 2.6%。

1993～2003 年,纽约市境界线流量的增长稍稍加快,平均日流量从 1993 年的 2012400 辆增至 2003 年的 2310200 辆,增幅为 14.8%,年增长率为 1.4%。斯塔滕岛与新泽西间的流量增幅最大,为 24.0%,从 140800 辆增至 174600 辆,年增长率为 2.2%。布朗克斯与西切斯特之间的流量增量最大,从 506200 辆增至 619400 辆,增长量为 113200 辆,增幅为 22.4%,年增长率为 2.0%。曼哈顿与新泽西之间哈德逊河上的三座桥梁总流量从 473100 辆增至 547400 辆,增幅为 8.6%,年增长率为 1.5%。皇后区与拿骚间的境界线流量从 892300 辆增至 968700 辆,增幅为 8.6%,年增长率为 0.8%。

1963～2003 年,纽约市 29 个地点观测的双向每日境界线流量,从 1109200 辆增加至 2262400 辆,增幅超过 100%。斯塔滕岛和新泽西间的境界线流量从 1963 年的 27400 辆增至 2003 年的 174600 辆,增幅 537%,主要是得益于 1964 年建成的 Verrazano-Narrows 大桥。曼哈顿与新泽西间的境界线流量从 1963 年的 265600 辆增至 2003 年的 547400 辆,增幅 106%。这主要是由于 1962 年乔治·华盛顿大桥的建成和 1963 年 Alexander Hamilton Bridge/Trans-Manhattan Expressway Route 的通车方便了布朗克斯、皇后区、长岛和新英格兰等地区通过上曼哈顿区进入新泽西州的出行。1962～1966 年,华盛顿大桥的日交通流量从 111100 辆增至 167300 辆,增幅 50.6%。

1963~2003年,布朗克斯与西切斯特之间的流量从269700辆增至609000辆,增加了126%;皇后区与拿骚之间的流量从546600辆增至931400辆,增加了70%。

(2) 2003年的境界线交通量状况

纽约市的境界线调查主要包括新泽西与曼哈顿区、西切斯特与布朗克斯区、拿骚与皇后区、新泽西与斯塔滕岛以及皇后区与布鲁克林区5条。其中,除了皇后区与布鲁克林区为纽约市区内部交通量外,其他均为纽约市区内与外部地区的交通量。图3-11所示为纽约市2003年境界限日流量图。

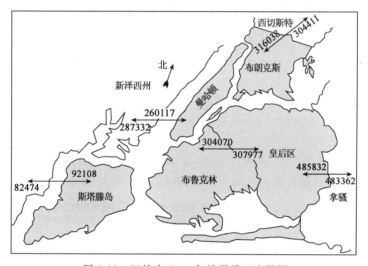

图3-11　纽约市2003年境界线日流量图

数据来源:New York City Screenline Traffic Flow 2003, New York City Department of Transportation

由图3-11可知,所有境界线的双向流量基本平衡,说明绝大部分流量为当天往返的出行。在4条外部境界线流量中,拿骚与皇后区的流量最大,单向平均48.5万人次,西切斯特与布朗克斯区的次之,单向平均48.5万人次,这主要是由于居住在西部和北部郊区的通勤者去往曼哈顿区以及纽约市其他各区均需通过这2条境界线。新泽西与曼哈顿间的单向流量为27.3万人次左右,主要为产生于居住在新泽西州的通勤者。斯塔滕岛与新泽西间的流量最低,单向平均8.7万人次,主要是由于斯塔滕岛的就业岗位远远少于其他各区。

(3) 境界线交通量的全天时间分布

从图3-12可以看出,纽约市境界线交通量的全天时间分布呈现明显的早晚高峰。早高峰时段为上午6:00~9:00,晚高峰时段相对持续时间较长,从16:00~21:00,流量一直都较高。早晚高峰的峰值流量接近,均为8万辆。进出纽约市的交通量的时间分布基本一致,但早高峰进入纽约市的交通量高于出纽约市的交通量,晚高峰则正相反。

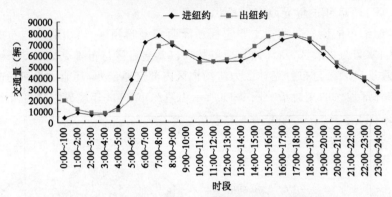

图 3-12　2003 年进出纽约市的境界线流量全天变化图

数据来源:New York City Screenline Traffic Flow 2003, New York City Department of Transportation

从图 3-13 与图 3-14 可以看出,除新泽西与斯塔滕岛间的交通流全天分布平均外,其他各境界线均呈现与总体一致的早晚高峰现象。

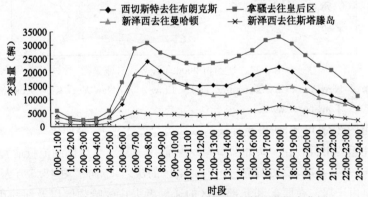

图 3-13　2003 年去往纽约市区的境界线全天流量变化图

数据来源:New York City Screenline Traffic Flow 2003, New York City Department of Transportation

3.3.4　通勤交通出行特点

(1)通勤出行方式的基本特征

20 世纪 60 年代至 80 年代,通勤出行的变化趋势与居民出行的变化趋势基本一致,即私家车分担率不断增加,公交出行方式的优势地位不断下降。但由图 3-15 可知,虽然公交比例从 1960 年的 65.3% 不断降低,2000 年却仍占到超过一半的比例(52.8%)。所以,公交仍是纽约市居民通勤的主要交通工具。私家车比例的增加主要是居民收入的提高和居住地与上班地点的平均距离越来越远造成的。

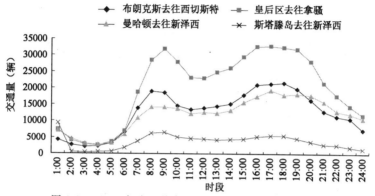

图 3-14　2003 年出纽约市区的境界线全天流量变化图

数据来源:New York City Screenline Traffic Flow 2003, New York City Department of Transportation

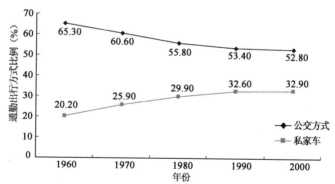

图 3-15　1960～2000 年纽约市居民通勤出行方式比例变化

数据来源:Schaller Consulting,2002

(2)通勤出行方式的时间差别

通勤出行的公交使用率要明显高于普通出行。首先,因为通勤出行的时段是早晚高峰,此时的路面交通压力较大,使用私家车在市中心区域并不比使用公共交通节省时间,而且时间可靠性较差。

由图 3-16 可知,在纽约市市区,驾驶私家车比使用公共交通工具节省的时间一般不超过 15 分钟。在曼哈顿区,大部分区域使用私家车甚至会多花费 2～7 分钟的时间。另外,由于政府加大了对进入市中心主要桥梁和道路的收费,所以使用私家车通勤的费用要远远高于使用公共交通系统的费用。

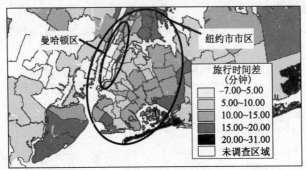

图 3-16　2000 年纽约市私家车与公共交通工具的旅行时间差

注:旅行时间差＝ 私家车旅行时间－小汽车旅行时间

图片来源:Schaller Consulting,2006

(3)不同区域的通勤出行方式

通勤出行一直是地区整体出行中重要的组成部分,因为交通方式和时间基本固定,规律性强,因此通勤出行的交通方式选择基本能够代表整个地区的交通结构和服务水平。

①曼哈顿区。曼哈顿区居民通勤出行的主要交通方式为公共交通,见图 3-17。1990～2000 年,曼哈顿区的通勤交通结构基本稳定,以公共交通为主要方式,部分居民步行,使用私家小汽车的比例很低。

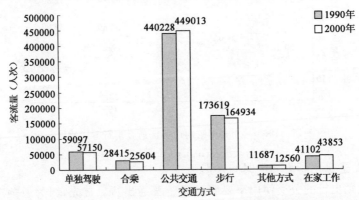

图 3-17　1990 年和 2000 年曼哈顿区通勤出行的各种交通方式的客流量

数据来源:纽约市交通局(New York City Department of Transport)网站

1990 年使用公共交通的居民占总数的 58.37%,2000 年增长到 59.62%;单独驾驶小汽车和合乘的人数都有小幅减少,这主要是由于路面交通的拥堵严重以及市区停车泊位的缺乏使得一部分人放弃使用小汽车。步行通勤比例于1990年达到23.2%,2000年有所下降,但仍占到21.9%,这是由于在高峰期,曼哈顿区的街道很容易发生拥堵(尤其是中城中央商务区),公交车虽然廉价,但车速缓慢,因此许多居住在曼哈顿的居民宁愿选择步行上班。同时,在家工作方式的比例稍有升高,说明为节省雇员花在上下班路上的时间和精力,越来越多的公司采取灵活的工作制度。

②布朗克斯区。布朗克斯区选择公共交通方式的通勤出行明显减少,虽然公交方式仍然占到通勤出行的53.69%,但这一比例相比1990年的56.59%已有明显下降,见图3-18。这与公共交通的服务水平和可靠性程度没有达到顾客满意有关。同时,选择合乘车的出行也略有减少,说明合乘政策的推行仍存在一定的困难。独自驾车的通勤数量略有上升,应该是有一部分居民出于安全和方便的考虑,放弃使用合乘方式和公共交通方式,选择独自驾车上班。此外,选择在家工作的人越来越多。

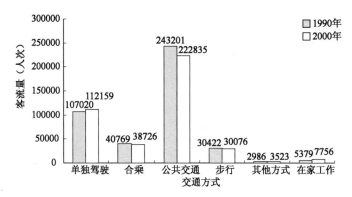

图3-18 布朗克斯区通勤出行各种交通方式的客流量

数据来源:纽约市交通局(New York City Department of Transport)网站

以上情况说明,公共交通系统仍然是居民通勤出行的主要选择,但如果服务水平无法满足乘客不断提高的要求,吸引到的客源可能会越来越少。

③布鲁克林区。1990~2000年,布鲁克林区通勤出行的交通结构比较稳定,各种交通方式的比例基本固定,见图3-19。公共交通是主要的通勤手段,2000年使用公共交通的通勤者占到总数的57.45%,比1990年的58.03%稍低。独乘与合乘小汽车的比例均略有下降,小汽车的使用比例由1990年的31.28%下降到2000年的30.45%,说明政府控制小汽车使用的政策起到了一定的作用。同时,在家工作方式的比例稍有升高,由1990年的1.60%上升至2000年的2.29%。

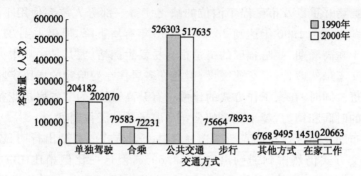

图 3-19　布鲁克林区通勤出行的各种交通方式的客流量

数据来源:纽约市交通局(New York City Department of Transport)网站

总之,布鲁克林区的通勤出行基本形成以公共交通工具为主要手段、适当使用小汽车、小部分居民步行的稳定结构。

④斯塔滕岛。斯塔滕岛的交通结构与其他几区有明显不同,通勤出行的交通方式以使用小汽车为主,见图 3-20。

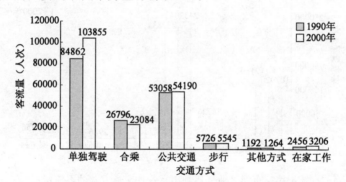

图 3-20　斯塔滕岛通勤出行的各种交通方式客流量

数据来源:纽约市交通局(New York City Department of Transport)网站

私家小汽车是居民通勤出行的主要交通工具。通勤出行中,小汽车的使用比例在 1990 年占到 64.14%,2000 年稍有升高,占到 66.41%。在斯塔滕岛上居住而在岛外工作的居民一般收入较高,斯塔滕岛与其他各区间的公共交通通道并不很发达,因此大部分居民使用私家小汽车。在 1990 年通勤出行中,独乘小汽车的比例占到 48.75%,合乘小汽车的比例占到 15.39%,2000 年独乘的比例升高至 54.33%,而合乘的比例降至 12.08%,说明在 20 世纪 90 年代初兴起的合乘政策在推行中仍存在一定的困难,由于安全以及便捷等方面的考虑,大部分居民仍倾向自己驾驶小汽车。公共交通在通勤出行中所占比重由1990年的30.48%降低到2000年的28.35%。可见,在人口密度较小的地区,如果不鼓励使用公共交通工具,居民选择公共交通作为通勤工具的比例会越来越低。

3.4 公共交通系统分析

3.4.1 概述

纽约市的公交系统十分发达,在市中心区,几乎所有的出行都可以使用公交系统完成,而且在速度和舒适性等方面并不逊色于私家车。作为纽约市、尤其是纽约市市区居民出行的首选交通工具,纽约市公交地铁系统对乘客具有比较强的吸引力。

首先,纽约市的公共交通可达性好。纽约市地铁线路长达1155公里,由26条线路和468个车站组成,地铁线路几乎密布城市的各个角落。纽约市市民(除居住在第一、第二大道的居民外)走行较近的距离就能到达地铁站入口。其次,纽约市地铁的大多数线路24小时运营,全年无休。间隔时间在高峰期为3~5分钟一趟;在白天非高峰期为10~12分钟一趟;夜间24:00至凌晨5:00之间,每20分钟发一趟车。此外,公共交通的准点性较好,2009年地铁的准点率为75.8%。同时,地铁站的设计周到,方便乘客,每一个进站口都有醒目的标志牌。

公交汽车作为地铁的接驳与补充,也起着十分重要的作用。所以,纽约市的公交系统十分方便,是居民出行的重要交通工具。

3.4.2 地铁与公交汽车

纽约市最主要的公共交通工具是地铁和公交汽车,统一由都市交通局(Metropolitan Transportation Authority,简称MTA)管理。都市交通局是一个管理纽约市5个区、纽约州12个县、新泽西州、康乃迪克州部分地区的跨度达10360平方公里、居住人口1200万人的交通管理机构。这个机构不仅管理地铁系统,而且管理路面的公共交通和水上轮渡。

作为美国公共交通系统最发达的地区,纽约市的公交工具在基础设施建设、可达性、安全性等方面都有不错的成绩。

(1)基础设施情况

①地铁。纽约市第一条地铁线的修建是从曼哈顿下城市府大楼到中城

第42街大中央火车站的一段,后来延伸到时报广场,再经百老汇大街通到上城的145街。这条地铁线路于1904年启用,边运行边修建,到1925年基本完成。纽约市大部分地铁建设都是在1900~1936年完成的,以后不断扩展,到20世纪40年代基本达到现在的规模。

纽约地铁共拥有26条线路,用阿拉伯数字作为线路名的有1、2、3、4、5、6、7、9;以英文字母排列的有A、B、C、D、E、F、G、H、I、J、L、M、N、Q、R、S、Z。每日客运量约400万人次,全年客运量达14.49亿人次。地铁车辆的设计十分耐用,使用寿命一般在35年以上。由于地铁网络已基本完善,近10年并没有建设新的线路,所以地铁车辆新旧交替也不频繁。

②公共汽车。2005年,全市共有5113辆公交车,行驶在5个区的200条线路上。分别用区名的第一个英文字母标明在该区行驶的公共汽车,如曼哈顿区的公交车标以M。M后的数字指明是哪路车,如M34、M42、M72。皇后区的车以Q打头;布鲁克林区的车以B打头;布朗克斯区的车以BX打头;斯塔滕岛区的车以S打头。多数线路的车在本区行驶,少数跨区行驶。

纽约全市共有1473个公交车站,每个车站前均有乘车指示牌,标明本线路的沿途各站站名。纵向行驶的公交车几乎每隔2~3个街区就设有一个车站,横向的公交车每一条街都有一站,市民出行十分方便。为了加快行车时间,有些线路专门设立了"快车"(Limited),这种车不是每站都停,而是在主要的交通干道和主要景点停车。乘客可以从公交车车窗上的黄色"Limited"标志辨别。

(2)乘客数量

20世纪50年代至80年代,纽约地铁每年的乘客人数呈现下滑趋势,见图3-21a),从1950年的16.6亿人次减少到1990年的10.3亿人次,减少了将近38.0%。而在20世纪90年代出现了一定的反弹趋势,2000年地铁的年乘客人数达到13.8亿人次,比20世纪80年代增长了34.0%。

这主要是由于地铁网络的建设时期在20世纪的前30年,到二十世纪四五十年代已经成为纽约市居民的首选交通工具。然而随着城市的扩张,高速公路网的建设,小汽车的使用逐渐增加,夺走了部分地铁客源。但进入20世纪90年代以来,由于道路交通拥堵日益严重,城市内停车资源紧缺,加之公交系统努力提高自身的服务水平,因此部分居民又重新开始使用公共交通工具。

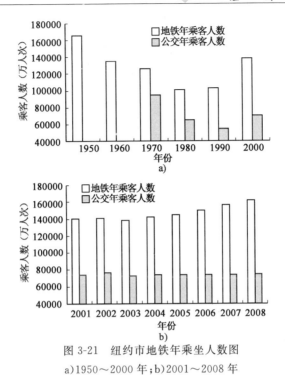

图 3-21 纽约市地铁年乘坐人数图

a)1950～2000 年;b)2001～2008 年

注:1950 年与 1960 年公共汽车的乘客人数不可得

数据来源:Mode shift in 1990's,Schaller Consulting,2001;2009 Annual Report,MTA

2000 年以后,纽约市公共交通工具的乘客人数呈现稳定增长的态势。其中 2002 年与 2003 年,由于"911 事件"后公众对公共交通工具的安全性产生怀疑,加之政府对小汽车使用的临时放宽政策,使得 2003 年的公共交通乘客人数产生回落。但在 2004 年,地铁乘客人数上升并超过 2001 年水平,在随后的年份中乘坐地铁的乘客逐年增加,2008 年地铁的平均乘客人数比 2001 年增长了 15.55%,见图 3-21b)。

从地铁系统与公交汽车系统的乘客对比来看,1970 年,公交汽车乘客人数占地铁人数的 75.3%,其后不断下降,到 2000 年降为 51%,即公交汽车系统的年乘客人数只有地铁系统的一半。2000 年后,公交系统的比例稍有上升,基本维持在 52%左右的水平。这主要是由两个原因造成的:一是公交汽车系统受路面交通的影响很大,20 世纪 70 年代后,随着道路拥挤的增加,一部分客源被地铁吸引;二是随着城市人口的市郊化趋势,许多居民的通勤距离增加,为使出行快捷、舒适,他们转而使用私家汽车。

(3) 费用

纽约市所有公交车(除行驶在东西快行线上的快速公交车以外)的票价是统一的,2002年前统一票价为1.5美元,2003年后票价增至2.0美元,老年人、残疾人可享受优惠半价。111厘米(44英尺)以下的儿童与大人同行可享受免费乘坐。一个成年人可免费带领3名儿童乘坐公交车。

纽约市公交部还规定,一张车票在规定时间里,可以在同一方向转乘车时使用。乘客在下车前向驾驶员要一张转车票,在两小时之内均可以此转乘同一方向的公共汽车。如果使用捷运磁卡,在乘坐地铁后还可以在同一方向转乘公共汽车。这种一票到底的制度使市民得到实惠,使得利用公交上下班比使用私家车更省钱。虽然在2003年公交的单次基本费用由1.5美元上涨到2.0美元,上浮了33.3%,但由于使用了统一票制和优惠制度,公交的实际平均单次费用仅由1.04美元上涨到1.26美元,只上浮了21.2%,完全在居民的承受能力以内,因此公共交通系统的乘客人数并没有受到很大影响。

纽约地铁推出地铁票价打折等优惠措施,乘车次数越多享受的优惠就越多。地铁票分为有限和无限两大类。有限公交卡的票价为单次1.5美元,乘客买一张单次卡,只要不出站,就可以任意换车或换乘公共汽车,直到抵达目的地为止。乘客如花15美元买10次有限城市卡,可以享受1次优惠,即可乘坐11次。无限公交卡分为4美元一张的日卡、17美元一张的周卡和63美元一张的月卡,无限公交卡不限乘坐次数。但为了避免一卡多人使用,纽约都市交通局规定在同一站的两次刷卡时间须至少间隔18分钟。市民凭公交卡不仅能乘地铁,也可免费换乘公共汽车。持1.5美元有限公交卡的乘客在两个小时之内可以免费换乘公共汽车,持无限公交卡的乘客可不限时多次免费乘公共汽车。一卡通的实施,不仅给市民带来方便和实惠,同时也使地铁公司和公交车公司盈利。

(4) 安全性

纽约市地铁一向以犯罪率高而闻名于世。纽约市部署1/4警力的在地铁里巡逻,目前治安状况已经好转。在非高峰时间乘车,地铁管理部门建议乘客在车站天花板上垂下黄色标志的区域等车,这样可以使工作人员通过监视器看到乘客等车的情景,防止犯罪分子抢劫。

根据表3-3中的数据,纽约地铁的旅客伤亡率在2001年、2005年和2009年,一直在3人/百万人上下浮动,远高于公共汽车和桥梁与隧道的伤亡率。根据纽约地铁每年14亿左右的乘客人数,每年都有超过4000人的旅客因乘坐地铁而伤亡。应该说,这使地铁相对于其他交通方式的竞争力受到严重的影响。

2001年、2005年及2009年纽约市公共交通旅客伤亡率(人/百万人) 表3-3

年 份	2001	2005	2009
地铁	3.04	3.10	3.30
公共汽车	1.67	1.49	1.33
桥梁和隧道	1.85	1.20	0.96

注:数据来源于2005 Annual Report;2009 Annual Report,MTA。

(5)顾客满意程度

都市交通局每年都会对使用纽约市公共交通系统的乘客进行满意度调查,以此来改进服务。

从表3-4可以看出,2003~2005年,乘客对地铁服务的总体评价并没有大的变化,一直在6.2左右。其中,评分最低的是价格和车站环境。2003年,都市交通局将地铁和公交汽车的单次基本费用由原来的1.5美元上升至2.0美元,乘客因此对价格稍有微词。车站环境一直是纽约地铁的软肋,由于纽约地铁已经有超过100年的历史,车站设备难免老旧。同时,由于车站工作人员的工资一直处在中下水平,车站服务人员的态度也令很多乘客不满,因此站内环境的评分最低。目前,都市交通局已经着手对地铁站进行维护和改造,改善站内环境。2005年12月的纽约市公共交通系统大罢工也给都市交通局以及纽约市政府一个警示,交通系统职工的福利待遇不提高,就难以给乘客提供满意的服务。

2003~2005年纽约市地铁顾客满意度调查结果 表3-4

年 份	2003	2004	2005
总体	6.2	6.1	6.2
价格	5.0	5.3	5.8
价值	5.9	6.0	6.3
准时率	6.7	6.6	6.6
车站环境	5.8	5.7	5.8
车内安全	6.2	6.1	6.3
车站治安	5.3	5.5	5.7

注:1.评价范围为1~10分。
2.数据来源于2005 Annual Report,MTA。

从表 3-5 可以看出，2003～2005 年乘客对公交汽车的总体评分在 6.1 左右，比对地铁的评价稍低 0.1 分。其中，评分最低的是价格和准时率。价格评分低的原因与地铁相同。但公交汽车的准时率由于受到地面交通拥堵的影响，因此评分远远低于地铁。

纽约市公共汽车顾客满意度调查结果　　　　　表 3-5

年　份	2003	2004	2005
总体	6.1	5.9	6.1
价格	5.3	5.5	5.9
价值	5.8	5.9	6.2
准时率	5.7	5.6	5.8
车内安全	7.1	7.1	7.2

注：1. 评价范围为 1～10 分。
　　2. 数据来源于 2005 Annual Report，MTA。

3.4.3　市郊铁路

(1) 长岛铁路(Long Island Rail Road)

长岛铁路由都市交通局(MTA)经营，主要连接纽约市市区(曼哈顿区、布朗克斯区、布鲁克林区)与长岛地区(拿骚、萨福特区)。长岛铁路系统包括 11 条支线，轨道长度总和为 1126 公里。从位于长岛最东端的蒙考可站至曼哈顿中心的潘恩站，长约 193 公里。截至 2009 年底，全系统共设有 124 站，共有员工 6752 人。近年内，长岛铁路系统也加大投资，对列车的车体进行更新，新型的 M-7 型电车将取代老的 M-1 型列车。同时，65 个车站也预备在进行重新装修。

每日的列车班次中有接近 2/3 的列车起始点或终点为曼哈顿的潘恩站。还有其他部分起终点站在布鲁克林区的福赖特布大道站、皇后区的猎点大道站和长岛城站。因此，长岛铁路主要服务于纽约都市区内城区与郊区间的通勤以及其他活动。

作为北美最繁忙的铁路，2009 年长岛铁路全年旅客人数达 82954640 人次，平均工作日客运量为 287099 人次。自 2001 年以来，旅客人数经历了下降再上升的过程，2004 年铁路的年乘客人数降至 7930 万人次。在不断提高自身服务水平的努力下，2005 年长岛铁路的乘客数量在 2000 年后首次增长。

(2) 都市区至北部地区铁路(Metro-North Railroad)

都市区至北部地区铁路(Metro-North Railroad)建于1983年,隶属于都市交通局,是美国第二大通勤铁路系统。都北铁路系统线路全长618公里,轨道长度1247公里,全程设120个站,分布在纽约州的7个区(从北至南分别为达驰斯、帕特南、西切斯特、奥兰治、罗克兰、布朗克斯和曼哈顿)以及康涅狄格州的2个区(纽黑文和费尔菲尔德)。因此,都北铁路共服务于9个区,总人口为479.7万人。

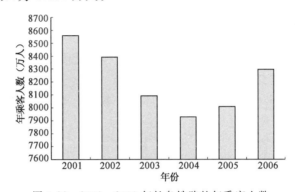

图3-22 2001~2009年长岛铁路的年乘客人数

数据来源:2005 Annual Report;2009 Annual Report,MTA

2001年,都北铁路每个工作日运送乘客25万人,每年运送乘客7300万人次。2003~2004年,铁路的年乘客人数有所下滑,原因可能是住在郊区的部分通勤居民开始使用小汽车作为通勤交通工具。但在2005年,都北铁路的乘客人数增加至7450万人,超过了2001年的水平(图3-23)。随后的客运量增加至7990万人次,这与郊区人口的增加以及道路交通阻塞迫使部分居民重新转向公共交通工具有关。

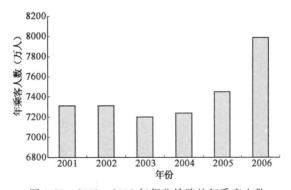

图3-23 2001~2009年都北铁路的年乘客人数

数据来源:2005 Annual Report;2009 Annual Report,MTA

(3)通往新泽西的 PATH 铁路(PATH Rapid-Transit System)

PATH 公司(The Port Authority Trans-Hudson Corporation)建立于 1962 年,是纽约与新泽西联合交通局的子公司。PATH 是连接曼哈顿区与新泽西各区的重轨交通通道。2005 年,平均每一工作日 PATH 都输送乘客 21.5 万人,年旅客输送人数达到 6070 万人。随着新泽西各区人口的增加以及商业贸易的发展,这一数字还将持续增长。

3.4.4 出租车

纽约目前有两种出租车:一种是招手即停的黄色出租车;另一种是必须电话预约的豪华房车(俗称电招车),如林肯、奔驰、宝马等高档车,价格也较高。因而,普通出租车是大多数人的选择,车型大部分是"皇冠"、"维多利亚"牌轿车,另外还有约 600 辆福特迷你型面包车、600 辆本田奥德赛轿车和少量的雪弗莱轿车。

(1)运营管理

纽约的出租车运营者分为独立车主和出租车公司两种。独立车主一般拥有一辆出租车,既可以自己运营,也可以租给他人经营。出租车公司拥有至少两辆出租车,拥有 25 辆车以上的公司被称为车队,车队的车辆必须每周运营 7 天,每天运营 24 小时。绝大多数出租车驾驶员受雇于出租车公司,通过专门学习和考试获得出租车执照,并每月向公司交纳 2500 美元(占其运营收入的一半以上),自己还负担汽油费。公司承担车辆保险维修费用,遇到交通事故由出租车公司提供的保险买单,停运期间驾驶员不用交纳钱。

二十世纪二三十年代,纽约市拥有的出租车数量增至 1.9 万辆。1937 年,纽约市政府为了控制出租车数量,开始实施出租车牌照制。当时,一张出租车牌照只要 10 美元,加上本人的驾照就可以上路了。到 1938 年共发出 12187 张牌照,至今这一数量也没有改变,且政府规定牌照不再增加,但可以转让。随后出租车公司出现了,他们大量收购个人手中的牌照向驾驶员出租,现在每张牌照的价格已高达 30 多万美元,驾驶员一般只能租用牌照,受雇于出租车公司。

(2)车辆保有量

出租车乘客的增加是经济水平发展、居民收入水平提高的表现,出租车为收入较高的阶层或有除通勤外的其他特殊活动的居民提供方便、快捷的服务,是城市交通系统不可或缺的一部分。虽然出租车的使用会增加路面交通的压力,但由于纽约市政府很好地控制了城市的出租车规模,使得在道路上行驶的出租车数量并没有增加。

从图 3-24 可以看出,纽约市的出租车数量在 1999 年达到 50082 辆的峰值后,2000 年后不断下调,到 2005 年出租车数量仅有 36879 辆,比 1999 年降低了 26.4%。从各区的出租车保有量来看,皇后区因为面积大,人口密度高,因此出租车保有量最高;斯塔滕岛由于人口密度低,私家车拥有率高,因此出租车保有量最低。

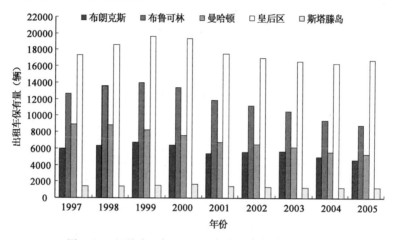

图 3-24 纽约市 1997～2005 年出租车保有量对比图

数据来源:New York City Taxi and Limousine Commission,TLC

(3)费用

纽约市的出租车起步价是 2 美元,每 322 米(约 1/5 英里)加 30 美分,等候时间 20 美分/分钟,晚上 20:00 到凌晨 6:00 加 50 美分。在搭乘中,过路过桥费都由乘客自己付。但在实际运行中驾驶员为了让车跑得更快些,自己支付过桥过路费,但这个费用在乘客下车时跟车费一起算。另外,乘客一般给驾驶员 15% 的小费。

与纽约人的收入相比,出租车的收费并不高,而且一般不涨价,涨价要由出租车管理局在听取驾驶员、出租车公司和乘客代表的意见之后提出建议,报市政府和市议会批准才能实施。2006 年 3 月 30 日,纽约出租车管理局投票一致通过将出租车车费提高 20%,计划在 5 月第一个星期实施,8 年来首次提高出租车收费价格。根据提案,出租车起步价将上升 50 美分,从 2 美元调高至 2.5 美元,每增加 0.3 公里或塞车时每次跳表从 30 美分提高至 40 美分。非周末休息日下午 16:00 至晚上 20:00 的载客附加费为 1 美元,从曼哈顿岛到肯尼迪机场的固定收费从 35 美元提高至 45 美元。原先提案中删除晚间附加收费50美分计划,由于出租车驾驶员在会议中反对而不予采用。出租车驾驶员团体和倡议人士在会议中作证说,如果删掉晚间附加收费50美分将对他们造成负面影响。纽约出租车管理局也同意研究在出租车上装设信用卡和扣款卡扫描机的可能性,以及在车内安装较好的隔间设备和卫星定位系统,让驾驶员有效地找到最好的线路。

目前,纽约共有大型出租车公司十余家,这些公司实力雄厚,拥有几百甚至上千辆出租车。纽约有关研究机构曾建议施行一套全新的出租车管理制度,以降低出租车的运营成本和资费标准。按这一制度,纽约市政府将按市场价格从出租车公司那里买下所有的牌照,此举将耗资数亿美元。然后纽约市政府可以直接向出租车驾驶员出租牌照,按年度收费,出租车驾驶员停运后不能将这一牌照转让或出租给他人,必须交回纽约市政府。这就避免了因牌照出租和出售而造成的价格飞涨。专家建议,年租金可以定在5000～10000美元,这样就比目前每年约3万美元的价格便宜了很多,市政府可以将牌照数量增加至约2.5万个。因为目前每张牌照同时提供两位驾驶员使用,这将给市政府每年带来1.25～2.5亿美元的收入。但更多人担心此举将遭到出租车公司的抵制,而这些公司是纽约市市长选举的捐赠大户,恐怕这一建议很难获得通过。

(4)交通治理

出租汽车驾驶员开车时强行并道、乱停乱泊曾经是纽约城市交通管理的一大难题。为此,纽约市政府在1998年提倡"提高生活质量的运动"中曾经专门发出行政命令整顿出租汽车驾驶员违反交通法规的种种劣行,其中最主要的是不按交通规则停、泊车辆。具体包括以下措施。

①禁止在纽约市的闹市区乱停乱泊,尤其禁止在公共汽车站前停泊车。纽约市的两个中央商务区是纽约市交通最繁忙地段,尤以曼哈顿50街洛克菲勒中心区域为甚。在这些交通繁忙地段,纽约市交通管理部门在路口设有禁止停泊(No Parking Anytime)的交通指示牌,可是许多驾驶员为了方便拉客而无视警告随意停泊,造成中央商务区的交通秩序混乱。为此,纽约市交通管理部门加大了这方面的处罚力度,一遇违规立即处罚。公共汽车站前更不许停车,否则也要罚款。

②根据纽约市交通管理部门规定,从上午10:00到下午16:00,纽约市乘客在打车时,必须在出租汽车停靠点(这种停靠点在曼哈顿约有200个)。否则,即使招手,驾驶员也不能随意搭乘乘客,违章驾驶员将面临55美元的罚款。

③禁止双泊车(No Double Parking)。纽约市街道以棋盘格式规划,由

于城市道路早在19世纪末、20世纪初成型,现在的城市道路都不宽。为了方便城市居民停泊车辆,纽约市交通管理部门曾经规定允许市民在交通非繁忙地段利用街边空地停车。但是一些市民和出租车驾驶员不顾规定要求在同一方向、同时停泊两排车,从而形成道路的瓶颈,阻碍交通顺畅。在1998年的交通管理整顿中,对双泊车的违规处罚也是非常严厉的。

④禁止在消防栓前泊车。纽约市街道区别与其他城市街道的一个最醒目的标志就是沿街随处可见的消防栓。这些消防栓对一个拥挤的大都会城市的防火安全来说是至关重要的。不顾纽约市交通法规和纽约市消防法规,任意在消防栓前泊车,如果发生意外,就会耽误消防抢险工作。所以,任何情况下都不能在消防栓前泊车,否则会被重罚。

3.4.5 轮渡

纽约港是世界上最大的良港之一,一年四季几乎没有雾障和冰冻。风平浪静、水波不兴,易于船只靠岸。在海上贸易的鼎盛时期,纽约市的公共交通除了马车就是轮渡。在纽约曼哈顿区与新泽西州之间、曼哈顿区与斯塔滕岛之间、曼哈顿区与长岛之间都有轮渡往来,航线多达30多条。随着林肯隧道、荷兰隧道、中城隧道的开通,纽约市的轮渡航线锐减。目前,保持的航线有两条:纽约曼哈顿岛与斯塔滕岛之间有轮渡往来,每20分钟一班,24小时服务。乘船地点在曼哈顿下城炮台公园的东边,船票为1美元。在曼哈顿与新泽西州的荷伯根之间也有轮渡,服务时间为每周一至周五6:50~23:00。

由于纽约市政府所在地曼哈顿与其他三个区(斯塔滕岛除外)的交通十分方便,来纽约市中央商务区上班的人大多选择地铁和公共汽车作为每天的交通工具。斯塔滕岛由于地理位置独特,与曼哈顿没有地铁和隧道相通,轮渡生意一直非常兴隆。另外,许多来纽约旅行的游客如果搭乘炮台公园去斯塔滕岛的渡轮,在途中可以观察纽约市最著名的游览胜地——爱利斯岛及其岛上的"自由女神像"。如果搭乘旅游船公司的轮渡,此项花费高达7.5美元。所以,炮台公园至斯塔滕岛的轮渡成为精于门道的纽约人的选择。

3.5 私人交通发展策略

3.5.1 汽车拥有量

20世纪90年代,全美居民拥有小汽车的占88.5%,其中大部分拥有2

辆及以上小汽车。1995年,全美小汽车拥有数量已经与持照驾驶员的数量持平。同时,小汽车出行占1995年全美出行总数的89.3%;步行出行占总出行数的5.5%,位居第二位;校车和公共交通工具各占总出行数的1.8%。而纽约的家庭机动车保有量明显小于全美居民机动车保有量,这是由于纽约的公共交通非常发达。

(1)1950~2000年纽约市私家车保有量

1950~2000年,纽约市居民的私家车保有量呈振荡上浮的趋势,但增长速度十分缓慢。1950年,私家车保有量为125万辆,至2000年达180万辆,比1950年增长了44%,年平均增长率0.88%。1980~1990年,私家车的年增长率最高,为2.15%;1970~1980年,私家车的年增长率为-0.19%,呈小幅下降。

纽约市居民私家车保有量保持基本稳定的原因主要有以下几点:第一,1950~2000年,纽约市市区居民的人口总数基本没有变化。20世纪后50年,纽约市区的城市化进程基本完成,各区人口接近于饱和。在20世纪70年代,由于政府在郊区兴建大批居民区,一部分居民搬离了市区,因此市区人口和私家车的保有量还出现小幅的下滑现象。第二,纽约市市区的公共交通网络发达,一般通勤出行不需要使用私家车。纽约市公交系统的基础设施建设大部分于二十世纪三四十年代完成,至20世纪50年代已经达到网络规模。地铁线路全长1155公里,由26条线路构成,在市中心区不出500米就可以找到地铁站。第三,租车业发展迅速,不需要购买私家车。为适应纽约市居民进行日常出行以外的活动对小汽车的使用要求,纽约市的租车业发展很快,居民可以方便地租用各种类型的车辆,而不用亲自购买私家车。

(2)1960~2000年纽约市家庭车辆拥有情况

在20世纪60年代至90年代,纽约市没有车辆家庭的比例没有明显变化,基本维持在57%,在1980年略有升高,达到59%,但在后20年又回到57%的水平,这与私家车拥有量增长缓慢的原因是一致的。拥有2辆及以上车辆的家庭比例有所上升,由1960年的4%增加至2000年的13%(图3-25),这主要是居民生活水平提高的表现。

纽约的私家车发展在20世纪80年代进入成熟期。1960年,美国家庭平均拥有的小汽车数量为0.475辆,1970年为0.501辆,1980年达到0.519辆,1990年达到0.602辆,2000年达到0.603辆。目前,无车家庭仍占55.70%。表3-6列出了纽约家庭数量及其车辆拥有的情况。

3 纽约

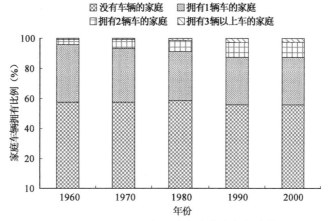

图 3-25 1960~2000 年纽约市家庭车辆拥有情况
数据来源:美国国家统计局(U.S. Census)网站

纽约不同家庭汽车拥有量情况　　　　表 3-6

年　份	1960	1970	1980	1990	2000
没有车辆的家庭(户)	1527278	1630739	1636988	1575217	1682946
拥有 1 辆车的家庭(户)	1018047	1015111	902529	887309	955155
拥有 2 辆车的家庭(户)	90054	171166	211518	282593	305267
拥有 3 辆以上车的家庭(户)	19395	19856	37495	74282	78210
总户数(户)	2654774	2836872	2788530	2819401	3021578
拥有车辆的家庭比例(%)	42.47	42.52	41.30	44.13	44.30
私家车总数(辆)	1261711	1422510	1448434	1695913	1821979
平均每户的车辆(辆)	0.475	0.501	0.519	0.602	0.603

小汽车保有量包括所有在纽约州机动车管理局注册的客车,因此总数要比私家车拥有数高得多。由图 3-26 可知,1997~2005 年,纽约市的小汽车保有量略有起伏,1997 年的小汽车保有量为 1727 万辆,在 2000 年达到峰值 1854 万辆,但 2005 年回落到 1673 万辆。年增长率最大的为 1999 年,比 1998 年增长了 3.02%;年增长率负值最大的为 2003 年,比 2002 年减少了 4.11%。

3.5.2 机动车辆行驶速度

尽管纽约十分强调公共交通,其公共交通系统比美国所有主要城市的公共交通系统都要发达,道路网也比其他城市庞大。但正如纽约由三州区域规划委员会所评述的,纽约像东京一样人口不断增加,交通量不断增大,建成区也不断扩大,交通拥挤的状况也越来越严重。

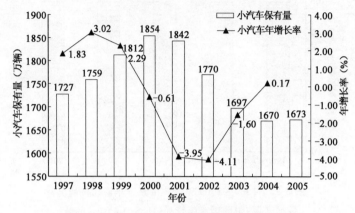

图 3-26　1997～2005 年纽约市小汽车保有量
数据来源:纽约州机动车辆管理局

在早晚高峰时段,由于 28% 的主要道路超负荷,几乎所有活动中心都很拥挤,其中最糟糕是曼哈顿。由于道路超载,车辆运行速度逐年下降,最低至 11 公里/小时,大大低于汽车驾驶人员可以容忍的 16 公里/小时的最低车速。

3.6　交通政策

3.6.1　公交优先发展政策

尽管一些大城市需要在公共交通上进行投资以满足不断扩张的新建区域对公共交通的需要,但纽约已经具备了相应的交通基础设施,只是由于长年失修,造成其可靠性和服务质量逐渐下降。到了 19 世纪 80 年代,通往曼哈顿的隧道和桥梁的承载力和城市街道的交通堵塞严重限制了交通的进一步增长。保持经济持续增长的唯一有效途径是通过发展交通,增加就业。自 20 世纪 60 年代,纽约市考虑到公路建设带来的城市交通问题、环境问题、社会问题及城市中心的振兴问题,开始提倡发展公共交通,鼓励城市公共交通系统的规划和建立,使得公共交通发展迅速。

1982 年,当局通过修复更新原来的轨道线路和配套设施来提升公共交通的吸引力。在此后的十几年中,修复改造工作一直在持续,并且在更换车辆、增加承载能力、对站点的现代化改造以及1996的电子客票的引入上进行了明显的投资。城市交通当局总共在对公共交通修复升级上投入了480亿美元,包括356条线路和地铁站、更换列车和公共汽车,这就增强了人们对交通系统的安全感且有助于保护交通增长。在长岛铁路上准点率从85%提高到93.2%,同时在都市区至北部铁路上也从80.5%提高到97.5%。另外,地铁交通故障点之间的平均距离有大幅度增长,从11000英里上升到225000英里。在提高公共交通系统的利用和支持经济增长方面,投资成效卓著并在CBD创造了40万个就业机会。1992~2000年,铁路扶持增长28%,公共汽车和地铁扶持增长44%,但在交通高峰期仍存在非常严重的堵塞。

在2001年,在纽约和新泽西中间的两个隧道和四个立交桥,纽约和新泽西港口当局实施了高峰时段收费政策,目的是为了通过鼓励公共交通来减少堵塞。收费根据不同路口和时间而不同,当交通堵塞最严重和公共交通充裕时收费最高,当公共交通拥挤及有很少乘坐模式选择时收费相对较低,尤其是在夜间(0:00~6:00)和非高峰期(6:00~16:00,19:00~0:00)收费还有折扣。最具代表的私家车收费的例子是,现金交付从4美元提高到7美元,但最后由于公众的反对降低到6美元。早晨的交通高峰期逐渐分散,以往的数据表明,不同的收费标准的实施起了关键的作用。加之不停车收费技术(E-ZPass)的使用,尽管交通流量增加了13%,但通往曼哈顿的时间从1996年的3分钟降到只有20秒。

3.6.2 交通拥堵管理政策

纽约市主要通过以下几方面措施来解决目前在大城市普遍存在的拥堵问题。

(1)高度发达的公共交通。在美国这个生活在汽车轮子上的国度中,纽约是少数几个没有私人汽车也能生活的城市。纽约目前有地铁线路28条,1140公里,490个车站遍及全市各地。许多地铁和公交365天24小时运转,连接周边地区的通勤火车为人们提供经济快捷的服务。纽约公交年运送24亿人次,堪称北美最大的公交系统。在纽约地铁,乘客可以根据需要选择不同面值和有效期的地铁卡,划卡后两小时内可以免费乘坐一次公共汽车,极大地方便了地铁与公共汽车的换乘。据悉在曼哈顿中央商务区工作消费旅游娱乐的人中有80%的人为避开拥堵和昂贵的停车费而选择公共交通。若非如此,曼哈顿的交通流量将增加一倍,其外围地区交通流量也将增加20%。由此,纽约的公交威力可见一斑。

(2)大量设置有效通行的单行线。大都市解决交通问题不能仅仅依赖道路扩张,更应该注重交通管理,如何组织科学的交通网络是城市道路畅通的关键。纽约的基础设施和城市布局没有什么优势,金融商业娱乐功能区布局早已形成且极难调整,许多道路狭窄,停车场地不足。面对现实,因地制宜,采取灵活措施,最大限度地利用有限的道路面积。纽约的街道大多为单行道,既有四车道的宽阔大道,也有狭窄的小街,以局部的限制保障全局的畅通。纽约的街道布局以网格状为主,为实行单向交通提供了便利。纽约相临的两条单行线一般方向不同,隔若干街道就在主要街道上设置双行线,为行车人提供多种选择,避免长时间等候。

(3)灵活机动的疏导措施。每天出入曼哈顿的人流是构成纽约交通的主体,而出入曼哈顿的几座桥梁往往成为交通瓶颈。纽约当局规定,在早高峰期间将连接曼哈顿和周围几个区的大部分桥梁和隧道的上下行车道改为进岛通道,并规定仅供有两名和两名以上乘员的车辆使用,以减少流量。在其他高峰段,单人驾驶的车辆也不能通过某些桥梁和隧道。此外,当局还在一些主要路口限制车辆左右转弯,并为穿城而过的车辆设置"通行大道",在一定时段和区域内只许直行不许转弯。

3.6.3 交通建设可持续发展政策

2000年开通曼哈顿63街至皇后区牙买加的地铁线,使纽约曼哈顿中央商务区至皇后区的长岛市(拟建的中央商务区)的交通联络加强,并解决了长岛铁路与纽约市地铁之间的转接问题。

建设肯尼迪机场、拉瓜地机场连接纽约市地铁的系统。系统的竣工可减少两个机场和曼哈顿之间的公路交通的拥堵现象,安全舒适的地铁使人们放弃驾车前往机场,而采用更加方便的捷运系统。

重新建设第二大道的地铁。1990年,纽约通过了重新开启第二大道地铁建设的建议,这样会促进曼哈顿中城东区的交通,因为那里是全市居民密集区。如果将这一线与下城、布朗克斯区相连,更会加强进出中央商务区的交通便利。

继续建设郊区地铁沿线的停车场,以减少私家车进出曼哈顿中央商务区,方便居民使用城际铁路系统,方便泊车。

加强对进入曼哈顿中央商务区的私营面包车和私营公共汽车的管理。虽然利用地铁是进入曼哈顿区最好的交通方式,但对于一些不住在地铁沿线的居民,利用私营的公交车和面包车也是一个经济的办法。考虑到他们对城市公共交通拾遗补缺的功能,交通部门应该准许这些私营车享有比私家车更多的权利,与此同时仍要加强管理。对于从外区进入曼哈顿中心商务区的私营直达快车线路的设置,只有在没有地铁和公交车运行的地方才允许开通。与此同时,应考虑允许他们使用公交专用道。

交通部门正在考虑连接曼哈顿的自行车专用道。这一专用道将包括东河、哈德逊河的河边自行车专用道,并且与南北布朗克斯、布鲁克林、皇后区的绿色环保自行车专用道相连。交通部门还将改善下城地区的人行道,那里的人行道年久失修,行人使用十分不便。

3.7 小　　结

面对着纽约交通存在的交通拥挤、事故增多、财政亏损等问题,纽约市有针对性地采取了诸多措施,从中得到的实施经验和教训值得学习和参考。

(1) 充分发挥公共交通运输系统的作用

纽约大城市区,特别是其核心地区曼哈顿,解决客运交通问题的主要方法就是充分发挥其高度发达的公共交通系统的作用。以某一个有代表性的工作日为例,到曼哈顿市中心区工作的有162.7万人,其中7.1%的人乘坐小汽车;4.7%的人乘坐其他交通工具(乘出租车、渡船等);4.7%的人步行;其余83.5%的人搭乘公共运输工具(70.2%乘地铁,4.0%利用通勤铁路,9.3%乘公共汽车)。由此可见纽约的公共交通运输系统对城市交通所起的极其重要的作用。

(2) 限制小汽车的发展

据专家估计,在纽约一条双向四车道的街道断面上,小汽车每小时能运送乘客1300人(假定每辆车平均乘坐1.75人)。在快车道上,相同条件的小汽车每小时能运送3200人。通勤铁路在乘客坐满时,每条线路断面每小时能运送43200人。而地铁道满载时,每条线路断面每小时能运送60000人。就纽约目前的情况预测,如果所有进入曼哈顿的通勤者都乘坐小汽车的话,不但通往曼哈顿的桥梁、隧道以及现有的道路系统远远不够用,仅停车一项就需要把南部渡口到乔治·华盛顿大街的哈德逊河段填平,才能提供所需的停车场。因此,在每天进出曼哈顿的160余万上下班的乘客中,80%以上乘客除了利用公共交通外,别无其他选择。所以,尽管纽约与其他城市相比私人小汽车不很发达,但纽约市对私人小汽车还是不得不采取限制的态度。例如,提高桥梁和隧道的通行费,特别是在高峰时段提高私人小汽车的通行费。其目的就是限制小汽车进入曼哈顿,把私人小汽车降到最低限度。

(3)采用公共交通优先的措施

为了缓解地面交通的拥挤状况,提高公共汽车的运行速度和效率,纽约市交通运输部门自20世纪70年代以来,在曼哈顿中部地区的几条街道上,开展了采用公共交通优先措施的研究。例如,在街道上设置优先公共汽车道,在高峰时只允许公共汽车和右转弯汽车通行,公共汽车运行速度明显提高,公交车可节省35%的运行时间。

(4)修建轻轨铁路

1956年,纽约取消了有轨电车。随着轻轨交通在美国的逐渐恢复,纽约在有轨电车消失30多年后,提出了4项建设计划,以期恢复轻轨交通。

(5)对公共交通系统进行投资和改造

多年来,由于公共交通运输系统连年亏损,车辆和道路得不到改造和更新,造成交通拥挤、事故增多,服务质量连年下降。直到20世纪70年代初期,纽约市才真正确定对公共运输系统进行投资,以改善通勤乘客的服务水平。1982年,纽约提出了一个五年计划,对纽约市的公共交通系统投资85亿美元。1987年,纽约大城市交通局又提出另一个五年计划,共投资86亿美元。其中,65亿美元投资给纽约市交通局,因为它担负着一个工作日的大约75%的乘客运输任务。

(6)统一规划,建立多个新的城市中心

早在1968年,纽约区域规划协会就提出了区域规划的五项基本原则,并对交通提出了相应的设想。第一项就是要建立新的城市中心来为大量增长的新就业职位需求作准备,并集中提供高水平的公共事业,如卫生、文娱活动、商业、艺术、教育等设施,为发展郊区中心提供较好的服务,把纽约建成多中心的大城市区,减少通勤者的往返路程,减轻通勤交通的紧张程度,缓解对公共交通系统的压力。

4 首 尔

4.1 首尔交通概况

首尔于1394年被定为韩国首都,全称首尔特别市,位于韩半岛中西部,地处盆地,汉江由东向西贯穿市中心,周围被山围绕,呈背山临水的地形。首尔北侧有北汉山、道峰山等,东侧有检丹山等,南侧有冠岳山、清溪山等。首尔地区面积为605.33平方公里,占韩国国土面积的0.6%,全市共有25个区、497个洞组成,其行政区具体划分及地形情况分别如图4-1所示。据2009年首尔统计年报数据显示,2008年首尔的总人口数为1045.6万,全年经济总量为2081亿美元,家庭月平均收入为3187美元,月平均支出为2503美元。收入与支出比2007年增加了6.0%。在生活费支出中,用于食品、居住、交通、通信等的支出为平均每户2122美元,比2007年增长了5.7%。

首尔定都600年后,人口大约增加了110倍,属于世界上人口密度最高的城市之一。首尔在19世纪初约有20万人口,1945年以后从日本统治者手中解放出来,于1949年改为首尔特别市。从那时起,辖区由268平方公里逐步扩大到1973年的605.43平方公里。由于20世纪60年代前后战后移民的迁入,人口也由160万人增至500多万人。2006年,首尔市内人口为1036万,密度达1.7万人/平方公里,拥有286万辆车,交通压力可想而知。首尔市及首尔城市圈人口演变情况如表4-1所示。

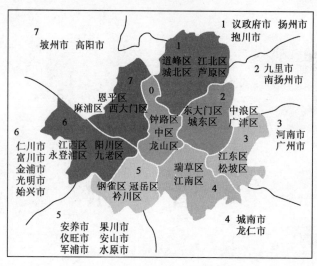

图 4-1 首尔行政区划分示意图

首尔城市和城市圈人口演变　　　　　　表 4-1

年　份	1994	1996	2002	2003	2004	2005	2006
市内人口(万人)	1100	1047	1028.1	1027.7	1028.8	1029.7	1036
城市圈人口(万人)	1800	2106.5	2287.7	2324	2352.7	2378.2	2413

首尔市由城市快速道路和干线道路组成城市路网骨架。城市快速道路全长147公里,由6条轴线组成,包括2条沿江线、1条环线和3条南北向线;干线道路全长405公里,由24条轴线组成。首尔对城市高架道路采取了收费措施,虽然限制了短途车辆在高架道路上的行驶,但却将交通拥挤转嫁到了地面道路上。1994年,城市建成区内道路面积率为18.0%。

截至2007年底,首尔共有公共交通企业68家,公共交通车辆7748辆,从业人员16461人,人车比为2.13∶1,日均客运量为550万人次,市区平均车速为22.9公里/小时。首尔将发展轨道交通作为解决交通问题的重要战略,自1974年第一条地铁线路开通以来,已经发展到8条地铁线路(不含国铁),线路总长287公里,389个车站,日均客运量达652.5万人次。截至2007年3月,首尔市共拥有出租车7.25万辆,全市每天约有5万辆出租车运营,日均行驶里程250公里,里程有效利用率为60%。首尔市重要年份的人口及交通指标统计如表4-2所示。

首尔城市和城市圈人口演变

表4-2

项　目		单　位	年　份		
			1996	2004	2006
首尔人口		万人	1047	1029	1036
出行人口		万人	2780	3034	3139
运输分担率	公交车	%	30.1	26.2	27.8
	地铁	%	29.4	35.8	35.0
	出租车	%	10.4	6.6	6.3
	轿车	%	24.6	26.4	26.1
	其他	%	5.5	5.0	4.8
道路总长		公里	7689	8011	8067
城铁总长		公里	219.3	362.0	362.0
中央公交专用车道		公里	4.5	36.1	67.9
汽车		万辆	217	278	286
轿车		万辆	163	206	214
平均通行速度		公里/小时	20.9	22.4	22.9
市中心通行速度		公里/小时	16.4	13.6	14.4

4.2 首尔交通发展沿革

20世纪80年代中期,随着地铁的发展和私家车的增多以及道路交通拥堵加剧,公交车运行效率和服务质量明显下降,居民出行越来越多地选择了地铁和私家车。2002年,在地铁、公共汽(电)车、小汽车、出租车4种出行方式中,公共汽(电)车出行比例由1980年的68%下降到27.6%,市场萎缩致使部分经营者无奈退出公共交通服务领域。到2003年底,首尔的交通基础设施容量为200万辆,但是汽车数量却已经达到280万辆,每天大约有437万辆车运行于道路网上,这种状况让首尔的交通达到了过饱和状态。汽车数量的急剧增加以及首都圈新城的开发使得城市极度膨胀,若继续放任发展,必会导致城市综合竞争力的下降。因此,对首尔市的交通系统进行改革势在必行。

4.2.1 改革目标

2004年7月1日起,首尔开始实施全面系统的公共交通改革,主要目标为:实施体制、机制的系统改革,扎实推进公共交通优先战略;坚持以人为本的理念,整合公共交通核心资源,提高公共交通服务的时间、空间覆盖度;从服务的经济性、方便性、舒适性等角度着手,增强公共交通的核心竞争力,把公共交通出行比例提高到70%作为整改的核心目标。

4.2.2 改革措施

在改革过程中,首尔构建起以线路连接为导向的公共交通系统,形成一个以干线为主要客流通道、支线连接城市内外各个区域、换乘枢纽作为衔接点的高效便捷的四层级线网结构。此外,首尔还引进了整合公共交通和地铁服务的统一协调的票价结构,完善了政府补贴和服务质量监管机制,建立了一套全新的公共交通管理信息系统。目前,首尔半官方运行的公共交通运营方式,是一个包含运作机制、线网规划、收费和支付、补贴机制及信息化支撑的完整系统。

(1)行业运作机制

政府实现了公共交通政策的重大转变,从私人公共交通公司收回了公共交通线路、服务标准、运营计划决策权,对既有线路采取竞争与协商相结合的方式,并对新辟线路通过竞争性招标选定经营者。通过对公共交通企业实行收支两条线的营收管理,同时进行线路招投标和运营服务质量考核,形成了体现"行业公益性、运作市场化"特征的闭环管理机制。

(2)公交线网规划

政府构建了以线路连接为导向的公共交通系统,将长距离或迂回重叠的线路作为调整重点,整合后拥有公共交通线路462条,线路平均长度降低,加上大力建设公共交通专用道,公共交通运行的稳定性大大提高。

分批对全市所有公共交通线路进行重新规划设计和编码,从号码和标色上就可以知道公共交通线路的大致走向。根据实际客流情况,逐步取消了约100条公共交通线路,并对部分线路进行了调整。首尔公共交通改革成功的关键之一是设置中央式公共交通专用道。政府明确规定,凡单向车道数在3车道以上、公交车流量达到150辆/小时以上的,都要规划建设中央公共交通专用道。2007年已建成中央公共交通专用道73.5公里,覆盖8个客运通道,计划于2010年达到117.6公里,覆盖12个客运通道。表4-3是其中三个客运通道实施中央专用道后车速、人次的前后数据对比情况分析。

客运通道实施专用道前后对比　　　　表4-3

客运通道	原车速 (公里/小时)	现车速 (公里/小时)	提高 百分比(%)	原人次 (万人次)	现人次 (万人次)	提高 百分比(%)
Dobong-mia	11	22	100	2200	2506	13.9
Susaek-seounsan	13	21.5	65	1900	2263	19.1
Gandnam	13	17.5	35	1100	1514	37.6

(3) 收费系统

2004年首尔公共交通改革中将轨道交通和地面公共交通费率统一,实行基础票价和等级票价相结合的票制,使用交通卡可享受换乘优惠。目前,首尔市民使用交通卡乘车比例已达92%。对不同群体实施优惠乘车,60岁以上老人免票,轨道交通、公共汽(电)车票价一般为成人全价,学生7.5折,儿童5折。

首尔对票价结构的改革,吸引了短途换乘,对降低出行成本起到了关键作用,使客流得到有效的组织,同时促进了地面公共交通服务水平的提高,使乘客人数有了明显上升。乘客换乘比例从22.94%上升到38.2%,提高了15.26个百分点。

(4) 政府补贴和监管机制

公共交通票款收入不足部分由政府补贴,政府按照百公里成本实行补贴,保证公共交通企业能够获得规定的利润。目前,首尔公共交通成本中票款收入占80%,政府补贴占20%,广告收入不再列入支付成本,由公共交通协会根据政府要求使用。首尔明确规定公共交通企业年基本利润率约为3.75%,考核利润率约为1.25%。考核利润是指每年市政府对公交企业运营服务质量进行考核,对完成运营服务质量好的企业,在满足其获得基本利润后给予一定考核奖励利润。2007年,首尔市政府补贴公共交通企业利润约为700亿韩元(约合人民币4.9亿元),其中成果利润约占25%。2008年首尔市政府将提高成果利润比重达30%,以激励企业提高服务质量。

(5) 信息化系统

首尔公共交通改革成功的一个重要因素是公共交通信息化系统,主要包括三个应用系统建设。其中,基于距离的收费与结算系统的全面升级使首尔收费制度改革得以实现;公共汽车管理系统(BMS)用于公共汽车运行数据采集、运营调度和市民出行服务;交通运营与信息服务中心(TOPIS)具有综合交通信息集成、交通综合管理和交通信息开发利用等功能。

(6) 机构设置

公共交通协会既是企业利益的代表,又是政府与企业之间的桥梁,在首尔公共交通系统运作中具有举足轻重的作用。公共交通协会既受公共交通企业委托,与政府协商企业盈利率和补贴标准,同时又受政府委托,负责企业间利益的平衡和票款的清分。政府由此既规避了直接平衡企业利益的矛盾,又降低了公共成本,提高了效率。

4.2.3 改革效果

首尔公共交通改革取得了较为明显的成效:一是公共交通车辆行驶速度加快,由于实行快速公共交通专用道制度,使公共交通车辆速度由原来的11~15公里/小时提高到22公里/小时;二是公共交通车辆准点率提高,公共交通车辆到站时间偏差缩短为1~2分钟。因此,将近90%乘客对公共交通服务和公共交通改革给予了肯定评价。

同时,公共交通客运量增加,巴士车费收益增加,公共交通事故下降30%以上。改革两个月后,公交车日均客运量同比增加40.6万人次,增长率为9%,地铁客运量在公共交通改革前后基本保持不变。图4-2中显示的是改革前(2004年1~6月)和改革后(2006年1~6月)的数据对比情况。

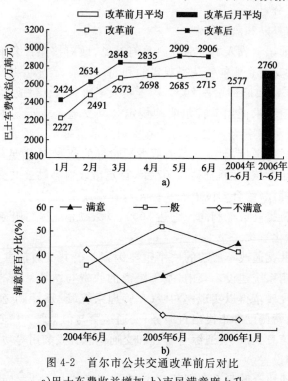

图4-2 首尔市公共交通改革前后对比
a)巴士车费收益增加;b)市民满意度上升

4.3 首尔交通结构分析

首尔市的交通需求因为人口的持续增长、社会和经济活动等因素而继续增加。对交通需求影响最大的因素是出行人口和出行人口每人次的方式交通量。首尔市的出行人口增加率大于其常住人口的增加率,原因是社会和经济的发展及收入的增加引起每人次的出行数增加以及卫星城市的急速发展引起活动人口的增加。

4.3.1 出行量

首尔市 2006 年每天交通出行总量为 2953 万人次。这一统计数据不仅包括首尔市内部的交通流动,还包括首尔与首都圈之间的人员流动。其具体交通出行结构如表 4-4 所示。

2006 年首尔都市圈交通出行量(%)　　　　　表 4-4

项 目	小轿车	公交	地铁	出租车	其 他	合 计
圈内出行	26.2	38.9	20.0	9.2	5.7	100
圈间出行	16.8	16.7	60.1	3.7	2.7	100
首尔—京畿出行	34.0	21.9	35.4	3.4	5.3	100
个人方式合计	25.6	27.5	36.2	5.9	4.8	100

可以看出,圈内出行中公共交通(公交与地铁)的比例达到了 58.9%,而圈间出行的最主要方式是轨道交通,超过了 60%。预计到 2011 年,首尔的交通需求总量将达到 3282 万人次。

4.3.2 出行目的

城市中心的出行目的除了上班和回家以外,大部分是业务、娱乐、逛街等。这种情况在城市中心内部尤其明显,出行目的调查结果如表 4-5 所示。

城市中心出行目的(%)　　　　　表 4-5

项目	送人	业务	购物	娱乐	上班	私事	辅导班	回家	上学
比例	0.9	35.6	11.3	13.2	6.4	14.4	2.2	13.8	2.2

4.3.3 出行方式

首尔的城市公交主要由地铁交通、公共汽车交通和出租车交通三部分组成。2006年，首尔各种交通方式的城市中心流出入交通量的比重分别为：地铁34.7%，公共汽车27.6%，小轿车26.3%，出租车6.3%，其他5.1%。可以看出，轨道交通占大部分，而且流出交通量与流入交通量基本相等。图4-3所示为近年来首尔市城市中心道路分担率演变情况。

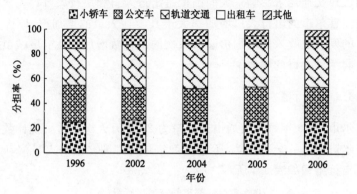

图4-3 首尔出行方式分担率演变

4.4 公共交通系统分析

4.4.1 概述

首尔市于2004年实施了全面系统的公共交通改革，线路资源开始由政府管理，公共交通企业通过竞标方式获得经营权。政府对公共交通线路、时刻表、票价、票款分配、服务质量等实施全面控制和监管。首尔建立了规范的公共交通补贴补偿制度，对公共交通企业实施收支分离、鼓励企业保证运营供应和提高服务质量。这些政策措施大大促进了首尔公共交通的发展。

4.4.2 公共汽车

公共汽车是首尔重要的公交工具，由于公交线路密度大，乘坐公共汽车非常方便。首尔市内的公共汽车交通网约有400条路线，承担了全市28.3%的乘客运输量，公共汽车专用线路总长达218.1公里。公共汽车在专用道上行驶，即便是高峰期，也可以避免堵车。公共交通由市政交通局特许的90家私营集团或公司提供公共汽车的运营。自2000年1月20日起，允许乘客使用公共汽车乘车卡乘坐首都圈地铁;乘客使用地铁卡可以搭乘公共汽车。

首尔市积极推行公交变革,合理调整公交线路,包括减少过长、绕道、乘客过少线路,密切与地铁的衔接,区分干线支线,重新进行定位,提高干线运营效率,加强支线布设,建立折扣收费的基本制度,统筹管理各交通方式换乘时的折扣收费。在首尔,红黄蓝绿四色公共汽车是外国留学生和自助旅游的游客们经常利用的交通工具。四色交通体系以通俗易懂的服务方式为人们提供了不少便捷。

红色公交车一般穿梭于市区与郊区之间,人们如果要到郊外去旅游,或者要到飞机场,一般会选择乘坐红色公交车。在首尔公交系统中,共有43条专供红色公交车行驶的路线,交通管理部门把9100~9999的号码规定为红色公交车专用,大大便利了乘客在选择乘坐时的选择范围。黄色公交车一般在人口密度较大的市中心行驶,乘客人数较多,为了便于记忆,设置了两位数的号码。蓝色公交车则主要运行在首尔市的主干道上。绿色公交车又叫支线公共汽车,主要运行在首尔市的支线道路上,主要任务是把乘客送往换乘地点,以便于他们在不同交通方式间的换乘。首尔的公交系统制订了地铁汽车免费制政策,即乘客乘坐地铁后,使用专用交通卡在50分钟之内乘坐公交车且乘车距离在5站地以内的,可以免费乘车。

此外,首尔市交通规划秉承"公交优先"的原则。自2004年7月开通第一条中央公交专用道以来,首尔的中央公交专用道网络不断扩展。截至2008年,首尔有8条主干道设有公交专用道,总长达73.5公里。公交专用道设计标准如表4-6所示。这些公交专用道是设在路中央的双向通道,沿线的公交站点也随之移到马路中间,呈现"私车—车站—公交—车站—私车"的布局,如图4-4所示。中央公专用道实施以来,公交车辆行驶速度至少提高了18%,乘客数量增加了15%~38%。

公交专用道设计标准 表4-6

区 分	未 设 置	新 设 置	全 日 制
交通量	60台/小时未达到	60~120台/小时	120台/小时
其他条件		根据早晚时间不同,区分全日和时间制	

韩国共有三类公共汽车,即市内公共汽车、机场豪华客车和高速公共汽车。市内公共汽车在城里各主要通道上运行;机场豪华客车在仁川国际机场与市内中心站、郊区之间运行;高速公共汽车运行于各主要城市之间,保

图 4-4　首尔的公交车专用道

持首尔与外部的联系。市内公共汽车一般又可分为都市型普通巴士、坐席巴士和高级坐席巴士。随着地铁的发展和私家车的增加，公交车的客源不断流失，城市公交占出行总量的比例从 1996 年的 30% 下降到了 2002 年的 26%。多年来，首尔的公交分担率基本上处于停滞状态。1996 年，首尔公共汽车的利用率为 30.1%，在 2002 年已降至 26.0%，而同期私人轿车的利用率却从 24.6% 上升到 26.9%。公交车和私人轿车利用率波动在一定程度上加剧了城市交通的拥挤状况。

4.4.3　轨道交通

从 20 世纪 70 年代至今，首尔地铁建设、运营已有近 40 年的历史。由于政府投资大力发展轨道交通，尤其是在 20 世纪 90 年代，平均每年投资 10 亿美元用于地铁建设，地铁网络创纪录的增加了 160 公里，形成了 8 条线路，在首尔市区内总长达到 287 公里。由于大多数人口密集区已经有了地铁，现在地铁建设速度已经相对放慢，但发展日趋成熟的地铁在首尔公共交通出行中扮演着越来越重要的作用。

首尔政府选择和资助了两个经营者，即 1974 年成立的首尔地铁公司（SMSC）和 1994 年成立的首尔快速运输公司（SMRTC）。第一条地铁和 1985 年开通的 3 条线路由首尔地铁公司经营，1990～1999 年建设的 4 条线路由首尔快速运输公司经营。选择两家公司经营的主要原因，一方面是要引入竞争机制，以改进经营和鼓励革新；另一方面则是担心工会组织的影响造成地铁系统停运。事实证明，这样的运营方式效果还是不错的。

首尔地铁采用智能卡系统。目前使用较多的有两种智能卡：一是预付卡，用于公共汽车和列车（除地铁列车外，还包括使用地铁线路的国铁列车）；另一个是信用卡，用于公共汽车和列车。今后新卡还可以用于交纳小汽车停车费以及进入城市限界区的公路通行费。

首尔将发展轨道交通作为解决交通问题的重要战略，形成全市周密的交通网，还与卫星城连接。首尔于1974年开始修建地铁，1994年地铁运行已达4条干线，长度为120公里。目前已建成8条干线，运营线路长度为289.9公里，共设置车站268座，形成了纵横交错的网络，每天运送旅客超过500万人次，地铁运量达城市居民出行量的33.8%，极大地缓解了交通压力。表4-7为首尔市内地铁线路现状。

首尔市内地铁线路现状　　　　　　　　　　表4-7

项目		区间	延长（公里）	车站	发车间隔（分钟）		车速（公里/小时）
					高峰	非高峰	
首尔地铁公司	1号线	首尔站—清凉里	7.8	10	3.0	4.0	31.2
	2号线	市政府—市政府	60.2	50	2.5	5.5	33.6
	3号线	地处—秀书	38.2	34	3.0	6.0	34.0
	4号线	堂岭—南太岭	31.7	26	2.5	5.0	35.8
	合计	4个线路	137.9	120	2.5～3.0	4.0～6.0	34.3
首尔市城市铁道公司	5号线	芳花—三日灯	52.3	51	2.5	6.0	32.7
	6号线	应岩—凤华山	35.1	38	4.0	8.0	30.1
	7号线	长岩—银水	46.9	42	2.5	6.0	32.3
	8号线	岩沙—牡丹	17.7	17	4.5	8.0	34.2
	合计	4个线路	152	148	2.5～4.5	6.0～8.0	51.8

除了地铁，首尔市还通过电车加强与都市圈内其他重要城市间的联系。这里的电车与地铁不同，它由铁道部门授权的铁道公司运营，是首尔市与其周边城市间的主要公共交通方式。首都圈的电车自1974年首期开通3条线路以来，到目前运营线路已达7条，总长264.5公里，设有133个车站，已成为圈内各城市间联系的重要运输方式，其线路情况如表4-8所示。

首尔都市圈电车运营现状　　　　　表 4-8

项目	区间		延长(公里)	车站	发车间隔(分钟)		车速(公里/小时)
					高峰	非高峰	
韩国铁道公司	京釜线	首尔—天安	96.6	36	1.7(5.0)	3.5(8.2)	110
	京仁线	丘路—仁川	27	20	2.1	4.2	110
	京元线	清凉里—逍遥山	42.9	23	4.4(12)	5.2(13.5)	110
	中央线	龙山—德素	29.9	14	12(20)	15.5	110
	鞍山线	金井—黄瓜岛	26	13	5	8.8	110
	果川线	金井—南太岭	14.4	8	5	8.8	80
	盆唐线	仙凌—宝殿	27.7	19	4	8	80
	合计	7条线路	264.5	133	1.7～12.0	3.5～15.5	80～110

首尔地铁网络的一个显著特点是它的走向安排十分合理，从网络中任一站点 A 至网络中任一站点 B 基本上只需换乘一次即可到达。国营铁路进入市区后，也与地铁路线之间建立了方便的换乘设施。如图 4-5 所示，在两条地铁路线交会处，有一黑白两色拼成的大圆点，表示换乘站。1～8 号路线的车辆，车身外表分别用醒目的红、绿、橙、蓝、紫、淡紫、草绿及粉红色作为车头及车身两侧的标饰，以避免乘客误乘。在首尔，由于地面道路的交通经常发生堵塞现象，而地铁网络四通八达，因此许多人认为乘坐地铁是最便捷的出行方式。地铁的票价很便宜，在市区内单向乘坐一次地铁的票价，包括换乘在内只需 500～700 韩元。一般在上下班时间，地铁的运行间隔为 2.5～3 分钟，而在其他时间段，地铁运行间隔为 4～6 分钟。

4.4.4 出租车交通

首尔出租车分三种类型：普通出租车、高级出租车和呼叫出租车。高级出租车和呼叫出租车提供更为高质的服务，价格也较为昂贵。截至 2007 年 3 月，首尔市共拥有出租车 72500 辆，其中 22949 辆车属于 255 家出租车公司，占车辆总数的 32％，其余 49551 辆车为个体经营车辆，个体经营出租车中 45％ 为高级出租车。全市每天约有 50000 辆出租车运营，日均行驶里程 250 公里，其中载客里程约 150 公里，里程有效利用率为 60％。

豪华型出租汽车车身标有 Deluxe Taxi（豪华型出租汽车）的字样，坐席比较宽敞，具备车载电话，起步价为 3000 韩元，在起步里程达到 3000 米以后每隔 250 米增加 200 韩元，夜间不附加车资。在首尔的大型旅馆、地铁车

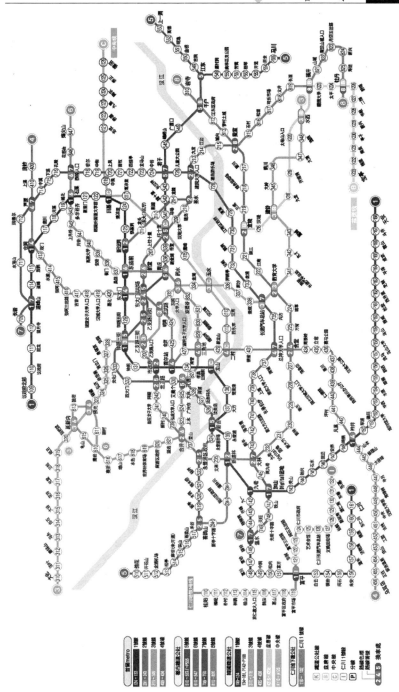

图4-5 首尔地铁地图

站和公共汽车终点站,均有豪华型出租汽车候客,还可以电话叫车,比较便捷。

首尔出租车在扩大地铁服务范围、补充城市运输方面起到了重要作用。出租车往往是外国旅客首选的交通工具,因此车上都配备了同声传译对讲机,为外国游客提供翻译服务。豪华出租车和预约出租车比普通出租车服务要好,驾驶员经验丰富,但价格相对要高一些。普通出租车如果有空位,也可以和同方向的其他乘客合乘。出租车行业在韩国实行免税,并给予加油、充气等多种补贴,以此确保驾乘人员双方的利益,使经营者更加注重服务质量。

目前,首尔出租车的分担率为6.3%,每日运送176万乘客,与以往比虽有上升趋势,但空车率仍为27.1%,这表明市民使用出租车依然不是很方便。为了满足市民需求,出租车仍需要改善计费系统,提高服务水平,使市民更加便捷地使用出租车,安全舒适地达到目的地。

4.5 私人交通发展策略

4.5.1 汽车拥有量

20世纪70年代,首尔机动车保有量仅为6万辆,于20世纪80年代开始急速增长,从1988年的78万辆增加到1992年的156万辆。截至2006年底,首尔市的机动车保有量达到286万辆。

以首尔为中心的首都圈,人口和车辆几乎占到全国的一半,交通压力可想而知。其中,小轿车的急速增长是主要原因之一,小轿车在机动车总数中的比重由20世纪70年代的29.8%上升到20世纪80年代的48%,到1994年底增长到78%。另外,每千人机动车保有量在20世纪70年代为10.9辆,20世纪80年代为24.7辆,1994年底则已经增加到了180.5辆。表4-9所示为1998~2006年首尔机动车、小轿车拥有量及增长率。

4.5.2 机动车辆行驶速度

截至2007年底,首尔市的道路总长度为8078公里,道路面积为81.75平方公里,道路面积率为21.83%,具体情况如表4-10所示。首尔市的道路面积率在2005年为21.68%,2006年则为21.78%,到了2007年为21.83%,平均每年增长0.05%~0.1%。自从2000年以后,道路面积的增加无法满足急速增长的机动车数量。1997～2007年,道路面积率仅增加了1.4倍,而机动车数量增加了12倍以上。

1998～2006年首尔机动车、小轿车拥有量及增长率　　表4-9

年份	1998	1999	2000	2001	2002	2003	2004	2005	2006
机动车(千辆)	2199	2298	2441	2550	2691	2777	2780	2808	2857
增加率(%)	2.2	4.5	6.2	4.5	5.5	3.2	0.1	1.0	1.7
小轿车(千辆)	1653	1680	1710	1827	1957	2042	2055	2094	2140
增加率(%)	2.7	1.6	1.8	6.9	7.1	4.3	0.7	1.9	2.2

1997～2007年首尔市道路里程表　　表4-10

年份	1997	1998	1999	2000	2001	2002	2003	2004	2005	2006	2007
道路长度(公里)	7737	7801	7843	7889	7935	7973	7988	8011	8046	8067	8078
道路面积(平方公里)	76.49	77.4	78.12	78.69	79.36	80.01	80.39	80.64	81.22	81.57	81.75
道路面积率(%)	20.42	20.66	20.86	21.01	21.19	21.36	21.46	21.53	21.68	21.78	21.83

注:道路面积率=道路面积/可居住土地面积(374.55平方公里)×100%,对象道路为宽4米以上的道路。

2005～2007年首尔市道路构成情况如表4-11所示,从中可以看出其总体构成还是比较稳定的。

2005～2007年首尔市道路构成表　　表4-11

项　目		合计	广路	大路	中路	小路
2005年	长度(米)	8045933	243575	707124	842309	6252925
	面积(平方米)	81216933	10845392	20561783	13907097	33333633
2006年	长度(米)	8067201	243575	712326	848265	6263035
	面积(平方米)	81565664	10845720	20751535	14005543	33411871
2007年	长度(米)	8078293	245775	713058	849590	6269870
	面积(平方米)	81752016	10971767	20720388	14035172	33469596

1999～2005 年,首尔市内机动车车速变化情况则如图 4-6 所示。

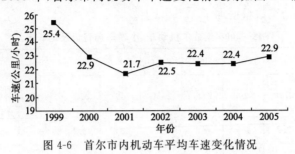

图 4-6　首尔市内机动车平均车速变化情况

4.6　首尔交通的建设与发展

4.6.1　交通发展阶段

近年首尔的交通发展可以分为两个阶段。

(1)第一阶段(2000 年以前):交通网络硬件建设阶段

在 20 世纪末以前,首尔将道路网和地铁建设作为解决交通问题的主要策略。在 20 世纪 70 年代至 80 年代,首尔大规模地扩充公共汽车线路,修建地铁和轻轨。到 20 世纪末,已建成 8 条地铁和轻轨线路,通车总里程达 269 公里。地铁和轻轨不仅构筑了首尔市内公交基本框架,而且将周围的仁川、水原、城南等城市及大型居民点连接起来,形成了首尔都市圈。

首尔以地铁和轻轨为干线,公共汽车为延伸,形成了较高效率的公共交通体系。往返于各个居民区点与地铁和轻轨站之间的村庄巴士,解决了更多居民乘坐地铁和轻轨的接续换乘问题。首尔的地铁均为宽体车辆,干净整洁,明朗舒适;公共汽车布点比较合理,公交专用线快捷畅达,线路间接续良好。因此,尽管首尔没有刻意限制私家车发展,市民平均每 4 个人就拥有一辆汽车,但由于公共交通系统运行效率高,很多市民选择乘坐公交车。

(2)第二阶段(2000 年以后):以公交改革为主的软件优化阶段

2002 年,首尔交通拥堵带来的社会经济损失估计达 44 亿美元。为缓解交通拥挤,首尔将交通政策从被动满足需求调整为积极引导需求消费,并推出了改善公交和限制小汽车使用的政策。2004 年 7 月以来,首尔开始进行一场交通革新,采取了综合治理的措施,如推行新的公交系统,重新整合公交线路,修建中央公交专用道,提倡乘坐公共汽车,引入车载 GPS 设备,开发新的智能收费卡系统,对拥堵严重地区实行收费,对停车空间进行限制等。值得指出的是,首尔为这些公交改革措施酝酿和准备了近10年时间,关于居民、公交公司、驾驶员协会和政府间的利益分配曾引起广泛争论。目前,首尔的交通改革成效显著,不少措施已经成为其他城市借鉴的典范。

此外,首尔还推行了以人为中心的新停车制度概念,即"绿色停车2006(Green Parking)"项目,其核心内容是解决停车难题,确保绿地空间,小路构造及改善车辆通行方式。从2003年下半年起,各自治区选定一个区试点实行,到2006年,约一半以上住宅区实施了该项目。

4.6.2 交通需求管理政策

(1)实行自愿"星期制"

首尔市已经实施市民自觉参与的汽车"星期制",即车主从周一到周五中自愿选定一天为汽车休息日,出门不驾驶汽车。遵守"星期制"的汽车须申请装置无线识别系统,并可享受5%的汽车税优惠和2.7%的保费优惠。

韩国各级公共机构也从2006年6月12日起实施以节约能源为目的的汽车"星期制",逢星期一车牌尾号为1和6的汽车不许进入公共机关,星期二是2和7,星期三是3和8,星期四是4和9和星期五是5和0。已经参与首尔市汽车"星期制"的车辆不受这一规定限制,而是自愿选定一天不进入公共机关即可。对残疾人汽车、排气量在800毫升以下的小排量汽车和载货汽车则没有限制。

(2)控制公车出行

为解决交通问题,首尔市政府采取了一系列以身作则的措施,其中最重要的一项便是减少"官车(个人专用车)"。市政府根据《官用车辆管理规则》,把"官车"数量减少到4辆,其中市长1辆,3位副市长各1辆,任务是确保市级领导各种公务活动的交通所需及其上下班接送。"官车"绝不许任何人私用,且无任何特权,其牌照与普通车辆无异。

目前,首尔市政府机关共有47辆车,除4辆"官车"外,还有43辆公务车,其中有5辆礼宾车,18辆公用车以及20辆多用途车。为确保工作效率,市政府建立了一套高效的公务车运营管理机制。接待人数不多的外宾时,全部用机关的礼宾车。接待大型代表团时,租用韩国中央政府的礼宾车。政府各部门人员外出办公事时,可以打电话叫车。为减少驾驶员数量,用车人可自己驾驶公用车外出办事。为节约能源和经费,公用车排量必须在2.0升之内。

为倡导政府机关工作人员利用大众交通工具上下班,首尔市政府还制订了一套行之有效的措施。首先,工作人员原则上不得开私车进入政府机关大院,如果进入,每10分钟需交1000韩元停车费(相当于7.2元人民币)。为鼓励外部人员到政府机关办事也利用公共交通工具,首尔市政府还规定:凡是进入政府机关大院的车辆一律收取停车费;市政府以生活补贴的形式按级别给予政府职员一定的交通补贴;基本取消班车,仅保留一辆班车用于接住在远郊且无法搭乘地铁的职员上班。政府公务员也具有很强的交通自律意识,"从我做起减缓交通拥堵"已成为市政府公务员的自我约定。上下班乘公交,周末休闲游玩驾私家车,已成为首尔市民普遍的出行方式。

(3) 鼓励使用低排量汽车

首尔市为降低机动车污染,鼓励使用低排量汽车。在停车和拥挤收费时,对排量在0.8升以下的车辆都有半价的优惠措施,停车换乘时停车费优惠80%。

4.6.3 交通价格政策

(1) 提高燃油税

自1996年底以来,首尔政府将汽油税收提高了一倍,此外,还征收了道路使用费、交通拥挤责任税。这些措施促使一部分车主开始放弃开车上下班,堵车现象得到显著缓解。

(2) 增加停车费

首尔采取区域差别化的停车政策。中心区域减少公共停车位,降低50%~60%的建筑配建停车指标,同时提高停车费用。外围地区建设低收费的停车换乘设施,鼓励私人小汽车换乘公共交通进入市中心区。换乘停车场总计16个,共3458个车位。同时,地铁站附近已经建设的停车场39个,共9424个停车位。

(3) 采取拥挤收费政策

自1996年11月起,对位于首尔市中心区的两条沟通南北的隧道采取拥挤收费政策,收费时间为7:00~21:00,对10座以下的小型汽车及车上2人以下的车辆收费。这一措施效果显著,车流量降低了11.6%,平均车速由21.6公里/小时上升到39.7公里/小时。

4.6.4 交通发展政策

(1) 联系城市总体布局规划,优先发展公共交通

韩国政府认为改善交通状况要把交通与城市总体布局、规划联系起来,

把提高经济竞争力与便民结合起来,发挥交通在国民政治、经济、文化生活中的特殊作用。为了迎接1988年首尔奥运会,首尔市对城市交通进行了首次大规模调整,将公共交通作为优先发展对象,扩充公交道路与大力发展城市轨道交通并举,取得了良好的效果。

首尔地铁几乎与北京地铁同时开建,但首尔地铁随着城市发展规划建设,每开发或改造一个新区,就被列为重点项目之一,从而极大地缓解了交通压力。首尔的公共汽车网十分健全,承担了全市27.6%的乘客运输量,仅公共汽车专用线路就有64个区间,总长度为219公里。1988年奥运会后,首尔城市规模不断扩大,先后兴建了6个卫星城。在兴建卫星城的过程中,新城建在哪里,地铁、轻轨和公路就延伸到哪里,从而形成了城建与交通并举的格局,同时还开通了往返于各居民区与地铁和轻轨站之间的小区间巴士,提高了地铁和轻轨的利用率,方便了居民生活。

(2)树立文明意识,形成交通文化

韩国注重从小培养人们的交通意识,在幼儿园经常进行遵守交通规则的教育,在小学课程中也设有交通常识等科目。首尔还建有交通公园,其中布满各种交通线路和交通信号,每年学校都会组织学生到此学习实践,不仅提高了学生的交通意识,还帮助他们养成了遵守交通规则的良好习惯。

交通文化的形成,不仅要有遵守交通规则的意识,更重要的是要将交通作为生活规范的组成部分。在首尔私车每周停运一天的自律性群众运动中,参加者可享受减免汽车税的优待。全市210多万辆私车,已有180多万辆主动与政府签订了自律公约。据测算,每年可节约燃料费2.52万亿韩元,节省改善环境费用3463亿韩元。

(3)利用经济杠杆综合治理,确保交通畅通

1996年底,首尔将汽油税提高了一倍,并征收道路使用费,对特定道路实行拥挤收费。为确保交通畅通,首尔主干道的所有重要地段都安装了无人监视系统,对违反交通法规的车辆和行人给予重罚。对于违反专用车线的车辆,大中型车罚款6万韩元,小汽车罚款5万韩元;车辆超速20公里/小时以内罚款4万韩元,超速40公里/小时罚款11万韩元;违反信号罚款7万韩元;越过中央线或逆行罚款9万韩元。如果驾驶员酒后驾车,不仅吊销驾照,而且要学习反省。由于韩国道路系统安装了先进的测试和摄像设备,一旦违反交通规则,便会有一张印有车牌号码以及违章事项的罚款通知书送到违章者手中;如若不交罚款,则会加重惩罚力度。自2000年起,除了电子监控系统,首尔市还聘用交通监督员负责维护和监督交通秩序。

4.7 小　　结

4.7.1 交通结构

随着社会经济的发展，首尔市人均每日出行次数不断增加，而且出行目的日趋多样化。由于首尔市政府充分贯彻落实优先发展公共交通的政策，人们越来越青睐选择公共交通作出行方式，目前首尔公共交通出行比例已近70%，大大缓解了城市交通的压力。

4.7.2 公共交通体系

首尔市于2004年实施了全面系统的公共交通改革，线路资源开始由政府管理，公共交通企业通过竞标方式获得经营权。在道路中央设立公交专用道，以保证公交车的顺利通行。首尔市建立并完善先进的四色交通体系，红、蓝、黄、绿四种颜色的公交车行驶在不同等级的道路上，服务于不同出行目的的行人，相互配合，以保证城市公交系统的稳定运行。

4.7.3 私家车交通与交通政策

首尔市的城市快速道路和干线道路组成城市路网骨架，机动车数量逐年增加，道路的长度和面积不断增长，车辆的平均运行速度也基本保持稳定。

首尔市城市交通系统秉承着优先发展公共交通的原则，扩大城市道路中的公交专用道数量，大力发展城市轨道交通，依靠增加燃油税、停车费、拥挤费等政策来鼓励广大居民利用公共交通方式出行。同时，宣传普及交通法规，让市民自觉遵守交通秩序，以保障城市交通系统有序运行。

5 上　　海

5.1 上海概况

上海,简称"沪",北界长江,东濒东海,南临杭州湾,西接江苏和浙江两省,是长江三角洲冲积平原的一部分。上海因与广阔的腹地紧密相连而成为江南地区水陆交通的枢纽;同时,又因与长江入海口相汇而成为从东部沿海进入我国的重要门户。

2008年底,上海市辖有浦东新区、徐汇、长宁、普陀、闸北、虹口、杨浦、黄浦、卢湾、静安、宝山、闵行、嘉定、金山、松江、青浦、南汇、奉贤18个区,崇明1个县。2008年底,上海全市总面积6340.5平方公里,其中陆地面积6218.65平方公里,水面面积121.85平方公里,东西最大距离约100公里,南北最大距离约120公里。以主要换线道路来划分,可将城市划分为几个区域:内环线以内的区域为城市中心区,面积约110平方公里;外环线以内的区域为中心城,面积约660平方公里;内外环线之间的区域为外围区;外环线以外的区域为郊区(图5-1)。

由于大量人口迁入和外来流动人口增长迅速,上海人口规模呈不断扩大趋势。19世纪40年代上海开埠时,人口不足10万人;至1949年解放时,人口达520万人;2008年,上海市常住人口1888.46万人,其中外来人口517.42万人,户籍人口为1391.04万人,比上年增加12.18万人,人口自然增长率为－0.75‰。全市户籍人口密度为2194人/平方公里,常住人口密度为2978人/平方公里。与国内外其他特大城市相似,上海的中心城区人口过于集中,郊区人口过于分散,空间分布不合理。1990年以来,上海加强了对人口布局、产业布局、城镇布局的合理安排,中心城区施行"双增双减",郊区施行"三个集中",人口分布逐步向外围区及近郊区扩散。1990~2005年,上海人口的空间分布呈现内外环线之间新建城区人口大幅增加、中心区人口密度明显下降的变化。预计到2020年,上海郊区常住人口为1050万人左右,城市化水平达到85%以上。

图 5-1 上海市区范围示意图

1978年以来,上海的经济持续快速增长,经济结构得到进一步调整,产业结构和投资结构不断优化,体现在现代服务业和先进制造业的加快发展引起的第二产业、第三产业的产值变化。2008年,全市实现生产总值13698.2亿元,比上年增长9.7%。第三产业实现增加值7350.4亿元,比上年增长11.3%;第二产业实现增加值6235.9亿元,比上年增长8.2%;第一产业实现增加值111.8亿元,比上年增长0.7%。全年完成地方财政收入2382.3亿元,比上年增长13.3%。全社会固定资产投资总额完成4829.5亿元,比上年增长8.3%。改革开放以来,上海市国民经济各项主要指标的统计数据如表5-1所示。

随着上海城市社会经济的较大幅度增长,用于城市基础设施和交通建设的投资额也相应增加。2001~2008年,上海城市交通设施的投资额及其所占比重如表5-2所示。从表5-2中可以看出,交通设施建设投资大幅度增加,其中以2006年的增幅最大(由上年的385.58亿元增加至589.52亿元,约增长52.89%)。上海交通设施建设正处于高峰期,轨道交通与道路建设共同成为交通建设的重点。

上海市国民经济主要统计指标 表5-1

指　　标	单位	1978年	1985年	1990年	2000年	2004年	2008年
GDP	亿元	272.81	466.75	781.66	4771.17	8072.83	13698.15
人均GDP	元	2485	3811	5911	30047	46755	73124
第一产业	亿元	11	19.53	34.24	76.68	83.45	111.80
第二产业	亿元	211.05	325.63	505.60	2207.63	3892.12	6235.92
第三产业	亿元	50.76	121.59	241.82	2486.86	4097.26	7350.43
全市财政收入	亿元	190.67	263.86	284.36	1752.69	3591.73	7532.91
地方财政收入	亿元	169.22	184.23	166.99	497.96	1119.72	2382.34
职工年平均工资	元	672	1416	2917	15420	24398	39502
城市居民年人均可支配收入	元	—	1075	2183	11718	16683	26675

上海城市交通设施投资变化 表5-2

年　　份	2001	2002	2003	2004	2005	2006	2007	2008
交通建设投资（亿元）	142.9	219.7	221.6	216.3	385.58	589.52	840.46	838.91
占城市基础投资比重（%）	28	38	37	38	43	52	53	48
占GDP比重（%）	2.9	4.1	3.4	2.9	4.2	5.7	6.9	6.1

2008年,上海道路长度15844公里,道路面积14405万平方米,城市桥梁11188座。人均拥有道路长度11.39公里,人均拥有道路面积16.64平方米,每万人拥有公共汽车12.52辆,每万人拥有出租车35.05辆。

2008年,市域公共交通完成客运总量49.07亿人次,比上年增长8.63%。全市有地面公交运营线路总长度22919公里,公共汽(电)车年完成客运量26.63亿人次,占全市客运总量的54.3%;轨道交通运营线路总长度264.3公里,完成客运量11.28亿人次,占全市客运总量的23%;出租汽车运营车辆4.81万辆,完成客运量11.15亿人次,占客运总量的22.7%。

2008年,上海两个机场(虹桥机场、浦东机场)共完成旅客吞吐量5111.31万人次(含过站人数),比上年下降0.85%;完成货邮吞吐量301.87万吨,比上年增长2.39%。上海港完成货物吞吐量5.82亿吨,比上年增长

3.6%,继续保持世界第一大货运港地位。上海港完成集装箱吞吐量2800.6万标准箱,比上年增长7.1%,继续位居世界第二。上海市境内铁路运输完成旅客发送5339万人次,比上年增长11.3%;货物发送985万吨,比上年下降16.04%。上海市完成公路货运量4.03亿吨,比上年增长13.2%;公路集装箱箱运量1392万标准箱(不含外省市车辆完成业务量),比上年下降7.44%。全年发送旅客2934万人次,比上年增长2.2%。

5.2 上海交通发展沿革

在作为东方国际化大都市的上海,公交车辆、城市轨道列车及出租车辆成为公共交通运输的主要工具。同时,由于上海水域发达,传统的轮渡运输也是公共交通不可缺少的组成部分。近百余年来,随着上海地域逐渐扩大、人口不断增加以及经济活动日益频繁,上海的公共汽(电)车和小型火车运营线路,获得了相应的发展。

上海开埠前,水上交通已相当发达,陆上客运工具只有轿子。开埠后,随着城市经济发展的需求和道路的不断开辟,十九世纪六七十年代以后,马车、小车、人力车等简便客运工具纷纷用于营业,形成了上海早期的公共交通行业。

1908年,英、法商两家电车公司在租界开辟有轨电车线路;1912年,华商在华界开辟有轨电车线路;1914年,英电首辟无轨电车线路;1922年,华商首辟市内公共汽车线路和浦东小型火车线。这些线路的运营状况,随着不同时期的政局变化而变化。解放前线路运营屡遭挫折,建成并运营的上海市各类公交工具的基础设施和统计数据如表5-3所示。

解放前上海公共交通运输的相关统计数据 表5-3

统计年份	运输工具	运营商	线路(条)	线路长度(公里)	车辆数(辆)	初始运营年份	运营能力
1943	有轨电车	英电有轨电车	7	25.83	95	1908	
1931		法电有轨电车	9	39	—	1908	
1918		华商有轨电车	4	23	50	1913	—
1943	无轨电车	英电无轨电车	11	26.84	108	1914	
1938		法电无轨电车	5	10.18	—	1926	
1922	小型火车	上南公司	1	13.85	5节/列	1922	250人/列
1945		上川公司	1	20	6节/列	1926	4500人次/日

续上表

统计年份	运输工具	运营商	线路(条)	线路长度(公里)	车辆数(辆)	初始运营年份	运营能力
1922	市区汽车	公利汽车公司	1	4	2	1922	
1926		沪北兴市公共汽车公司	3	—	12	1924	
1927		英汽	5	—	—	1924	
1927		法电	2	14.05	11	1927	
1929		沪南公共汽车公司	2	12.80	—	1928	
1935		上海华商公共汽车公司	7	—	—	1928	
1936		市公用局公共汽车管理处	5	48.30	45	1934	
1946		公交(筹)汽车线路	11	70.91	—	1945	
1922	市郊汽车	沪太公司	1	37.25	4	1922	—
1922		沪闵南柘公司	1	29.13	13	1922	
1928		宝山城淞杨长途公司	2	9.00	5	1927	
1930		乾康公司与华汽公司	1	—	3+3	1928	
1929		上海交通公司	1	—	—	1929	
1932		崇明岛瀛运公司	3	—	13	1930	
1933		市轮渡管理处	1	2	16	1931	
1934		上松公司	3	30	—	1932	
1933		青沪长途汽车公司	1	23	—	1933	
1935		锡沪公司	2	179.3	—	1935	
1946		浦东地方建设公司	1	30	—	1946	
1947		市公用局招商9家公司	9	87.9	—	1946	

20世纪20年代起,公共汽(电)车和出租汽车、私人汽车大量发展,简便的非机动车辆显得过时并不利于交通安全。1929年,租界当局停发轿子营业执照,此后租界当局和国民政府采取不少措施以限制马车、小车、人力车的行驶,三者于解放后先后淘汰。脚踏三轮车最初于1923年出现在街头,在抗日战争时期大量发展。解放时营业的脚踏三轮车总数达2.6万余辆,20世纪70年代后这种三轮车基本淘汰。

解放后,上海市先后成立了上海市电车公司、上海市沪南水电交通公司、上海市公共交通公司、上海市浦东新区公共交通投资发展有限公司,逐步统一了线网规划和运营。1949~1957年,公共汽车增辟线路17条,并进行公共汽(电)车保养场等后方基地的建设。1953年,建成四平路公共汽车一场,设计停车容量360辆。1954年,新建东长治路无轨电车场。1955年,建成一座电车供电用的整流站,其供电能力为1800千瓦,为开辟新的无轨电车线路提供了物质基础。

1958~1965年,上海市政府对公用事业挖潜改造的同时,投资1.77亿元开始扩建、新建工厂和配套设备,使公用事业服务面扩大、供应量增加。公共交通重点是开发研制大型客车,公交线路和场站向市区边缘扩展。铰接式无轨电车和公共汽车试制成功及推广应用提高了客运能力。至1965年,全市公交车辆增至2282辆,其中铰接式车辆367辆,线路达到118条。1958年,始辟通宵线路,此后逐步形成了市区、主要工人新村同工业区、车站、码头间的通宵交通网。郊区各县共新辟线路41条,形成了由市区向郊县和卫星城镇辐射的公交线路网络。公交场站建设逐步向市郊伸展,除对市区的电车一场、汽车二场进行改扩建外,在当时的市区边缘中山路环路新建汽车三场和四场,在闵行、嘉定等地先后建立具有一定规模的客运场站。

"文化大革命"期间,公用事业建设发展速度下降,供需矛盾突出。公共交通方面,10年中乘客人次增长50.4%,然而公交车辆仅增加13.8%,公交运能增长17.4%,市内主要公交线路乘车拥挤,行车秩序不正常。唯市区与郊县的公交场站建设有一定发展,建成北区客运站和西区客运站,长途公共汽车的运行和旅客的吞吐条件也有所改善。

1976~1995年,是上海公用事业投入最多、发展最快的阶段。特别是1991~1995年,其发展速度和成就超过历史上任何时期。在探索资金筹措和经营权、所有权分离的产权管理机制中,1991年成立解放后中国首家出租汽车股份制企业——上海浦东大众出租汽车股份有限公司。同年,成立浦东强生出租汽车股份有限公司。1992年,成立大众出租汽车股份有限公司、巴士实业股份有限公司。

公共交通汽(电)车比1949年增加了6519辆(折合单机车,增加了10118辆),增长了10.83倍。1949~1975年与1976~1995年相比,前阶段增加折合单机车2559辆,后阶段增加公共汽(电)车折合单机车7559辆。线网密度逐年加密,至1994年底,市区(不含宝山、闵行区)线网密度为2.57公里/平方公里,比1949年的0.51公里/平方公里增加了4倍。至1995年,线路数达501条,比1949年的44条增长10.39倍;线路总长度达28796.13公里,是1949年线路总长度352公里的80.81倍;车辆达7453

辆，比1949年934辆增长6.98倍；日均客运量达1324万人次，比1949年66万人次增长19.06倍。市内外客运线路的发展，对经济建设和人民生活发挥了重要作用。公交线路除正常班次外，上下班时有高峰车、妇婴中小学生专车、定班车，晚上有通宵车。新发展的专线车，为多家经营，弥补了公交线路的不足，比公交车方便、舒适，比出租汽车便宜。此外，双层大客车、大客车和中、小面包车也都发展很快。

20世纪80年代初出租汽车的供应与需要相差甚多，自1985年开展有引导的多家经营后，发展很快（表5-4）。至1995年底，已有36991辆车，比1949年增加了36914辆，增长了479.40倍，比1975年增加了35562辆。乘坐出租汽车比较方便，可以在路上扬手招车，也可电话叫车、电话预约，在车站、码头、机场和主要客流集散点，有专设的出租汽车站点。以国有企业为骨干的出租汽车行业，服务和计费都有规范，基本上符合国际标准。1995年，出租汽车服务车次达到3082.68万次，比有记录的1952年增加了3072万次，增长了287.64倍。

以每个五年计划时期的发展作比较，1991~1995年发展得最快，如表5-5所示。公共交通车辆增加1189辆，专线车增加3000多辆，出租汽车增加25693辆。公共汽车、出租汽车增加已大大超过20世纪80年代，甚至超过1990年制订的规划中2000年预期指标。

上海市其他公共交通运输的相关数据 表5-4

项目		单位	1985年	1990年	2000年	2004年	2008年
城市轨道（含磁悬浮）	路线条数	条		—	3	4(5)	8(9)
	路线长度	公里			62.9	89.8	234.44
	车站数	个			48	68	174
出租车	运营车辆数	辆	2033	11298	42943	48700	48100
轮渡①	运营航线	条	—	79			
	常备渡轮数	艘		31			

注：①主要指黄浦江上的长途、对江客渡和黄浦江、长江上的车辆渡及车客渡。

上海公共汽(电)车发展情况 表5-5

时期	年份	线路（条）	线长（公里）	车辆数（辆）	日均客运量（万人次）	日均行程（万公里）
解放初期	1949	44	351.68	934	65.30	9.12
恢复期末	1952	45	428.15	1096	111.12	13.34
"一五"期末	1957	61	613.75	1512	256.00	25.21

续上表

时 期	年 份	线路(条)	线长(公里)	车辆数(辆)	日均客运量(万人次)	日均行程(万公里)
"二五"期末	1962	114	1587.90	2331	367.80	38.80
"三五"期末	1970	136	2342.60	2245	450.90	36.50
"四五"期末	1975	152	2824.70	2408	578.20	42.45
"五五"期末	1980	231	5230.73	3719	931.54	62.99
"六五"期末	1985	297	10137.78	5036	1372.68	88.33
"七五"期末	1990	390	18593.00	6264	1489.50	101.73
"八五"期末	1995	501	28796.13	7453	1324.78	93.50
"九五"期末	2000	978	23260.00	17939	725.75	—
"十五"中后	2004	948	22256.00	18200	777.50	—
"十一五"中后	2008	1058	22919.00	16573	728.76	—

5.3 上海交通结构分析

上海市先后在 1986 年、1995 年和 2004 年进行了三次综合交通大调查。调查内容有交通出行调查、交通供求状况调查和交通相关城市信息调查三大类。本节出行指标分析正是基于上述综合交通调查报告。

5.3.1 出行量及出行方式

(1)出行量与出行目的

与 1995 年相比,2004 年全市日均居民出行总量约 4100 万人次,增长了 45%。其中,常住人口出行约 3800 万人次,流动人口出行约 300 万人次。居民出行强度从 1.87 次/日提高到 2.21 次/日。2004 年,上海市不同地带常住人口的日均出行数据如表 5-6 所示。

2004 年上海市不同地带常住人口日均出行的统计 表 5-6

地 带	人口(万人)	出行量(万人次)	出行率(人次/人)
浦西中心区	367.7	909	2.47
浦东中心区	40.7	105	2.58
浦西外围区	412.5	934	2.26

续上表

地 带	人口(万人)	出行量(万人次)	出行率(人次/人)
浦东外围区	156	359	2.30
郊区	734.6	1483	2.02
合计	1711.5	3790	2.21

此外,上海市常住人口出行早高峰主要集中在7:00~8:00,约占全天出行量的18%,较1995年下降2个百分点;晚高峰持续时间延长,出行需求集中在16:00~18:00。

1995年和2004年对比,全市常住人口出行目的的构成比例,如图5-2所示。

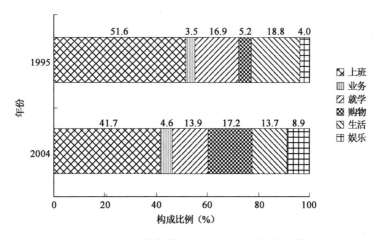

图5-2 上海市常住人口出行目的的构成变化

2004年,上海市日均机动车出行总量714万车次,其中汽车出行量500万车次,比1995年增长220%;摩托车出行总量日均214万车次。中心城客车的出行量分布如图5-3所示。

(2)出行方式构成

2004年,上海市常住人口的出行方式构成如表5-7所示。从表5-7中可以看出,上海市常住人口的出行方式仍以自行车和步行为主,无论是全市还是中心城,两者总和均占出行总量的一半以上。此外,非机动交通中助动车的比例也不容忽视。机动车出行仍以公共汽(电)车为主,中心城的公共交通较为完善,因此该比例相应较高。在全市范围内,社会客车和摩托车的出行量总和与公共汽(电)车的出行量相当。

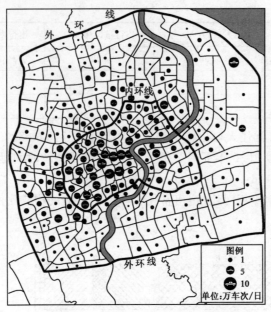

图 5-3 上海市中心城客车出行量分布

2004年上海市常住人口出行方式构成 表 5-7

出行方式	全 市		中 心 城	
	出行量(万人次/日)	比例(%)	出行量(万人次/日)	比例(%)
轨道交通	95	2.5	84	3.6
公共汽(电)车	607	16.0	479	20.8
出租车	197	5.2	143	6.2
社会客车	428	11.3	255	11.0
摩托车	197	5.2	27	1.2
助动车	205	5.4	98	4.3
自行车	955	25.2	476	20.6
步行	1107	29.2	746	32.3
合计	3791	100	2308	100

2007年,上海全市出行总量达到4593万人次/日,同比增长2.9%。其中,公共交通出行方式占23.2%,个体机动方式占20.1%,非机动交通占56.7%。中心城出行总量为2885万人次/日,其中公共交通出行方式占33.1%,比全市高9.9%;个体机动方式占19.3%,比全市低0.8%。

(3)平均出行速度

1995年和2004年,上海市常住人口的平均出行距离和出行时间,如图5-4所示。从图5-4中可以看出,相比1995年的统计,2004年上海市居民在平均出行距离增加约1/4的情况下,平均出行时间略有降低。计算得出平均出行速度约提高36%,城市交通服务水平有了显著提高。

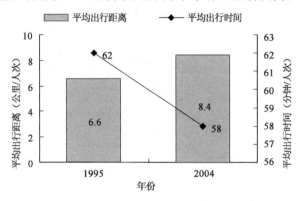

图5-4 上海市常住人口的平均出行距离和出行时间的变化

(4)出行空间分布

1991~2004年,越江设施建设刺激越江需求的增长,中心城越江日均出行量从110万人次增长到180万人次,增长了63.6%。在人口向外迁移的过程中,中心区与外围区、郊区和中心城的交通联系越来越密切,进出中心区日均出行量从510万人次增长到720万人次,增长了41.2%;进出中心城出行量从120万人次增长到320万人次,增长了1.7倍,如图5-5所示。全市平均出行距离从1995年的4.6公里增加到2004年的6.9公里。

图5-6为2004年上海市常住人口出行全方式的空间分布。

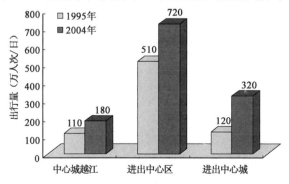

图5-5 地带之间人员出行量的增长

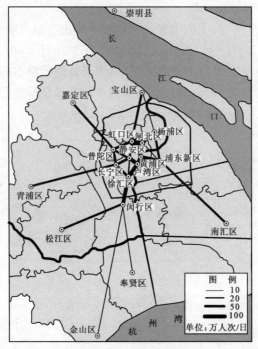

图 5-6　2004 年上海市常住人口出行全方式的空间分布

5.3.2　交通结构的演变及特征

上海自改革开放以来,为了适应不同历史阶段交通需求的不断增长的要求,城市交通迅速发展,同时呈现出阶段性的特点。以 1986 年、1995 年和 2004 年开展的全市综合交通大调查资料作为基础进行分析研究,可以划分为 20 世纪 80 年代、20 世纪 90 年代和 2000 年以后三个历史阶段(表 5-8)。

1986 年、1995 年和 2004 年上海城市交通基本情况　表 5-8

基本指标	总人口	出行总量	客运总量	汽车交通量	机动车拥有量	道路总长	轨道交通线网长度	公共汽(电)车线路条数	出租车数量
单位	万人	万人次/日	万乘次/日	万 pcu/日	辆	公里	公里	条	万辆
1986 年	1300	2217	1500	60	11	4000	—	390	—
1995 年	1546	2830	1028	150	42	5420	19	940	3.5
2004 年	1828	4100	1197	500	202	11825	92.5	948	4.9

20世纪80年代、20世纪90年代和2000年后三个历史时期,随着全市人口的增长和出行的日益活跃,出行总量呈阶梯式增长态势,并且增幅不断加大。1986年,上海市全市出行总量为2217万人次/日,10年后(1995年)出行总量达到2830万人次/日,较1986年增长27.6%;到2004年,全市出行总量较1995年增长44.9%,达到4100万人次/日。在出行总量不断增加的同时,交通结构的构成和比重随之改变。下面就三个历史时期的交通结构进行分析。

(1) 20世纪80年代——非机动交通为主体的交通结构

此种交通结构构成较简单,机动化程度低,公共汽(电)车为主体机动方式。从上海1986年全市交通结构(表5-9)来看,步行和自行车等非机动交通方式占交通结构的72.4%;机动化方式的比重只占到27.6%。

郊区机动化程度大大低于市区。从不同地域来看,郊区的机动化程度低于市区,非机动交通比重达到了91%,市区和中心区交通结构基本相同,非机动交通比重在60%左右;公共汽(电)车比重市区和中心区明显高于郊区,达到35%左右,而郊区仅为5%;社会客车和摩托车比重较低,三种区域范围基本相同,为3%左右。

1986年上海市分区域的全日全方式交通结构(%) 表5-9

区域范围	非机动交通		公共交通		个体机动
	步行	自行车	公共汽(电)车	出租车	社会客车和摩托车
全市	41.3	31.1	24.1	0.2	3.3
中心区	38.4	23.2	35.7	0.2	2.5
市区	36.6	24.90	35.2	0.2	3.1
郊区	49.4	41.6	5.3	0.1	3.6

(2) 20世纪90年代——仍然以非机动为主,公交比重下降

此种交通结构机动化比重不变,公共汽(电)车比重下降严重,其他机动方式比重上升。从1995年上海市全市全方式出行结构(表5-10)来看,非机动交通方式的比重保持不变,为72.1%,而机动化交通方式比重构成发生了较大变化,公共汽(电)车比重下降到17%,转移到出租车、社会客车和摩托车上,出租车比重上升到3%,社会客车和摩托车增加到7.9%。

市区和外围新区机动化比重上升快,郊区县区维持较低的机动比重。

从不同区域范围来看,市区非机动交通的比重为 63.6%,与 1986 年相比略有上升;市区外围的新区非机动交通比重为 73.7%,与 1986 年相比下降得最为明显;而郊区非机动交通比重变化不大,维持在 80%。不同区域公共汽(电)车比重均严重下滑,市区从 1986 年的 35% 下降到 26%。出租车比重显著增加,特别在市区范围接近 5%。社会客车和摩托车比重大幅上升,在新区和郊区增幅最为明显,其比重达到 10%。

1995 年上海市分区域的全日全方式交通结构(%) 表 5-10

区域范围	非机动交通		公共交通		个体机动
	步行	自行车	公共汽(电)车	出租车	社会客车和摩托车
全市	30.4	41.7	17.0	3.0	7.9
市区	31.8	31.8	25.8	4.5	6.1
新区	25.2	48.5	12.7	1.9	11.7
郊区	32.0	55.9	2.7	0.7	8.7

(3)2000 年后——构成多元化,机动化比重大幅上升

此种交通结构构成多元化,机动化比重大幅上升,公共汽(电)车比重仍在下降。进入 21 世纪,上海市交通构成发生了较大变化。交通结构的构成更为丰富,轨道交通、助动车成为交通结构中的新角色;交通结构中机动化出行方式比重大幅上升,非机动交通的比重从 1995 年的 72% 下降到 58%;除了公共汽(电)车比重在继续下滑外,其他机动方式比重逐年上升。从 2004 年全市全日交通结构(表 5-11)来看,公共汽(电)车比重依然在下降,而轨道交通和出租车的迅速发展,使公共交通的比重从 1995 年的 20% 回升到 2004 年的 24.3%;个体机动比重迅速上升,从 1995 年的 7.9% 上升到 2004 年的 17.8%。

2004 年上海市分区域的全日全方式交通结构(%) 表 5-11

区域范围	非机动交通		公共交通			个体机动
	步行	非机行车	轨道交通	公共汽(电)车	出租车	社会客车和摩托车
全市	28.6	29.3	3.5	14.4	6.4	17.8
中心城	30.7	22.8	5.1	17.8	8.8	14.8
郊区	24.9	40.6	0.7	8.7	2.4	22.7

郊区机动化比重增幅高于中心城,公共汽(电)车和个体机动方式成为郊区机动比重增长的主力。从不同区域范围来看,郊区的非机动交通比重下降的幅度最大,从 1995 年的 87.9% 下降到 65.5%,中心城范围非机动交

通比重从1995年的64%～74%下降到53.5%。郊区个体机动比重增长迅猛,从1995年的8.7%上升到22.7%。

通过以上分析可以发现,上海交通结构的演变特征主要体现在以下两个方面。

第一,整体性变化特征。非机动交通作为主要交通方式在近10年得以改变。20世纪80年代和90年代作为非机动方式的非机动交通比重是城市交通结构的主宰,一直占3/4左右。然而,随着出行距离的增加,非机动交通在近10年大幅下降,城市机动化出行不断上升,交通结构正逐步从非机动主导的交通结构向机动主导的交通结构方向发展(图5-7)。

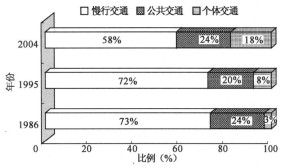

图5-7 上海市三个历史时期交通结构比较

公共交通比重基本不变,但难以保持。20世纪80年代至20世纪90年代,公共交通比重下降,基本上都转移到个体机动化交通方式上;20世纪90年代中期至今,公共交通比重逐步回升,到2004年恢复到24%。从近30年的历程看来,公共交通比重的保持和提高是非常艰难的,极易受到其他交通方式的冲击。

个体机动比重大幅上升,势头强劲。近30年,个体机动方式成为机动化交通方式比重上升的主角,对公共交明显具有竞争优势,由非机动交通转移的机动化出行需求基本上由个体机动化交通方式承担,并且个体机动比重增幅不断扩大。

第二,区域性变化特征。20世纪80年代,郊区交通结构与市区、中心区差异较大,市区和中心区交通结构趋同,郊区机动化程度大大低于市区和中心区,说明郊区以短距离出行为主,城郊联系很弱,郊区出行基本以区内出行为主。这一结论可以在下面城市空间布局与交通结构互动关系中得到印证。

20世纪90年代,在新区的城市化进程中,居民机动化出行需求迫切,但是机动出行更倾向于个体机动方式;而郊区与市区联系仍然较弱,机动化进程缓慢,以区内出行为主。新区和市区联系日益紧密,且以中长距离出行为主,但是机动化比重中个体机动比重的增幅高于公共交通的比重。

2000年以后,郊区与中心城的机动化比重差距拉小,郊区机动化比重中公共交通和个体机动的变化特点,与20世纪90年代的新区机动出行更倾向于个体机动方式特征几乎一致,并表现得更为突出,个体机动比重的增幅大大高于公共交通比重的增幅。

5.3.3 交通结构演变的重要影响因素

交通结构的演变,不是某个因素单独所作用的,而是与城市空间布局、社会经济水平、交通基础设施建设、交通政策的实施等密切相关。

(1) 与城市空间布局的互动关系

城市空间(集中建成区人口密度)是决定交通体系的根本性客观因素。我国近30年快速城市化进程中,出现了3种城市空间和交通体系的模式。上海的进程充分证明了这个普遍性的趋势。

①20世纪80年代,密核式城市与非机动交通为主的交通结构。上海城市用地集中分布在城市中心区范围,形成密核式城市空间布局。到20世纪80年代末,市区面积扩至748平方公里,中心城的面积也超过了380平方公里,中心区面积93平方公里,人口达到473万人,占上海人口总数的37%以上,人口密度达到了5万人/平方公里以上。与密集性的城市布局和人口岗位分布特点一致,无论是在市区还是在郊区,城市居民都以短距离出行为主,平均出行距离在3~4公里,城郊联系较弱。对20世纪80年代的密集城市空间布局与非机动交通为主宰的交通结构进行比较分析可以看出,以中短距离为主的出行需求,不仅使步行成为出行的重要方式,而且必然使自行车和公共汽(电)车成为主要的交通工具。由此形成的交通结构的机动化程度低,居民的出行方式链也较为简单。

②20世纪90年代,特大城市与滞后机动化的交通结构。1990年,上海提出"开发浦东"之后,城市发展跨越了黄浦江开始向四周全面铺开,城市形态逐步呈饼状蔓延趋势。2000年,其建成区面积已经达到550平方公里,较1989年增长了46%。中心区的人口和岗位得到了一定的疏解,而外围区、浦东的人口和岗位都有明显增加。20世纪90年代,交通引导城市发展的作用初步显现,随着城市空间从中心区向外围地区的拓展,平均出行距离也由20世纪80年代的3~4公里增加到4~5公里。在20世纪90年代交

通结构演变中,机动化进程缓慢,作为集约式的运输系统——公共交通的比重却在下滑,转移的机动化出行需求只能由个体机动方式承担。同时,道路设施建设客观上又刺激了个体机动方式的增长。这种交通变化趋势无法支撑特大城市进一步拓展的需要,城市空间无序蔓延的情况较为突出,迫切要求对交通结构进行调整。

③2000年后,巨型城市与快速机动化的交通结构。进入2000年以后,城市用地规模不断扩大。2004年,集中建成区面积从400平方公里扩大至800平方公里,城市化进程进一步加快,人口分布呈现出从市区向郊区转移的趋势。在巨型城市空间的形成过程中,中心城与郊区各城镇体系间、郊区各城镇体系间都需要快速化、集约化的交通方式来衔接,以实现各地区之间的紧密结合。轨道交通对城市空间的拓展起到引导作用。轨道线路突破既有建成区范围,带动城市向外有序拓展。在巨型城市空间下,出行距离的增加使机动化交通选择成为必然。因此,在2000年后的交通结构呈现迅速机动化的趋势,在公共交通与个体机动两种机动化交通方式的激烈竞争中,有了轨道交通和出租车对公共交通服务的补充,公共交通艰难地实现了公交比重逐步回升。

(2) 与社会经济发展的关系

社会经济的发展决定了个体交通工具的拥有水平、城市基础设施的投资水平,从根本上决定了交通系统的供给水平。随着社会经济的飞速发展,上海个体交通工具、交通投资规模都在逐步升级,形成了不同历史时期各具特色的交通供给系统。

1980年起,由于自行车生产的飞速增长和人民收入的增长,自行车成为了市民主要拥有和使用的交通工具,其数量在1989年底达到671万辆的最高峰。机动车拥有量自1985年起增长速度加快,1986～1992年机动车年增长率为9%,社会客车和摩托车仅占3.4%。20世纪90年代,小客车和摩托车、助动车成为增长主体,个体机动交通进入快增阶段,导致道路交通量增长。1995～2000年机动车增长率为13.3%。到2000年底,机动车拥有量已经达到70多万辆(不含沪C牌照),较1990年提高了2.5倍。机动车增长直接导致道路交通量的增长,1995～2000年全市道路交通总量从3500万车公里增长到5000万车公里。社会客车和摩托车出行比重从20世纪80年代的3.4%增加到20世纪90年代的8%。以自行车为主的非机动车仍然是主要的个体交通方式,非机动车出行比重从20世纪80年代的31%增加到20世纪90年代的41%。2000年以后,小客车和助动车成为增长主体。1997年后,摩托车数量基本维持在11万~12万辆,而小客车成为增长主体,小客车和摩托车出行比重也从20世纪90年代的8%增加到2004年的18%。2008年底,上海全市机动车总量达到227万辆。

(3) 与交通基础设施供给的关系

20世纪80年代,交通设施建设滞后,机动化比重偏低。至1990年底,上海共有道路里程为4713公里,其中市区道路总长度为1239公里,道路网密度为4.42公里/平方公里,道路面积率为7.27%,人均占有道路2.89平方米,道路规模不够且通行能力低在很大程度上制约了城市机动化水平的提高。城市道路低容量、密集的特征,只能适应于自行车和运行效率较低的公共汽(电)车系统的运行,制约了外围地区公共交通的发展。

20世纪90年代,偏重高架道路建设,刺激个体机动交通增长。20世纪90年代,上海进行了空前规模的交通建设。截至1995年底,上海道路总里程为5420公里,全市道路网密度为0.85公里/平方公里,建成区道路网密度为4.19公里/平方公里,道路面积率为7.41%,人均道路面积为4.97平方米。道路条件比20世纪80年代有了明显改善,特大城市的骨干道路网建设的逐步建成,适应交通结构机动化发展的趋势,但也刺激了个体机动方式的增长。同时,由于公共交通基础设施建设和服务的相对滞后,使机动出行倾向于采用个体机动方式,或是用自行车助动车等非机动方式替代。轨道交通实现从无到有,公共汽(电)车仍是公共客运的主体。

2000年后,加快建设轨道交通,公交比重开始回升。道路建设速度逐渐趋于缓和,轨道交通建设成为城市投资建设的重点,到2006年底,线网长度为129公里,轨道骨架网络初步形成,客运量达到了160万乘次/日。从2000年开始,轨道交通强大的运输能力和较高的水准,使得公共交通的整体服务水平有所提高,公共交通比重缓慢回升到24%。2004年,中心城居民使用公共交通(不含出租车)的平均出行时间从62分钟下降到58分钟,平均出行速度提高了40%。出租汽车快速发展,步入稳定期。2005年后,逐渐开始控制出租车规模,客流量基本稳定在300万乘次/日。

(4) 与政策措施的关系

20世纪90年代是上海市燃油助动车和摩托车快速发展期。2000年后,摩托车发展受到控制,燃油助动车也通过"油改气"逐步得到淘汰,但是电动自行车的发展由于缺乏及时的政策引导,发展过快,给公共交通的吸引力造成了较大冲击。因此,在提高公交吸引力的同时,对助动车、摩托车等个体交通工具,应采取相应的限制和淘汰措施,这是落实上海"公交优先"政策的重要内容。

香港、新加坡等城市几十年来一贯采用征收私车购置费的方法,有效控制了小汽车的过度增长,并取得了良好的社会和经济效益。为适应特大型城市经济和社会发展需要,考虑城市道路、环境保护与汽车消费的总体协调等综合因素,上海在坚持优先发展公共交通的前提下,自1994年起对中心城区新增机动车额度的发放实行了投标拍卖方式,有序发展私人小汽车。

"九五"期间,公交票价进行了三次较大的调整。1996年,上海取消了月票,初步缓解了公交价格与成本严重背离的状况。但是,由于乘客实际公交支出也有较大幅度提高,因此1996年公共交通客运总量较前一年下降了22%,从1050万乘次/日下降到820万乘次/日。以后,公共交通客运总量逐年缓慢回升,于2003年恢复到1130万乘次/日的水平。但是考虑到人口增长和出行频率提高等因素,公交总体吸引力并未得到明显恢复。与1995年相比,上海2003年人口增长了21%,公共交通客运总量仅增长了8%,而人均公交乘次实际下降了11%。可见,公交客流回升并不代表公交对市民吸引力的提高,公交客流仅仅保持了与全市交通总量的同步增长。市场票价政策在一定程度上制约了公交吸引力的进一步提高。近年来,上海为了增加公共交通的吸引力,出台了一些票价优惠政策,但是票价优惠的额度和范围还有待提高和扩大。

(5)上海交通结构演变的基本规律

上海在30年的发展历程中,交通结构的变化主要确定于城市空间布局、社会经济水平、交通基础设施和交通发展政策。通过分析上海市四个主要影响因素与交通结构变化的相关关系,可以总结出城市交通结构演变的基本规律。

上海的巨型城市模式推动交通结构的机动化。城市空间布局是产生交通需求的源头,是交通结构的外部决定因素,与交通结构机动化水平密切相关。城市空间布局的变化对交通结构的机动化水平影响最大,城市化伴随着机动化。上海在交通引导城市发展中经历了20世纪90年代道路交通引导城市发展向2000年后轨道交通引导城市发展的转变,逐渐形成了以公共交通为支撑的巨型城市拓展模式。

社会经济水平发展推动机动方式的多样化。社会经济发展水平是交通供给水平的源头,也是交通结构的外部决定因素。社会经济水平越发达,个人交通工具的拥有水平越高,交通基础设施建设投资力度越大。社会经济发展水平支持机动方式的多样化,但是更容易出现个体机动化的倾向。上海交通设施投资不断扩大,并注重调整道路和公共交通之间的投资比例,投资重点向集约化交通设施倾斜,满足人员出行机动化的趋势,同时对增加公共交通比重有十分重要的意义和作用。

交通基础设施供给刺激交通需求变化。交通基础设施供给是交通结构的内部决定因素,它同时受社会经济发展水平的制约和交通发展政策的导向,当交通基础设施供给与城市用地发展联系在一起时,对交通结构的影响更为显著。20世纪90年代,上海市注重道路交通引导城市发展,刺激了个体机动化交通的发展。2000年后,转向公共交通,特别是轨道交通支持城市空间的有序拓展,逐步将轨道交通与城市的用地开发紧密结合,并且注重公共汽(电)车与轨道交通的整合,实行换乘优惠,改进城市换乘枢纽的一体化建设水平,逐步引导注重形成以轨道交通为核心的出行方式链。

交通发展政策是调节交通结构的重要手段。交通发展政策是交通结构的内部决定因素,主要通过调节供给和需求两方面对各种交通方式施行导向政策,利用经济杠杆对各种交通方式进行鼓励或限制,以达到调节交通结构的目的。虽然注重对摩托车和助动车的交通需求管理,逐步降低摩托车和助动车在出行方式结构中的比重,但是却忽视了对电动自行车的交通导向政策。私人小汽车牌照拍卖,延缓了个体机动化的进程,为公共交通的发展赢得了时间。上海已形成相对低廉的磁性票价,但是仍需要扩大优惠范围和程度。提供换乘优惠是降低票价水平的有效举措。实行区域差别化的停车价格,在一定程度上减少了小汽车在中心区的使用。

5.4 公共交通系统分析

5.4.1 概况

2008年,上海市公共交通完成客运总量50亿人次,比上年增长8.63%。其中,公共汽(电)车26.6亿人次,占全市客运总量的53%;轨道交通11.3亿人次,占全市客运总量的23%,2008年12月31日创单日最高客运记录432万人次;出租汽车11.1亿人次,占客运总量的22%,轮渡1亿人次,占客运总量的2%。公共交通出行占出行总量的27%。日均客运量1367.7万人次,比上年增长8.57%。1985~2008年主要年份的上海市各类运输的统计数据如表5-12所示。

1985~2008年上海市各类公共交通运输的相关数据　　表5-12

项　目	单　位	1985年	1990年	2000年	2004年	2008年
公交年客运总量	亿人次	50.10	54.37	26.49	28.38	26.63
城市轨道交通	亿人次	—	0.84	1.54	4.80	11.28
出租车年服务车次	万次	282	2128.73	37599.15	54600	61600
轮渡年乘客人数	亿人次	3.39	3.74	1.85	1.37	1.02

(1) 公共汽(电)车行业

2008年,上海市公共汽(电)车企业43家,职工7.17万人,运行线路1058条,运营线路总长度22919公里,运营车辆16573辆,日均运营里程305万公里,日均客运量728万人次。

(2) 轨道交通行业

2008年,全市有运营企业2家,轨道交通运营线路9条(含磁悬浮),线路长度达到264.3公里(不含磁悬浮为235.2公里),运营车辆230列1431节,全年运营里程2516万列公里,日均客运量308万人次,日均运营里程41万车公里。

(3) 出租汽车行业

2008年,全市具有出租汽车企业191家,运营车辆4.81万辆,日均客运量304万人次,日均载客里程1031万公里。

(4) 轮渡行业

2008年,运营企业1家,轮渡线18条,线路长度为10.62公里,渡船49艘,日均客流量27.7万人次,日均运营里程1582.3公里。

轨道交通承运能力大幅上升,客流同比增加38.6%,骨干地位逐步显现;公共汽(电)车不断调整和扩大服务覆盖面,目前仍保持主体地位。

公交优先战略是上海重要的交通发展战略。公共交通发展的目标是建设以轨道交通为骨干、公共汽(电)车为基础、出租车为补充的公共交通系统,调整水上客运服务功能,加强中心城与郊区的公交联系,满足市郊通勤和生活出行需要。

到2020年,全市公共交通出行比重从2005年的24%提高到33%~

35%,中心城从34%提高到42%~45%,全市轨道交通客运量将达到1800万~2000万乘次/日,公共汽(电)车客运量将达到800万~1000万乘次/日,出租车作为重要的客运方式,日均客流量为300万~400万乘次。

5.4.2 道路设施

自19世纪40年代上海开埠起,上海的道路交通建设进入了近、现代意义上的发展阶段,交通基础设施建设开始逐渐加强。

20世纪20年代,中心城内网络状道路的格局基本定型。20世纪30年代上海路网初步形成了中心区网格状+东北部放射状的形态。解放后至20世纪70年代末,路网系统得到不断改造,打通了大部分中山环路,梳理了延安路、肇家浜路、河南路、共和新路等一批干道。20世纪80年代,随着改革开放和经济发展,全市道路交通矛盾日益突出,基本特征为"东西不畅"、"南北不通"、"越江不便"、"铁路割据",此后开始大规模道路建设。到1995年底,全市共有道路5420.3公里,其中市区道路总长1633.3公里,面积1988.8万平方米。城市道路面积和路网容量的增加提高了车辆运行效率。20世纪的最后10年,在机动车增长4倍的情况下,中心区平均车速由12公里/小时提高到15公里/小时。快速干道内环线和南北高架路分别投资38.23亿元和60亿元,先后于1994年底和1995年底全线建成通车。

从上述发展历程可以看出,上海的道路交通大致经历了三个重要阶段,即20世纪初至20世纪30年代的"雏形"阶段,上海解放至20世纪70年代末修建大批干道的"成网"阶段以及20世纪90年代起以浦东开发开放为标志的"越江"阶段。每个发展阶段都以道路交通建设为龙头,构筑了南北、东西向发展轴线,塑造了新的城市格局。

2000年后,上海的交通建设继续快速发展。在统计方面增加了对公路的数据统计,并将道路分为城市道路和公路两类。2000~2004年,上海市道路建设概况如表5-13所示。截至2004年底,上海中心城道路2350公里,路网密度为3.44公里/平方公里,道路的面积率为6.36%;2005年底,全市高速公路通车里程已经达到560公里,"15、30、60"的目标(重要工业区、重要集镇、交通枢纽、客货主要集散地15分钟进行高速公路网,中心城与新城、中心城至省界30分钟互通,高速网上任意两点间60分钟到达)已经初步实现。截至2009年,上海道路长度16071公里,道路面积24566万平方米,城市桥梁11466座。

2000年～2004年上海道路建设概况　　　　　　　表5-13

年　份	长度(公里)			面积(万平方米)			车行道面积(万平方米)		
	全市	公路	城市道路	全市	公路	城市道路	全市	公路	城市道路
2000	9568	5894	3674	13088	6935	6153	9976	5671	4305
2001	9800	6079	3721	14106	7774	6332	11068	6467	4601
2002	10191	6287	3904	15286	8523	6763	11805	7076	4729
2003	10451	6484	3967	16510	9067	7443	12631	7584	5047
2004	11825	7805	4020	20558	13063	7495	14977	9782	5195
5年间增长率(%)	23.6	32.4	9.4	57.1	88.4	21.8	50.1	72.5	20.7

根据上海市城市道路和公路"十五"计划，至2010年底，全市公路长度将达到6086公里，其中高速公路长度为586公里，一级公路达到708公里，二级公路1010公里。公路网密度达0.96公里/平方公里；国省干线公路长度达1539公里，干线公路网平均密度为0.24公里/平方公里。

5.4.3　公共汽(电)车

1904年，上海公共租界工部局招标开办公共有轨电车事业，并于1908年开始运营。同年5月8日，法商电车电灯公司(简称法电)，在法租界内开办有轨电车。1912年2月，上海华商电车有限公司成立，1913年8月在华界南市地区开创有轨电车事业。1914年，英电开辟第一条无轨电车线路。1926年，法电开辟无轨电车线路，大多数与英电线路连接并联营。1921年9月，华商沪太长途汽车股份有限公司成立，次年首辟上海至太仓长途汽车线。此后，在青浦、松江、闵行、川沙、南汇、宝山、吴淞以及崇明岛上，都先后出现公共汽车客运企业。到1937年，上海的公共汽(电)车(包括长途汽车)和小型火车等各类公交车共有900余辆、线路70余条。

1949年上海解放后，由于帝国主义的封锁，汽油短缺，以煤气代汽油的白煤车维持运营服务。1958年7月成立的上海市公共交通公司(简称市公交公司)已包括被征用、代管的英电、法电和公私合营企业，统一经营管理市内电车和公共汽车以及附属工业单位。随着原属江苏省松江等10个县陆续划归上海市，这些郊县的客运交通也归市公交公司统一经营。"文化大革命"期间，市公交公司受到影响。与解放后的17年相比，线路条数年平均增长速度从原来的6%下降到2.9%；线路长度年平均增长速度从原来的

9.6%下降到5.8%。

十一届三中全会后,上海市公交公司不断完善运营线网,在市区形成全日线、高峰线、通宵线的网络。为适应不同乘车需要,设置母婴和中小学生专车、机动车、厂区特约定班车、新村小区上下班直达车等。郊区乡镇都已通行公交车,还新辟江(苏)浙(江)皖(安徽)省市际一批长途线。1986~1990年,新建或扩建多座大容量停车场,其中共和新路停车场是国内第一座双层汽车场,内江路停车场是国内第一座无轨电车双层停车场,共增加停车面积18.62万平方米,增加1020辆停车能力。

1991~1995年,共新辟线路97条,延伸54条,调整205条。南浦、杨浦大桥辟线通车,改善了越江乘车条件。电车供电所浦东分所建成投产,浦江东西通了电车。20世纪80年代后,为弥补公共交通车辆不能适应不同层次乘客的不足,填补公交线网的空隙,上海出现小公共汽车等多种形式的专线车,经营专线车单位有147家。1995年,专线有468条。1995年底,市公交总公司有职工87065人,营业车7453辆,市区、郊区、省市际的线路501条,线路总长度2.88万公里,日均行驶里程93.50万公里,日均客运量1324.78万人次。在基础设施方面,有停车场14座和车辆保养场13座,汽车站42座,场站用地面积共为126.16万平方米,其中停车区面积78.82万平方米。上海公共汽(电)车交通行业经过了88年历程,成为全国最大的公共交通企业。

2008年,全市有客运交通枢纽33个。中心城区公交专用道总里程达86公里。新辟公交线路85条,延伸和调整159条,撤销18条。郊区公共交通得到较快发展,区域公交新辟线路83条,线路总数412条,区域公交线路总长度达6993公里;全市桥梁、道路符合条件行政村的公交通达率为80%,浦东、嘉定、松江、宝山、金山、闵行、青浦7个区基本实现了"村村通公交"。

5.4.4 轨道交通

1958年,上海市开始地铁建设的前期准备,当时前苏联专家断言上海是软土地层,含水率大,不宜建设隧道工程。1963年,浦东塘桥采用结构法试挖了直径为4.2米的隧道,用于验证粉砂性土质和淤混质黏土质中建设隧道的可行性。1964年,在衡山公园附近又开挖了代号为"60工程"的地铁试验工程。20世纪70年代末,在漕溪公园的地底下又尝试了第二条试验隧道的掘进,这段线路现在作为上海轨道交通1号线的正式路线使用。

1989年5月,中德双方正式签署了4.6亿马克的地铁专款贷款协议书,1990年3月7日国务院正式同意,上海地下铁道工程(新龙华站至上海新客站)开工兴建;1995年4月10日,上海轨道交通1号线(上海火车站－锦江乐园站)全线建成通车。2000年6月和12月,地铁2号线、3号线(明珠线)先后通车运营。截至2001年,上海城市轨道交通运营3条线路,总长度62.9公里,共48个车站。日均客流达77.45万人次。上海市公交车辆、出租车辆与轨道交通的乘客比例已达7∶2∶1。2003年底,轨道交通5号线投入运营,4条线路的年客运总量达4亿多人,且每年的递增幅度都很大。2004年,上海轨道交通日均客运量达131万人次,约占整个上海公共交通客运总量的12%。

自20世纪90年代以来,上海大力发展轨道交通,构筑国际化大都市现代化交通体系,形成了"一环七射八换乘"的网络运营格局,线网规模居全国之首。至2008年底,上海拥有轨道交通线路8条,磁悬浮线1条,运营线路长度从2002年63公里增加到264.3公里,行驶里程2516万列公里,日均客运量308万人次。到2012年,上海将建成13条轨道交通线,运营里程达500公里,日均客运量800万人次。上海轨道交通建设和运营线路统计如表5-14所示。

上海轨道交通运营线路统计 表5-14

年 份	线路(条)	线长(公里)	车站数(个)	动车组数(列)	年客运量(亿人次)	日均客运量(万人次)
1995	1	21.5	16		0.84	23
2000	3	65.5	48	—	1.54	42
2001					2.83	77.5
2002					3.57	97.8
2003	4	82.5	59	98	4.06	108.3
2004		91.2	68	105	4.80	131.2
2005	5	116.78	90	—	—	—
2006	6	169.40	—	—	6.56	179
2007	9	262.83	—	—	8.14	223
2008	9	264.30	—	—	11.28	309

轨道交通1号线为南北向,从莘庄站到富锦路站,总长36.89公里,设置28座车站。轨道交通2号线为东西向,西起淞虹路,穿越黄浦江,至张江高科站,全长25.72公里,设置17座车站。轨道交通3号线是国内第一条

高架轻轨,自西南的上海南站至东北的江杨北路,全长40.5公里,设置29座车站。轨道交通4号线为环线,总长27公里,设置22座车站,其中9个车站与轨道交通3号线共线运营。轨道交通5号线与1号线在莘庄对接,全线长约17.2公里,设置11座车站。轨道交通6号线南起济阳路,北至港城路,全长33公里,设置28座车站,分别在2号线、4号线世纪大道站和4号线蓝村路站实现换乘。轨道交通8号线(一期)北起市光路站,南至耀华路站,全长23.3公里,设置21座车站,在人民广场与1号线、2号线形成大型轨道交通换乘枢纽,并在西藏南路站与4号线换乘。轨道交通9号线南起松江新城站,北至宜山路站,全长31公里,共设13座车站。

于2005年制订的上海市轨道交通建设规划全图,囊括了上海市的目前建成、在建及规划中的18条城市轨道交通线路,包括4条市域快速线、8条市区地铁线、5条市区轻轨线以及1条近郊轻轨线。

4条市域快速线(R线),总长428公里。市域快速线主要在全市范围提供快速的交通服务,连接郊区新城、中心镇等重要地区,连接重要的对外交通枢纽(空港、海港、铁路客站等),构成全市范围的快速交通骨架。8条市区地铁线(M线),总长264公里。市区地铁线主要承担中心城的公共交通,疏解地面交通压力,成为中心城公共交通的骨干。5条市区轻轨线(L线),总长118公里。市区轻轨线作为辅助线路,主要连接市域快速线和市区地铁线,为局部区域提供交通服务,是前两级网络的补充。截至2012年,包括已运营的线路长度,上海将形成轨道交通网络规模约567公里,见表5-15。

2012年形成的基本网络 表5-15

线　　路	起讫点	长度(公里)	车站(座)
1号线	莘庄—富锦路	37.8	28
2号线	徐泾—浦东机场	64.0	31
3号线	上海南站—江杨北路	40.7	29
4号线	虹桥路—宝山路	22.3	17
5号线	莘庄—闵行开发区	17.2	11
6号线	港城路—济阳路	33.1	28
7号线	罗店—浦东博览中心	45.0	33
8号线	市光路—航天公园	41.9	32
9号线	松江新城—民生路	46.3	23

续上表

线 路	起 讫 点	长度(公里)	车站(座)
10号线	虹桥枢纽—新江湾城	36.0	31
11号线北段	嘉定—安亭—罗山路	66.9	34
11号线南段	龙阳路—临港新城	59.5	12
12号线	七莘路—上川路	39.5	31
13号线一期	华江路—南京西路	16.3	14
合计		566.5	354

注:数据来源于《上海市城市快速轨道交通近期建设规划(2010~2020年)》。

在原有轨道交通网络规划的基础上,结合"支持城市重点地区开发建设、服务郊区及保障性住房建设、提升对外交通枢纽配套能力、继续支持浦东新区开发开放、完善和加密中心城轨道交通网络"等原则,新一轮近期建设规划项目启动(2010~2020年期间共13项,包括5条延伸线和8条新建线,线路总长合计约310公里,车站189座)见表5-16。至此,2020年上海城市轨道交通网络总规模将达到877公里。

新一轮近期建设规划建设项目(2010~2020年)　　表5-16

线路类型	序号	线 路 名 称	工 程 范 围	线路长度(公里)	车站数(个)
既有延伸线	1	5号线二期	东川路—南桥新城	20.7	8
	2	9号线三期	松江新城—松江南站	6.5	3
			民生路—曹路	14.5	8
	3	10号线二期	新江湾城—外高桥	9.4	5
	4	11号线三期	罗山路—黄楼	9.4	3
	5	13号线二期	南京西路—张江	22.5	17
		小计		83	44
新建线	1	5号线北段	虹桥枢纽—莘庄	14.3	11
	2	14号线	江桥—金桥	36.4	29
	3	15号线	陈太路—紫竹科技园区	40.1	28
	4	16号线一期	虹口足球场—动物园	19	17
	5	17号线一期	虹桥枢纽—宝山工业园	17.2	13
	6	18号线	场北路—航头	44.3	30
	7	19号线一期	金桥—长兴岛	20.6	6
	8	20号线	虹桥枢纽—东方绿舟	35.2	11
		小计		227.1	145
总计		合计		310.1	189

注:数据来源于《上海市城市快速轨道交通近期建设规划(2010~2020年)》。

5.4.5 出租车和轮渡

(1)出租车

1908年,美商环球供应公司百货商场开设汽车出租部,为购买商品的顾客提供出租汽车服务。1913年,经营出租汽车的企业有9家,车辆43辆。1921年,上海出租汽车企业有34家,在1926年发展到51家,在公共租界挂照的出租汽车达493辆。1928年,上海汽车出租同业联合会成立,参加联合会的企业共46家,车辆500余辆。1948年,出租汽车企业有57家,但因物价飞涨,企业陷入困境。1948年9月,国民政府为挽救财政危机和物资枯竭的局面,颁布减车节油办法,此后在上海街头行驶的出租汽车不足400辆。

上海解放初期,尚有出租汽车行29家,营业汽车370辆,出租汽车营业惨淡。1951年9月,在政府扶持下,上海最大的出租汽车公司被批准公私合营。1956年出租汽车全行业合营,实现全市出租汽车的统一经营,共有出租汽车185辆。20世纪50年代末至60年代初,为克服国家暂时经济困难和燃料供应匮乏,自制微型汽车和代燃料坚持营业。"文化大革命"后出租汽车未能发展,20世纪70年代初甚至连出租汽车公司都行将撤销。1972年后,中国在联大恢复合法席位,上海各类外事活动增多,出租汽车得到重视和发展,国产上海牌轿车和大中型客车逐步投入营业。截至1982年,出租汽车由121辆增至750辆。

中共十一届三中全会以后,出租汽车逐渐纳入城市建设发展的轨道。1983年起,上海出租汽车打破了由少数单位经营的状况,开创了多层次、多渠道办出租汽车的新局面,不仅全民企业得到了发展,集体、个体出租汽车也犹如雨后春笋般地出现,还相继成立了中外合作、中外合资和股份制出租汽车企业。1985年3月,为加强对多家经营的出租汽车业的统一管理,上海市政府颁发《上海市出租汽车客运管理规定》。1985年4月,上海市公用事业管理局所属上海市公共客运管理处成立,对客运市场进行统一管理。1986年,全市有全民所有制出租汽车公司122家,集体企业203家,个体经营299家,合作企业4家,各类出租汽车7493辆。

1988年8月,上海市政府对出租汽车行业队伍和出租汽车运营市场进行整顿。1990年,上海出租汽车"租车难"的局面有了改变,出租汽车供应能力提高。1990年底,上海拥有各类出租汽车11298辆,其中大客车1661辆,中客车1542辆,小客车8095辆,全年服务量达1887.29万车次,出租汽车行业走上良性发展的轨道。1995年6月27日,上海市人大常委会颁布《上海市出租汽车管理条例》,使上海的出租汽车管理有了法律依据和保障。1995年底,全市出租汽车企业596家,个体经营1067家,各类出租车辆36991辆,其中大客车1807辆,中客车1216辆,小客车33613辆,中型微型车292辆,小型微型车63辆。出租汽车日均服务总车次达42.57万次,乘客租车比较方便,服务质量保持稳定,违纪率在2%以内,车况车貌明显改观。出租汽车行业初步实现供求平衡、服务质量良好、管理规范科学的目标。

2008年,上海市有出租汽车企业191家,运营车辆4.81万辆,载客车次61600万次,运营里程63.18亿公里,运营收入133.15亿元。

(2)轮渡

在上海城市交通中,承担公共交通运输的工具除了公交车辆、城市轨道列车及出租车辆之外,轮渡也承担了一定的运输份额。上海市区被黄浦江划分为浦东和浦西两部分,同时崇明三岛(崇明、长兴、横沙)与上海市区被长江隔开,因此轮渡在上海公共交通中有着举足轻重的地位。1910年,浦东塘工善后局开设了黄浦江上第一条官办轮渡。

上海解放后,渡运业发展迅速。1956年,轮渡全行业完成对私改造后,全市的渡运业纳入了上海市轮渡公司统一经营管理的轨道,一批新型的渡轮和交通艇投入使用,客运线站和码头等设施得到了更新改造。进入20世纪70年代,上海轮渡业又改造扩建了一批轮渡线站,增设了新的航线。700客位、1000客位、1400客位的渡轮和33米、14车位的车辆渡轮相继研制投产。中共十一届三中全会后,随着社会经济建设高潮的兴起,渡运在上海交通结构中的地位日显重要,虽然上海的越江交通增添了鲁班路、延安东路隧道和南浦大桥等,但轮渡以其点多面广的渡运特点,发展势头不减,仍居越江交通的主力地位。

目前,黄浦江上共有21条对江轮渡,三岛客运共有11条航线。1991年,第一座跨江大桥——南浦大桥通车后,上海先后大规模建设了杨浦大桥、徐浦大桥、延安东路隧道、大连路隧道、复兴东路隧道、翔殷路隧道等越江设施,轮渡的主要客流由长途换乘客转变为短途客和非机动车。2008年,轮渡行业运营企业1家,轮渡线18条,线路长度10.62公里,渡船49艘,日均客流量27.7万人次,日均运营里程1582.3公里。

5.4.6 其他运输方式

2008年,上海全市对外旅客年到发量2.04亿人次,同比增长6.8%。其中,铁路对外旅客年到发量9365万人次,同比增长6%,占对外旅客年到发总量的46%;公路及航空年对外旅客到发量各为5744万人次和5155万人次,同比分别增长3.2%和12%,各占对外旅客年到发总量的28%和25%。

至2008年底,全市高速公路通车里程约637公里,规划至2020年建设高速公路955公里,以更好地服务长三角,加强与长三角对接,规划通往江浙两省高速公路供11条。上海近期铁路建设总里程将达到400多公里,规划至2020年形成京沪铁路、沪杭铁路、京沪高速铁路、沪杭客运专线、沪宁城际铁路、沪杭城际铁路、沪乍铁路、沪通铁路、沪镇铁路等5个方向9条干线,并建设浦东铁路,形成以京沪、沪杭方向为主轴向外扇形辐射的特大型环形铁路枢纽格局。浦东机场与虹桥机场"一市两场、协调发展"的格局初步形成,总体规划2020年上海航空港客运吞吐量达到7000万人次。2008年,上海港集装箱吞吐量已达到2800万标准箱,仅次于新加坡,居全球第二位。以上海港为中心、江苏浙江港口群为两翼,加强江海联运、公海联运、海铁联运和集疏运体系建设,2020年上海港集装箱吞吐量将达到2100万~2399万标准箱。

(1)公路

2008年,上海市完成公路货运量4.03亿吨,比上年增长13.2%,完成货物周转量253亿吨公里;完成公路集装箱箱运量1392万标准箱(不含外省市车辆完成业务量),比上年下降7.44%,约占港口吞吐量的49.7%。全年发送旅客2934万人次,比上年增长2.2%;平均日发班次4399次,比上年增长2.3%。截至2008年底,全市有货运企业3.56万家,运营车辆15.9万辆。长途班车客运企业43家,运营车辆9657辆,其中省际班车2376辆,省际包车7281辆,中、高档车占89.9%,客运站37个。全市从事集装箱运输的企业764家,有运输车辆14343辆。

1922年和1934年,上海先后辟通与江苏、浙江两邻省间的公路客运交通,至抗战前已有多家私营长途汽车公司从事跨省市公路客运。但至上海解放前夕,仅剩跨省市客运班车线路3条,运营线路长度总和不足300公里。解放初,跨省市公路客运仍由私营长途汽车公司经营。1950～1954年,改由江苏省公路交通部门经营。1968年,移交上海市公共交通公司独家办理。至1979年底,上海与苏、浙、皖三省间有客运班车线路15条,线路通达江苏南部、浙江北部、安徽南部的部分地区。20世纪80年代,随着改革开放方针的深入贯彻,省市间人员往来大幅度增加,铁路运输不堪负担,为此国家制订了以公路运输分担铁路客流的政策,上海的跨省市客运班车线路大量新辟,并延伸到苏北、浙东、浙中、浙西、浙南、皖北、皖中以及山东、福建、江西、河南等省。至1990年底,上海与苏、浙、皖、闽、鲁、赣、豫7省间有跨省市客运班车线286条。其中,95.2%的线路始辟于20世纪80年代,最长的客运班车线路运营长度为871公里;线路平均运营长度自1981年起超过200公里。上海公路旅客周转量和货物周转量的变化如图5-8所示。

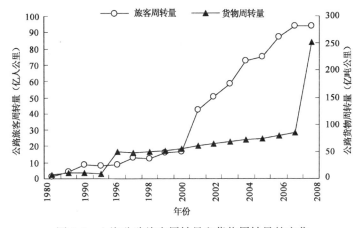

图5-8 上海公路旅客周转量和货物周转量的变化

(2)铁路

20世纪初,沪宁铁路初建时,以客运为主,客运量与日俱增。1908年,沪宁铁路旅客乘车人数为323.88万人,日均8873人。1915年和1917年,沪宁、沪杭铁路先后加入中日旅客联运。1926年,沪宁铁路加入欧、亚旅客联运。1937年,抗日战争前,沪宁、沪杭两线的旅客发送人数上升为1681.77万人,日均46076人。日伪统治时期,旅客运量锐减,1942年6月,日均仅为27759人。抗日战争胜利后,旅客运量增长较快。1945年第四季度,旅客日均发送63762人,次年上升为96415人,猛增51.2%。1947年,日均为102817人,较上年增长6.6%。解放后,上海铁路地区的主要客运站已由一个上海站发展为上海站、上海西站(原真如站)、长宁(原上海西站)、金山卫东站等站,旅客运量增长迅猛。

1950年,上海铁路地区的旅客发送人数为545万人,日均14931人。随着国民经济的恢复与调整,旅客发送人数升降的幅度较大。1955年比1951年下降24.8%,自1956年起开始回升。1958年,流动人口剧增,旅客运量直线上升,持续到1961年,增达1121万人,日均30712人。进入国民经济三年调整时期,旅客运量又大幅度下降,1965年的旅客发送量只有1961年的43%。1976年后,旅客运量增长加快,1977年突破1200万人。

自中共十一届三中全会以后,旅客运量呈快速增长势头。1979年,旅客发送人数达到1469.8万人,比1978年增长15.6%,较1965年增长两倍。1984年开始,旅客发送人数每年均突破2000万人。1987年,上海新客站建成,运能扩大。1988年达到2838万人,日均77753人。至1990年,上海铁路地区的旅客发送人数为2475.8万人,日均67830人。其中,上海站为1933.1万人,日均52961人,占上海铁路地区旅客发送总人数的78.1%,平均每年递增8.5%。上海铁路旅客周转量和货物周转量的发展变化如图5-9所示。

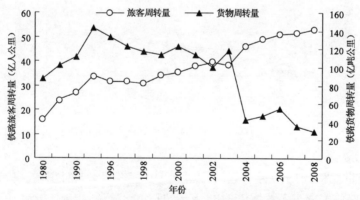

图5-9 上海铁路旅客周转量和货物周转量的变化

2008年,上海铁路局下辖68个运输站段,设徐州、蚌埠、南京、上海、杭州5个铁路办事处。全局营业里程6121.8公里,京沪、陇海、京九、沪昆四大干线穿越管辖范围。共设560个运营车站,日均开行客货列车1571.5对(客车317.5对,货车1254对),开行动车组列车60.5对。2008年全年完成旅客发送25195万人次,比上年增加2853万人次,增长12.8%;最高日发送旅客112.8万人次,其中上海市境内旅客发送5339万人次,比上年增长11.3%。动车组全年发送旅客5789万人次,最高日达24.1万人次。全年完成货物发送20012万吨,比上年增加721万吨,增长3.7%,首次突破2亿吨。其中,上海市境内货物发送985万吨,比上年下降13.8%。

(3)民航

1929年5月,沪蓉航空线管理处成立,7月8日沪蓉航线的上海—南京航段开航。1930年8月1日,中美合资的中国航空公司(简称"中航")在上海成立。解放前,与"中航"并存过的航空公司是1931年2月1日成立的中德合办的"欧亚"航空客运公司。1943年"欧亚"改组,成立"央航"客运继续运营。

1950年6月1日,军委民航局上海办事处开始承办各线陆空联运业务。1955年,民航北京管理处开辟的北京—徐州—南京—上海线开航。1957年,民航上海管理处开辟了上海—杭州—南昌—广州和上海—南京—武汉—西安—兰州等航线。1959年1月1日,经民航总局批准,民航上海管理处改为民航上海管理局,担负华东地区各航站的航线、航班的技术管理和业务经营活动。1987年12月底,民航上海管理局进行重大改革,组建了民航华东管理局、"东航"和上海虹桥国际机场。1988年6月25日,"东航"正式对外宣布成立,逐年稳步发展。1995年,全年运输总周转量100757万吨公里,旅客运输量657.03万人次。

"上航"成立于1985年。1986年1月起,开始组织航线的训练。1986年3月开始载货运营,5月开始载客运营。1987年1月,上海—广州、上海—北京定期航班正式开航,每周各一班。多年来,"上航"逐步新辟航线,稳步发展。截至1995年,共航行10441班次,运输飞行17962小时,运送旅客159.66万多人次。近10年来,上海民航运输的运量变化如图5-10所示。

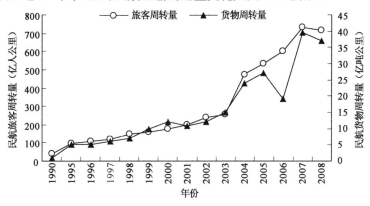

图5-10 上海民航旅客周转量和货物周转量的变化

2008年，上海民航两个机场（虹桥机场、浦东机场）共完成旅客吞吐量5111.31万人次（含过站人数），比上年下降0.85%，其中虹桥机场完成旅客吞吐量2287.74万人次，浦东机场完成旅客吞吐量2823.57万人次。全年两场共完成货邮吞吐量301.87万吨，比上年增长2.39%，其中虹桥机场41.58万吨，浦东机场260.29万吨。两场共起降飞机45.10万架次，比上年增长2.37%。截至2008年底，有46个国家的109个城市和国内的89个城市（含香港和澳门地区）与上海通航。

(4) 水运

1850年，大英轮船公司首辟上海至香港客班航线。1862年，美商旗昌轮船公司始辟上海—宁波定期定班客运航线。随着外商轮船纷纷来沪，沿海客货运输渐被外轮垄断。清末民初，一批民族资本航业公司相继成立，介入沿海客货运输。中外航商竞争激烈。"八一三"事变后，沿海华商客运基本停止，仅有日本和欧美轮船航行。

抗日战争胜利后，国营招商局由重庆迁回上海，1945年9月首先恢复上海—宁波线客运。翌年，又先后恢复原沿海客运各线。同时，经营沿海客运的还有民营宁绍、三北、中兴、民生等轮船公司，当时每天进出上海港的海上旅客约在1万人以上。

20世纪50年代初，沿海客运仅限于渤海湾沿线10条客运航班，其余南北各港间均不通航。1952~1958年，上海至宁波、青岛、大连、温州四条客运航线先后恢复通航，以上海为中心的往返沿海各港间的客流量迅速增加。1980年，中断了30多年的上海—香港线客运航班恢复通航，继而又新辟和恢复了上海—福州、上海—广州、上海—厦门等直达定期客运航班。在发展沿海干线客运的同时，自20世纪50年代初至80年代后期，上海与浙江之间的地方客运也取得较快发展，先后恢复和新辟了上海到定海、海门、沈家门、岱山、普陀山等地的客运航班。

随着改革开放的深入，沿海客运量持续上升，不仅直达旅客增多，而且中转客运量大量增加。上海水运旅客和货物周转量的变化如图5-11所示。1988年，以上海为起讫港的申连、申青、申甬、申瓯、申榕、申厦、申港、申穗8条沿海客运干线，年客运量已达370余万人次。20世纪80年代后期，沿海短途快速客运业务兴起，旅游客运也有发展。宁波花港股份有限公司率先于1987年开辟了上海—宁波高速客班航线，以后又发展了上海—普陀山快速客运航班。1990年，随着陆运和空运多种运输方式的竞相发展，沿海部分航线的客源趋于减少。

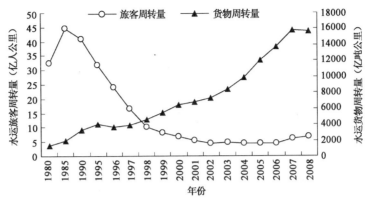

图 5-11　上海水运旅客周转量和货物周转量的变化

5.5 私人交通发展策略

5.5.1 汽车拥有量

2008年底,上海全市注册机动车总量达到227万辆,其中汽车保有量122.9万辆,同比增长12%。全市私人机动车注册量160.9万辆,其中私人汽车60.9万辆,同比增长21%。

改革开放以来,随着上海交通需求快速增长,机动车保有量特别是汽车保有量急剧增长并呈现增长加快的趋势。1980~1995年,上海市机动车保有量年均增长率为13.4%,1995年为42万辆。总的趋势是,小汽车增长速度最快,柴油车比例最低。

统计表明,"九五"以来,上海市全市机动车保有量年均增长率在20%左右。1995~2000年上海市民用机动车拥有量如表5-17所示。

1995~2000年上海市机动车保有量(万辆)　　表5-17

年份 指标	1996	1997	1998	1999	2000
民用车辆	46.64	53.84	58.27	67.64	104.29
民用汽车	34.28	38.34	38.68	42.55	49.19
载客汽车	19.66	22.66	24.43	27.68	32.69
载货汽车	12.66	13.46	12.31	12.86	14.38
其他专用汽车	1.04	1.15	0.93	0.95	1.07

续上表

年份\指标	1996	1997	1998	1999	2000
特种汽车	0.92	1.07	1.02	1.05	1.06
轮胎式拖拉机	2.05	2.05	0.87	0.85	0.84
手扶拖拉机	1.84	1.84	0.86	0.84	0.82
摩托车	9.87	13.02	18.33	23.83	53.77
两轮摩托车	9.30	9.66	17.87	23.42	53.40
其他机动车	0.39	0.41	0.37	0.40	0.45
载货挂车	0.05	0.02	0.02	0.02	0.04

考虑到当前上海汽车市场存在的一个真实现象：由于牌照拍卖限制汽车总量的政策约束，加上相应措施的延后性，引发许多个人采用异地上牌的方式购买和使用小汽车。这部分异地牌照车辆由于统计困难未记入总量，因此，上海目前的机动车实际保有量大于上述注册登记数量，增长幅度应更大。

2000~2009年上海机动车发展情况见表5-18。从表5-18中可以看出，上海市的机动车增量主要来自汽车和摩托车，2009年汽车和摩托车保有量分别为2000年的2.99倍和2.39倍，10年间的平均年增长率分别为12.97%和10.64%。其中，私人车辆增长迅猛，如图5-12所示。2000年以后，私人汽车和私人摩托车的平均年增长率分别为34.02%和10.47%。到2009年，私人机动车总量已经达到210.41万辆，占机动车总量的73.83%，其中私人汽车为85.19万辆，占私人机动车总量的40.49%，私人摩托车为125.22万辆，占私人机动车总量的59.51%。

2000~2009年上海市民用机动车保有量(万辆)　　表5-18

年份\指标	2000	2001	2002	2003	2004	2005	2006	2007	2008	2009
总计	104.29	119.84	139.03	173.76	202.85	221.74	238.13	253.6	261.5	285.00
汽车	49.19	55.01	62.30	71.90	83.51	95.15	107.04	119.70	132.12	147.30
载客汽车	32.69	37.19	45.09	54.03	64.69	76.00	87.06	98.92	110.73	124.90
载货汽车	14.38	15.99	17.21	7.87	18.82	19.16	19.98	20.78	21.39	22.19
摩托车	53.77	62.75	74.09	98.46	113.85	120.42	124.15	125.97	127.37	128.64

注：总计中包含农用机动车、拖拉机等。

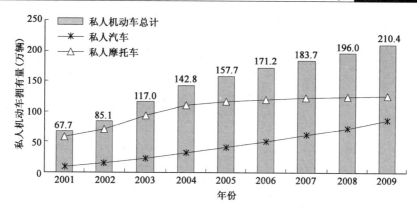

图 5-12 2001~2009 年上海市私人机动车发展情况

随着收入的增加,居民出行的机动化和交通工具的私人化倾向越来越明显。私人客车的高增长率反映了小汽车进入家庭的趋势。然而,受小汽车控制政策以及交通拥挤导致的公交服务水平不高等现实因素的制约,上述倾向更多地反映在轻便摩托车的增长上。轻便摩托车的增长对道路交通管理提出了更高的要求,相当数量的轻便摩托车目前还只能行驶在内环线以外的区域。在上海不发展摩托车的措施下,2005 年后摩托车保有量增长缓慢。

5.5.2 道路交通运行情况

2006 年,上海全市道路总长 14619 公里,比 2005 年增长 19.56%。全市道路面积 21490 万平方米,比 2005 年增长 2.62%;车行道面积 16040 万平方米,同比增长 2.5%。上海市中心城快速路系统总体运行状况一般,内环线内(含内环)的高架段和外环线西南段出现不同程度的拥挤或拥堵,在一些立交和越江桥隧断面附近甚至出现严重拥堵。早高峰时段,进出内环线的高架道路交通向心现象比较明显。晚高峰时段,进出内环线的高架道路交通存在离心现象,但双向差异不如早高峰明显。内环线内主要干道总体服务水平一般,浦西与浦东差异明显。浦西地区"三横三纵"主干道平均服务水平均处于拥挤状态,西纵更是出现拥堵情况。对中心城 157 个交叉口的调查结果显示:100 个交叉口拥挤,52 个交叉口较拥挤,5 个交叉口畅通。

2007 年,上海全市道路长度 15458 公里,比 2006 年增长 5.74%;全市道路面积 22579 万平方米,比 2006 年增长 5.07%。2007 年,全市道路交通量为 10753 万车公里/日,同比增加 1153 万车公里,增长 12%。其中,中心城道路交通量为 5648 万车公里/日,占全市的 53%,同比增长 7%。

5.5.3 非机动化交通

目前,非机动车仍然是上海市民日常出行特别是短途出行使用的主要交通工具。近年来,上海非机动车的结构正处于调整中,主要采取限制燃油助动车的措施。燃油助动车由2001年的35万辆逐步淘汰到2004年末的7万余辆;脚踏自行车数量微量增长;电动自行车和燃气助动车增长速度惊人,分别由2001年的2万余辆和1千余辆增长到了2004年底的83万多辆和16万多辆(表5-19)。此外,人力车保有量逐步降低,残疾人专用车基本维持不变。

上海市非机动车拥有变化情况(单位:辆) 表5-19

年份\车型	自行车		助动车		
	脚踏自行车	电动自行车	燃油助动车	电力助动车	燃气助动车
2001	6616000		351000	25000	1000
2002	7643500		334500	109800	17500
2003	8711064	408294	279195	675	69029
2004	9374751	835854	70057	675	162763
2005	9825546	1357918	7323	675	247332
2006	10093530	1875952	0	675	270336

电动自行车和燃气助动车惊人的增长速度,一方面与燃油助动车的淘汰直接相关,另一方面得益于其灵活方便且价格适中的特点,其出行特征介于摩托车和自行车之间,适于中短距离出行,因此备受人们喜爱。另外,上海目前的交通拥挤、公共交通的尚不完善也是促使市民购买这类非机动车的原因。

将燃油助动车置换为燃气助动车,并加强管理,电动自行车发展迅速。由于燃油助动车环境污染严重,2006年上海市施行"油改气",将燃油助动车置换为燃气助动车,外环内禁止燃油助动车行驶。此外,到2013年对达到年限的燃气助动车全部实施报废,并不再予以更新。近年来,电动自行车呈现快速发展势头,从2003年起年均增长40万~50万辆。电动自行车的快速增长,是影响公共交通比重提高的重要原因,相当一部分机动出行转向由电动自行车承担。

5.6 上海交通政策

根据2002年《上海市城市交通白皮书》和2006年《上海城市交通"十一五"规划纲要》,上海的交通结构基本政策为:保障非机动交通出行空间,创造人性化非机动交通环境;完善城市轨道交通网络,强化轨道交通的骨干作用;调整公交线网,优化地面公交的基础作用;提高出租车运行效率,作为公共交通的有效补充;升级长途客运网络,实现短线公交化、中线直达化、长线驿站化。

5.6.1 交通价格政策

在交通价格政策方面,上海通过收费与补贴并行(即对私车采取收费政策,对公共交通予以价格补助),有效地引导了交通结构向良性方面发展。

(1)机动车相关价格政策

对机动车尤其是私人机动车,主要采取征收过路费和停车费,适当抑制私家车辆出行。

油价运价联动机制,出租车试行。2006年5月,在市出租车行业试行油价运价联动机制,更换新计价器芯片。按计划,月内实现市区大部分出租车都将执行"起步价11元/3公里,单价2.1元/公里"的新运价,并在郊区出租车进一步推广。建立油价运价联动机制后,对客流基本没有形成影响,电话订车的需求依然处于饱和状态,上下班高峰时段依然供不应求;同时,在一定程度上缓解了驾驶员的经营压力。

路费政策。高速公路弹性收费制度,即根据不同高速公路的具体交通流量,制订不同的单价收费,用弹性收费来引导交通、疏解交通,以减轻江浙两省的过境车辆对上海市区产生的交通影响。

停车费政策。2005年3月,推行《上海试点区域道路停车场和路外公共停车场(库)收费标准和计算办法》,施行新的停车管理办法,中心城市的20平方公里范围内道路上,只有75个路内停车场,共2076个泊位可以停车,其他无"P"标志的,一律不准停车。收费标准也重新规范,对经营公共停车场(库)实行收费标准限价,最高收费不得超过每小时10元,以后以半小时计费,收费相应减半。而路面停车场,第一小时为15元,以后每半小时为10元。新规的实施,在近期可有效降低中心城区的私家车出行率和潜在出行率,对出租车运营产生一定影响,诱导私家车或出租车出行客流进入城市公共交通系统;在远期,将提高中心城区和换乘枢纽的公共停车场的使用效率。

(2)公交企业的公共财政补贴、税收政策与价格政策

即使是发达的市场经济国家,也从来没有把城市公共交通完全推向市场,而是由政府财政予以补贴,用于弥补公交企业的政策性经营亏损。在美

国,不管公交企业亏损如何,都依据法规给予优厚的政策补贴。美国公共交通37%的资金来源是客票收入,5%由联邦政府补贴,21%由州政府补贴,34%由市政府补贴,其余则通过商业营业税、消费税或发行债券补齐。目前,上海公共交通的政府购买服务还处于领导重视阶段,尚未转变为公共政策,未成为公共财政的一部分。公交专项补贴还只是专项性、救济性、调整性的。譬如,在采用 IC 卡的同时完全取消了延续几十年的月票制度,要求企业对职工进行一定的公交补贴,即将负担转嫁给了企业;同时,对弱势群体提出了明确的补贴办法。

城市公共交通的税收政策的目标是确定公共交通的适度的税赋水平。据不完全统计,上海市公共交通企业要交纳的税费多达 12 种,包括城市建设附加费、营业税、城市建设税、教育费附加、能源交通建设基金、房产税、车船使用税、土地使用税、退休统筹费、待业保险金、合同工保险金、养路费等,每年交纳的税费总额约占全年票款收入的 30%。公交企业的负担过重,丧失了自我发展的造血机能,应针对城市公共交通的税收政策给予相应优惠调整。

在城市公共交通价格的形成机制改革方面,充分反映价值规律、供求规律和竞争规律的要求,鼓励公共交通的服务竞争。在补贴的基础上,按照成本(根据物价指数相应调节)+税费+合理利润的作价原则,逐步推进公共交通的价格形成机制,并随着市场发育过程适时调整。进一步的相关政策有建立健全经济扶持政策,制订全市统一的公交财税优惠政策、公交系统补贴和补偿标准,建立专项基金,拓宽公交补贴资金来源等。

5.6.2 交通供给政策

(1)一体化交通发展战略

上海市城市交通发展的战略是建设国际大都市一体化交通,创造国际一流的人性化、捷运化、信息化和生态化的巨型交通空间,建设公共客运系统、道路运行系统、交通衔接系统和综合管理系统。其根本目的是要为城市提供畅达、安全、舒适和清洁的交通服务。畅达,即保证市民选择最合适的交通方式便捷地完成出行,中心城绝大多数市民出行在 1 小时之内完成。安全,即降低交通事故率,全年交通事故万车死亡率在 1/10000 以内。舒适,即为市民出行提供宽松、良好的乘车条件。清洁,即减少交通污染,全市机动车氮氧化物年排放总量在 3.5 万吨以下。同时,人性化、捷运化、信息化和生态化是国际大都市一体化交通的基本特征,即以满足人的交通需要为出发点,以快速大容量公共交通为运输主体,广泛采用交通信息技术,为城市居民创造宜人的交通活动空间。

基本任务是要建成四个系统,即公共客运系统、道路运行系统、交通衔接系统和运输管理系统,并且将其充分整合形成一个综合交通体系,即国际大都市一体化交通体系。

建成协调运营的公共客运服务系统。公共客运的各种方式将根据不同的功能定位,合理分工,紧密衔接。轨道交通作为城市交通的主体,发挥大容量、快速交通的优势,承担中长距离的出行;公共汽(电)车作为城市交通的基础,发挥覆盖面广的优势,承担中短距离的出行,并为轨道驳运服务;出租车作为城市交通的补充,发挥灵活服务的优势。

建成功能完善的综合道路运行系统。各种功能等级的道路分层次地合理衔接,不断优化道路功能,最大限度地提高道路运行效率,保持公交网络、步行网络、自行车网络和机动车网络平衡发展。规划建设与道路容量相匹配的停车系统,协调动态交通与静态交通的关系。

建成多种方式协调的交通衔接系统。通过客运枢纽、紧凑的站点设置,提供乘客方便的换乘条件;通过"停车—换乘"实现公共交通与个体交通的有效转换;通过综合性枢纽和连接市内的道路、轨道,将航空、港口、火车站和公路客站等对外交通设施与市内交通紧密相连;通过物流中心,重新调配货物流程,提高货运效率。

建成统一、协调和高效的运输管理系统。以先进的管理技术为手段,以法制和体制为保障,对城市交通的规划与计划、投资与建设、运营与控制、价格与收费等方面进行综合管理。通过土地使用规划,优化主要交通发生源、吸引点和集散枢纽的空间布局;通过交通投资手段,增加交通供给总量,优化供给结构;通过交通组织与控制,将有限的交通资源进行最佳组合和分配;通过定价与收费,对交通需求进行综合调控。

(2)公共交通优先政策

从上海特大型城市的特点出发,遵循公众利益优先和效率最优原则。公共交通优先政策主要有:优先保证合理的公交用地,优先保证公交资金投入,优先保证公交高效运营,优先保证公交换乘方便。同时,通过积极的引导,不断提高公交方式出行比重,稳步提高交通机动化水平,发挥非机动交通短距离出行和接驳公交的功能,逐步形成以公共交通为主、个体交通为辅的交通模式。2010年,实现全市公交出行方式比重(含出租车)从现状的21%提高到26%;到2020年,全市公交出行方式比重为35%,中心区则达到50%。

(3) 交通区域差别化政策

强中心的城市空间结构使上海城市交通呈现需求高度集聚、区域间道路资源利用率差异明显的特征。为此,针对不同区域交通供求的不同状况,实施交通区域差别政策。中心区依托大容量轨道交通网络为主的公共交通,完善道路等级配置,控制机动车流量,公交方式与个体机动方式之比为3∶1。外围区以地面公交和轨道交通为主导,加快建设快速路,适度放宽小汽车等个体机动方式的使用,公交方式与个体机动方式之比为2∶1。郊区重点建设高速公路网,鼓励小汽车的拥有和使用,推动城市空间有序扩展,公交方式与个体机动方式之比为1∶1。

5.6.3 交通需求政策

执行道路车辆协调发展政策。在加快全市道路网建设的同时,调控机动车流量,保持路车协调发展,始终将道路网的运行状况维持在合理的水平。在路网扩容余地不大、公共交通欠发达、停车收费办法欠完善、道路拥挤收费手段欠缺等因素的制约下,适度控制机动车总量。随着交通控制与管理能力的不断增强,对机动车的增长速度进行动态调整,着重通过道路拥挤收费、停车控制等手段调节机动车的使用。

(1) 公共交通

随着轨道交通网络加速形成,公交改革深化完善,公共交通服务水平有了显著的提高,乘车难的矛盾得到了明显缓解。但公交对个体交通的竞争优势不明显,对市民的吸引力不够强。为此,应大力发展轨道交通,不断提高公共交通运营服务水平,鼓励更多的市民选用公共交通。

改善轨道交通客运服务。确保轨道交通车辆按时到位,增加高峰时段运营列车数,缩短行车间隔时间;改善轨道交通与其他方式的衔接条件,最大限度地发挥轨道交通的运行效率。

提高公共汽(电)车运营水平。分区域优化调整公交线网,公交线路与轨道建设同步配套和调整,加快发展公交优先通道,利用高架增辟快速公交线,加紧车辆更新,使用清洁能源,建设公共汽(电)车出行信息指示系统。

提高出租车运行效率。建设静态服务网络,增设出租车候客点或营业站,控制出租车规模,适度发展租赁车和郊区出租车;建立出租汽车行业综合信息管理系统,完善电话调度网络。2005年,出租车里程利用率从2000年的50%提高到55%左右。

(2) 个体机动交通

近十年来,在大规模道路建设的同时,保持了个体机动交通工具与道路容量的平衡增长。个体机动交通具有较强的灵活性和便捷性,对中、高收入市民的吸引力正在逐步增强。但是,它对道路空间、环境保护、能源消耗等方面产生较大的负面影响,应通过交通需求管理手段促使个体机动交通的有序发展。

有序发展小汽车交通。必须在加强交通需求管理的前提下有序发展小汽车,保持小汽车与道路容量的平稳增长。根据道路容量在时空上的差异,采取不同政策,运用多种多种交通需求管理手段,调节小汽车的运行。主要措施包括:对机动车的各种上牌政策实行并轨,制订相应政策提高私家车比例,提高拥挤区域停车费率等。到2005年,满足50万辆小汽车的日常出行,道路运行维持在可接受水平。

按区域控制摩托车交通。"十五"期间,中心城道路逐步禁止摩托车通行,施行到报废年限摩托车不得更新的措施,制订实施摩托车牌照转换小汽车牌照的相关政策等。

(3) 非机动交通

城市社会经济活动越来越频繁,人们活动空间越来越广阔,对大都市提供高效的交通出行环境的要求将越来越突出。但是,在未来上海交通体系中,非机动交通仍不可或缺,应保护其合理的活动空间,创造人性化的非机动交通环境。

保障步行交通。保护合理的步行空间,结合环境整治,为市民日常出行创造安全、舒适的交通条件,并为残疾人提供特殊的服务设施。提高中心区人行道标准;逐步扩大安装行人信号灯的范围和路口数量;改进交叉口设计,增设安全岛。

引导自行车合理运行。积极引导长距离的自行车出行向公交转移,发挥自行车短距离出行和接驳公交的功能。进一步实施机动交通、非机动交通分流措施,逐步形成地区性的自行车通道网络;在公交枢纽站、中心区商业街,增设自行车公共停车设施;加强管理,严格执法,减少自行车违章现象。同时,减少机动交通、非机动交通冲突,降低自行车交通事故率。

促使助动车向公交转移。从城市交通的运行效率和市民的出行舒适性的要求来看,包括助动车在内的非机动交通适宜于中、近距离的出行范围。随着公共交通网络的完善和服务水平的提高,助动车交通将逐步淘汰。截至2005年底,全市基本淘汰燃油助动车。

5.6.4 综合交通政策

根据 2006 年 2 月 16 日定稿的《上海城市交通"十一五"规划纲要》，预计到 2010 年，上海公共交通日均客运量将达到 1690 万人次。为应对这一问题，上海市设计了一个轨道交通和地面公交、中心城区与新郊区、上海与长三角周边城市之间和谐组合的交通网络，提出了建成基本以大容量快速的轨道交通为骨干、地面公交为基础、出租汽车为补充，形成市区郊区均衡发展、内外交通有机衔接的现代化一体化公共客运体系的发展目标，以此作为上海"十一五"期间乃至 2020 年的交通供给指导政策。

在这一规划实现的交通供给条件下，实现的主要出行指标有：在中心城区内，两点距离间的公共交通出行在一小时内完成（80%的中心区市民走出家门 300 米就能坐上公共汽车，75%的中心区市民出门行走 600 米就能乘上轨道交通，与轨道交通建设同步配套的 80 个大中型交通枢纽站）；在郊区新城，无须换乘就可进入轨道交通网络；农民从居住的中心村到新市镇，通过一次乘车即可到达。上海城市交通"十一五"期间及 2020 年的公共交通日均客运发展目标如表 5-20 所示。

上海 2010 年及 2020 年的城市公共交通日均客运发展目标　　表 5-20

项　目	单　位	2005 年	2010 年	2020 年
轨道交通	万人次/日	163	500	1360
地面公交	万人次/日	762	860	1350
其中:郊区地面公交	万人次/日	140	200	700
出租汽车	万人次/日	282	330	350
总计	万人次/日	1207	1690	3060
占居民总出行比重	%	24	30	40
占机动总出行比重		60	65	70

（1）轨道交通作为骨干

到 2010 年，建成 11 条轨道线，通车里程达到 400 公里；到 2012 年，建成 13 条轨道线，通车里程达到 500 公里，形成"四纵三横"的城市轨道交通网，每天输送乘客 500 万人次以上，将占公共交通客运量的 30%以上（中心城 40%以上，中心区 60%以上）。

为方便市民乘车，轨道交通将全网络实现"一卡通"和"一票通"。在地铁 1~5 号线沿线的 81 个轨道交通车站周边，至少有 1 条以上的主要公交线路的末班车与轨道交通末班车衔接,等待最后一班地铁的乘客。与轨道交通同步建设的换乘枢纽也已确定了重点建设和完善方案,80个大、中型重要换乘枢纽实现多种交通方式的有机衔接和便捷换乘。

(2)地面公交作为基础

全市要建设300公里公交专用道(中心区110公里);将为上班族乘车"提速",高峰时段公交专用道车辆运行时速要达到18~20公里。80%的中心区市民走出家门300米就能坐上公共汽车。居住5000人以上的新村小区周边,要有一条以上的公交线路方便居民出行,并根据客流出行需要,适当延长服务时间。动迁居民将不再受乘车难的困扰。

优化调整公交线网,中心区公交线"做减法",形成由骨干线、区域线、驳运线组成的公交线网。与拥挤的中心区相比,郊区公交(外环线以外)将要"做加法",根据规划将有序发展"区域公交",形成覆盖9个新城、60个新市镇和600多个居民新村的郊区公共交通网。这样,从郊区新城一次乘车,就能进入轨道交通网络,而从居住的中心村到新市镇,同样是一次乘车就能到达。

(3)出租汽车作为补充

继续控制市区出租汽车数量,适度发展郊区区域性出租汽车,顶灯出租车总量达5万辆,其中区域性出租车达9000辆。到2010年前,中心城区增建800个出租车候客站和扬招点,总数达到1800个。主干道和交通拥堵的中心区、重点区域推行以电调和电话叫车、站点上车为主的要车方式。中心城里程利用率达到65%以上,郊区达到60%以上。

(4)长途客运实现短线公交化、中线直达化、长线驿站化

到2010年,调整完善以长三角城市及周边省市为主要腹地的长途客运班线运输网络,实现短线公交化、中线直达化、长线驿站化,重点发展500公里以下班线,适度发展500~1000公里班线,控制发展1000公里以上班线,年旅客发送量达到3400万次人。

(5)车辆装备

到2010年,公共交通将积极发展低能耗、环保、舒适的新型公共汽(电)车。根据规划,2007年新投运的公交车辆达到国Ⅲ排放标准。到2010年,欧Ⅱ标准普及率达到100%,国Ⅲ比例达到35%。郊区公交适度发展达到国Ⅲ标准的适用车型。中心区空调车比例达到100%,高等级车使用率达到70%,天然气公交车达到800辆。同时,加快老旧车辆的更新,对达不到尾气排放标准和车况差的车辆限期整改和淘汰,不达标车辆不得上线

运营。

出租汽车全行业以安全、环保、节能、舒适的新型出租车为主体车型,中心城区发展10%左右的高等级出租车。同时,完善覆盖市域范围内顶灯出租汽车的统一服务调度系统。

长途客运进一步提升车辆技术等级,推广清洁能源车辆,使舒适环保的高等级客车逐步成为长途客车市场主体,客运车辆总数达1.3万辆,中高等级车辆占90%以上。

5.7 小　　结

综上所述,从上海市城市交通结构的演变可以得到以下结论。

(1)发挥交通建设的先导作用,从源头上优化交通结构

20世纪90年代交通引导城市发展的作用初步显现,"开发浦东"以来,上海城市发展跨越了黄浦江,开始向四周全面铺开,城市形态逐步呈饼状趋势,交通规模随着城市空间拓展不断扩大,交通对城市发展的支撑作用日益显现。不过,从交通与城市经济的增长互动关系上看,交通总体上处于被动适应的地位,城市空间无序蔓延的情况依然比较突出,这与交通没有起到积极的引导作用有关。

同时,虽然高速公路建设迅速,并带动了郊区城镇发展,但交通支撑力依旧不够。自1988年首条高速公路建成后,截至2004年底,上海市公路总里程7805公里,其中,高速公路达到了485公里。2009年,高速公路通车里程约768公里。尽管公路网络基本覆盖郊区大部分城镇,但以郊区公交线路作为日常出行工具,时间和经济上都难以承受。此外,分散的城镇体系布局和偏小的城镇规模影响了郊区轨道交通的发展,难以对中心城产业和人口产生吸引力。

进入21世纪,随着人口和空间规模的不断扩大,中心城与郊区各城镇体系间、郊区各城镇体系间都需要快速化、集约化的交通方式来衔接,以实现各地区之间的紧密结合。传统的公共汽(电)车已无法适应大都市成长发展的要求,而小汽车交通对中心区高密度就业岗位所带来的巨大客流却无法适应,单纯依靠大规模高速公路和道路建设难以解决交通拥堵问题,大容量、快速化的轨道交通成为大都市公共客运交通发展的必然选择。

(2)坚持对小汽车进行需求管理,为公交发展赢得时间和空间

上海市是国内对小汽车总量控制最严格的城市。2009年底,全市机动车总数为243.4万辆,较2008年增长了3.8%。这对于改善城市交通、为公共交通赢得宝贵发展时间和空间具有非常重要的意义。到2009年,全市公共交通出行比例(不含步行)达到34.1%,小汽车出行比例为27.1%,非机动交通出行为38.8%。在中心城区内,公共交通出行比例(不含步行)达到53.2%,小汽车出行则为23.1%,非机动交通比例为23.7%。上海实行机动车拥有控制,有节奏地控制了机动车的增长速度,符合上海实际和需要的灵活政策。轨道交通的建设和公共汽(电)车的转型以及整个公共交通系统服务的整合和升级,需要经历一段变革时期,严格的小汽车拥有控制策略是"公交优先"城市战略的重要内容。

对车牌的管理,比较成功地抑制了机动车发展速度,加上政府在交通设施建设方面的努力,使全市道路交通供需矛盾没有进一步恶化,从总体上延缓了交通拥堵持续发展的势头。

(3)加快一体化交通系统建设,满足居民多样化的出行需求

上海建设一体化交通体系表现在于交通体系内部的充分整合和交通体系与外部发展的紧密关联两个主要方面。交通系统内部一体化有三个主要含义:一是交通设施的平衡。目的是充分发挥交通设施的整体效益,不仅要考虑轨道与道路设施的平衡,而且要重视枢纽、停车和管理措施的作用,其中功能完善的枢纽是设施平衡的关键。二是指交通运行的协调。在综合交通体系中,各种运行方式并存,都将在其使用的范围内发挥特有优势。交通系统运行的协调,不仅表现为各种方式的合理分工,更表现为各种方式之间的紧密衔接,其中紧凑的换乘是实现交通运行协调的关键。三是通过综合管理将交通和运行紧密结合起来。

上海市大力推进轨道交通系统建设,到2010年上海轨道交通10号线通车后,上海已开通11条地铁线路,总运营里程达420公里。在轨道交通快速建设期间,上海还注重轨道网络和公共汽(电)车网络的整合,避免了公共交通服务网络运能的浪费。每年对新开通的轨道线路都要进行配套的公共汽(电)车网络的调整,削减部分平行线路,增加接驳线路,配合轨道枢纽建设,有节奏、有计划地实现整个公共交通服务网络的整合。

(4)智能交通设施建设取得成效,提高了交通运行效率

通过在市区建立各类交通引导标志和智能交通设施系统,加强了对出行者的信息服务能力,提高了全市车辆运行效率。具体内容包括:城区道路标志标线系统比较完善,基本建成了中心区停车诱导系统,减少了由于车辆

运行的盲目性所导致的交通系统紊乱。

(5) 非机动交通(助动车或电动自行车)发展策略存在问题

上海在严格控制机动车的同时,忽视了对电动自行车的控制。上海电动自行车增长过快,发展失序,市区部分路段占非机动车通行量的50%以上。电动自行车行驶速度快、总量超标,对道路安全产生严重的影响。同时,电动自行车的大规模发展削弱了公共交通的竞争优势,过量的助动车及其与机动车的混行增加了道路交通的安全压力,对"公交优先"政策造成了较大的冲击。

(6) 非机动车运行环境及行人设施亟待恢复或改善

随着机动车的增长,中心城区道路资源严重短缺,非机动车设施建设严重滞后。受机动化需求过快增长的影响,不少道路非机动车设施被削减,妨碍了未来绿色交通体系的构筑,这种严重的"以机动车为本"的现象应该引起充分重视。

6 广　　州

6.1 广州交通概况

广州是广东省省会,是广东省的政治、经济、科技、教育和文化中心,地处中国内地南部,广东省中南部。广州市辖管十区两市,总面积7434.4平方公里。2005年广州市调整部分行政区划,新十区两市为越秀区、海珠区、荔湾区、天河区、白云区、黄埔区、花都区、番禺区、萝岗区、南沙区以及从化市、增城市两个县级市。2008年全市及各区、县土地面积和人口相关数据见表6-1。

2008年各区县土地面积与人口相关数据　　　　表6-1

区、县级市		土地面积（平方公里）	常住人口（万人）	户籍人口（万人）	常住人口密度（人/平方公里）	户籍人口密度（人/平方公里）
全市		7434.40	1018.20	784.17	1370	1055
一	市区	3843.43	886.55	645.82	2307	1680
	荔湾区	59.10	73.35	70.61	12411	11948
	越秀区	33.80	103.34	116.33	30574	34417
	海珠区	90.40	134.56	92.31	14885	10211
	天河区	96.33	114.93	71.66	11930	7439
	白云区	795.79	163.67	78.99	2057	993
	黄埔区	90.95	30.18	19.71	3319	2167
	番禺区	786.15	151.42	98.92	1926	1258
	花都区	970.04	73.56	64.62	758	666
	南沙区	527.65	19.40	15.05	368	285
	萝岗区	393.22	22.14	17.63	563	448

续上表

区、县级市		土地面积 (平方公里)	常住人口 (万人)	户籍人口 (万人)	常住人口密度 (人/平方公里)	户籍人口密度 (人/平方公里)
二	县级市	3590.97	131.65	138.34	367	385
	增城市	1616.47	79.92	82.66	494	511
	从化市	1974.50	51.73	55.68	262	282

注：本表行政区划土地面积由广州市民政局提供。

2009年末，全市户籍人口794.62万人，常住人口1033.45万人，人口出生率为9.69‰，自然增长率为4.27‰，全市流动人口634.71万人。全市社会从业人员737.88万人，城镇从业人员419.5万人。

2009年广州市区道路总长为5497公里，比上年增加63公里，增长1.8%；道路总面积为9502万平方米，比上年增加197万平方米，增长2.1%。全市机动化需求总量达到1817万人次/日，较上年增加6.6%。市区出行总量达到1642万人次/日，较上年增加6.2%，其中个体机动方式出行达到716万人次/日，公共交通出行总量达到926万人次/日，常规公交仍然是公共交通出行的主体，出行量占公共交通的63%；轨道交通出行比例不断增大，出行量达到184.99万人次/日。全市小客车总数达到110.4万辆，比去年增加16万辆，增幅为17.1%。摩托车总量为60.5万辆，比上年减少5.5万辆，减幅为8.4%。

6.2 广州交通发展沿革

6.2.1 1949~1984年：城市建设起步，交通发展滞后

20世纪80年代初期，作为全国改革开放的试点城市，由于计划经济体制的转变和市场经济意识的介入，广州的国民经济进入了第一个高速发展阶段，同时也大大刺激了交通需求的增长。作为广东省政治、经济、文化中心和华南地区经济中心、交通枢纽，其交通设施的落后与交通需求的增长之间的矛盾尤为突出。

由于城市道路和交通设施建设历史欠账太多，城市交通出现了前所未有的紧张状况，交通堵塞严重影响了城市经济建设和人民生活。1984年市区道路长度为404公里，仅比解放初期的道路长度增加了80%，而同期机动车增长81倍，自行车增长44倍，人均机动车拥有量为24辆/万人，是全

国最高；每公里机动车密度高达244辆，非机动车达3600辆，道路交通密度是全国之最，而人均道路面积仅有1.32平方米，远低于全国3.4平方米的平均水平。市区39个主要路口有95%交通量超负荷，形成经常性的交通堵塞。公共交通运力远落后于客运量的增长。1984年公交客运量为10.1亿人次，比解放初期增加了17倍，而公交运力只增加了6.3倍，导致每月单车载客负荷高达6.2万人次，高峰期公交车内每平方米站立达12人，公交运营速度从1965年的20公里/小时下降到10公里/小时，"乘车难"矛盾十分尖锐。

1984年广州市市区人口为322万人，其中191万人集中居住在54平方公里的老城区。流动人口为50万人，全日出行量为600万人次，其中公共交通占26.7%，自行车占30%，步行占38%，三种出行方式占总出行量的94.7%。机动车拥有量为87万辆，自行车为147万辆。城市8个对外进出口的机动车出入量达8万辆/日。市中心区三横两纵主干道白天12小时道路通行能力较低，其中环市路为2.2万辆、东风路为1.5万辆、中山路为0.7万辆、人民路为1.8万辆、解放路为0.9万辆。农副产品、工业品市场、个体摊档、自行车保管站、汽车停放场站占用道路面积达98万平方米，约占道路总面积的1/4。狭窄的街道、低容量的路网、高密度的道路交通和混乱的交通秩序，加上乘车难的状况，使人们渐渐对公共交通失去了信心，这也导致了自行车交通迅速发展，进一步加剧了道路交通的紧张局面，造成了城市交通不可避免的恶性循环。

6.2.2 1985～1998年：交通需求猛增，交通系统发展不协调

1989年市中心区39个主要路口白天12小时平均车流量为3.95万辆，比1984年增加了88%。自行车日流量超过10万辆的交叉口达15个，其中海珠广场高达28万辆，而1984年日流量达到10万辆的交叉口只有3个。道路交通构成中摩托车和出租车占了60%，比1984年增加了62%。纵观1984～1992年八年间，广州城市道路交通发展的特征主要表现如下。

（1）个体交通的不断发展与公共交通的不断萎缩形成了鲜明的对比，导致交通方式结构极不合理。摩托车从1984年的3.6万辆增加到1992年的20.8万辆，约占机动车总数的2/3。自行车从147.6万辆增加到300万辆，增长了近1倍，而公交客运量下降了29%。城市交通出行方式中，1984年个体交通占34.8%（其中自行车占30%），公共交通占26.7%（其中出租车占1.8%），步行占38%；1992年个体交通占42.2%（其中自行车占

33.8%)，公共交通占27.8%（其中出租车占6.1%），步行占30.6%。

(2) 道路交通量增长与道路供应设施滞后之间的矛盾加剧，导致车辆通行速度下降，车辆通行时间大大增加。市中心区39个主要交叉口白天12小时交通量，1984年平均为21万辆，1989年为4万辆，通行时间增长了90%。高峰小时被迫延长50%，使道路没有足够的时空调节能力。中心区平均车速只有10～15公里/小时，公交车速则仅有6.5～8公里/小时。

(3) 外围交通的增长与道路系统的发展不协调，难以有效组织各层次交通的运作，造成了不必要的向心交通，给中心区路网带来了巨大的压力。外围交通量年平均增长14.4%，其中外地车辆占57%，每日约有7.5万辆外地车进入市中心区，3.5万辆过境车因中心区外围没有环路的屏障保护而被迫必须穿过市中心。由此可以看出，交通分流层次性的缺乏以及道路系统功能的混杂是造成中心区路网大范围交通阻塞的主要原因。

1990年到1998年，市区建成区面积从187.4平方公里扩展到276.4平方公里，增加了47%；道路长度从945公里发展到1908公里，增加了1倍；人均道路面积从3.03平方米扩展到5.75平方米，增加了90%；机动车拥有量从25万辆发展到62万辆，增加了1.48倍，其中摩托车从37.8万辆膨胀到38万辆，占机动车总量的60%，增幅达1.42倍，小客车从2.7万辆发展到12万辆。交通需求的急速增长导致道路系统达到过饱和状态，车速降低，致使交通管理难度加大。同时机动车数量的增加使停车泊位不足，导致车辆乱停乱放，交通堵塞更为严重。

6.2.3　1999～2004年：加强城市规划建设，改善交通基础设施

广州市在1998年适时提出了城市规划、建设和管理"一年一小变、三年一中变、十年大变样"的宏伟目标。2001年末，政府投入了近627亿元建设的基础设施全面竣工，"中变"目标顺利实现，标志着广州城市建设实现了"跨越式"的发展。"中变"期间，建成了一批重要道路干线设施，构建了城市交通网络，同时建设了地下铁路，基本上扭转了广州城市交通阻塞的状况。"中变"工程的实施不但使城市面貌发生了巨大的变化，而且也给城市居民的出行方式结构带来了深远的影响。"中变"前后广州市的面积扩大了将近2倍，平均出行时耗却由"中变"前的33分钟减少到"中变"后的28分钟。平均出行距离也呈现了良好的发展态势：纯体力(步行)和半体力(自行车)出行方式的距离大大缩短，而机动化出行距离则变化不大。方式结构的良性演变表明广州市不但在交通基础设施的改善上取得了巨大的成就，而且

从客观上也证明了交通方式管理理念的先进性。

通过三年的建设,广州市投入了600多亿搞城市基础设施建设,先后完成了近50个交通建设项目,把原来规划到2010年实施的道路工程项目提前到了2001年第九届全国运动会之前完成。以内环快速路为内核,内环、外环、三环(又称珠三环)为基础的环形放射加方格网的主骨架路网体系已初具规模。城市道路长度已达2887公里,道路面积达3923万平方米,人均道路面积提高到9.76平方米,市区道路的车速也从过去的15公里/小时提高到25公里/小时,周边公路网平均行车速度则达到43公里/小时。这意味着广州已摘掉了堵车的帽子,基本解决了广州市民反应最强烈的交通堵塞问题。

6.2.4 2005年以后:交通结构及政策发展

2005年广州市机动车拥有量为177.4万辆,比上年增加3.0%,其中小客车增长幅度最大,年末达到54.3万辆,增幅为19.7%。广州市近几年中心区道路交通结构如表6-2所示。在广州市2005年中心区道路交通构成中,小客车所占比重最大,为48.10%;虽然近年来由于中心区实施"全面禁摩"政策,摩托车所占比重逐年下降,但其在道路交通构成中仍占了20.24%;公交车比例为6.60%,略有增加;大客车、出租车变化不大;货车比重略有减小。

广州市近年中心区道路交通结构(%)　　　　表6-2

方式 年份	摩托车	小客车	大客车	公交车	出租车	小货车	大货车	合计
2002	35.2	35.0	2.0	4.9	16.3	5.0	1.6	100
2003	33.0	37.8	2.2	5.1	14.6	5.6	1.7	100
2004	24.8	45.1	2.1	5.1	15.0	6.0	1.9	100
2005	20.4	48.1	2.2	6.6	15.1	5.7	1.9	100

2007年广州市实施了三大交通政策,分列如下。

(1)1月1日起在主城区内实施全面"禁摩"。"禁摩"政策的实施,使得原来以摩托车为主要出行方式的20余万市民(新七区2007年初仍有摩托车24万辆)不得不放弃既有出行习惯,采用公交车、小汽车甚至自行车等方式出行,使得主城区出行方式结构发生重大变化。

(2)9月21日起对东、南、西环高速收费模式进行调整,将其归并为市政道路。收费方式调整后,东、南、西环全天通过量由5.6万辆增至11.6万辆,断面流量均有50%~200%的增长,也间接缓解了北环拥堵,使其流量下降了近20%,有效地利用了闲置道路资源,减轻了主城区的交通压力。

(3)11月1日起对货车禁行区域和时段进行调整。货车禁行范围的调整,使得主城区部分货运通道的白天交通量大幅下降(例如新港东路下降78%、广园东路下降44%)。同"禁摩"政策效果相当,此政策净化了道路上的车辆构成,促使车辆规则、有序地运行。

三大交通政策的实施间接提高了路网的整体通行能力,有效改善了主城区的交通状况。在年度道路面积增长不到4%、小汽车却增长23%的前提下,主城区干道高峰时段实测车速由上年的21公里/小时增加到24.2公里/小时,增长了11%。值得注意的是,"禁摩"、轨道网络效应、增加出租车等多项举措虽有效促进了公共交通客运量(同比增长15.6%)和周转量(同比增长14.9%)的增长,但仍然落后于小汽车的增长速度(同比增长23%)。

2009年,广州完成了《广州市轨道交通线网规划(2011~2040年)》的市政府常务会议审议,主动开展了《以广州为核心的珠三角综合交通规划》和《珠三角城际轨道交通与广州城市轨道交通一体化规划》,着力构建"三铁合一"轨道线网,引领城市集约发展。同时,还完成了《广州市综合交通规划(一期)》,提出了广州未来交通发展战略和系统解决方案,有效整合和落实了区域交通枢纽、道路、轨道和公交场站等近、远期重大交通基础设施的规划布局,提出了协调各种运输方式的发展政策和近期实施策略。

6.3 广州交通结构分析

广州市在1984年进行了第一次大规模居民出行调查,收集了大量详细的居民出行特征资料,建立了交通规划模型。随后在1998年和2003年,分别开展了小规模的万户居民出行调查,对交通模型进行了滚动修正。近年来,随着城市区域的扩大、社会经济的发展、中心城市地位的提高、小汽车家庭化速度的增加以及交通方式结构的多元化,城市交通出行特征和空间分布发生了根本性的变化,因此广州市于2005年进行了第二次大规模的居民出行调查工作。

对比几次调查结果发现:20年来,广州市居民出行强度有所增加,城市出行总量明显增大,以通勤为目的出行的压倒性优势不复存在,机动化出行成为城市居民出行的主旋律,全日出行时变系数趋于平均,住宅郊区化现象初现端倪,疏散中心区的意图初步实现,出行时耗略有增加,出行距离明显增长。

6.3.1 出行量及出行方式

出行次数是反映城市居民出行状况的综合指标,包含了平均出行次数及出行总量两部分内容。城市居民出行总量等于人口规模与人均出行次数的乘积,从总体上反映了城市居民出行的需求强度,决定着城市客运量的大小,是城市交通系统承受能力限度的基本度量指标。城市居民平均出行次数反映了居民出行的需求强度。

如表 6-3 所示,2005 年广州市居民的平均出行次数为 2.73 次/日,比 1984 年的 2.14 次/日增长了 19.9%。几次出行调查中,出行总量呈增长趋势。2005 年出行总量为 709.8 万人次,比 1984 年的 440.2 万人次增长了 0.5 倍。出行总量增长的原因主要是人口的增长和居民平均出行次数的增加。

广州市历年居民出行次数的比较　　　　　　表 6-3

年　份	有效样本数(人)	平均出行次数(次/日)	有出行者平均出行次数(次/日)	出行总量(人次)
1984	—	2.14	2.87	4402000
1998	32127	2.11	2.49	6470000
2003	28848	1.86	2.33	6480000
2005	242935	2.73	3.36	7098000

由表 6-4 的数据可以看出,在 1984 年的调查中,上班、上学等刚性通勤出行需求占 69.6%,而至 2005 年下降为 45.8%,其他休闲类柔性出行需求比重相应上升。由于人均可支配收入越高、城市公共设施越齐备,城市居民才会有更多可支配时间和可支配收入从事生活休闲活动,因此出行目的的构成比例的变化,从侧面反映出广州城市居民生活水平正稳步提高。

广州市居民出行目的构成(%)　　　　　　表 6-4

出行目的 年份	上班	上学	公务出行	生活购物	文娱体育	探亲访友	回家	回程	其他	合计
1984	56.0	13.6	4.2	11.6	5.2	9.4	—	—	—	100
1998	24.7	9.0	1.3	7.4	4.3	1.3	44.8	2.3	4.9	100
2003	21.4	10.9	1.0	8.2	4.1	1.5	45.3	2.6	5.0	100
2005	33.6	13.7	5.3	32.5	7.5	3.8			3.6	100

注:1984 年和 2005 年数据为扣除回家和回程。

出行方式结构一般指城市居民日常采用的各种交通工具的人数比例,是反映城市交通发展水平的一个重要指标。出行方式结构与各种交通方式的特性、服务水平、城市形态、用地布局以及交通管理政策等有关。不同的出行方式结构对城市交通运输系统的要求存在很大的差异。20年来,广州市的交通方式结构发生了天翻地覆的变化,不但方式结构的态势发生了变化(以非机动车出行为主转为以机动车出行为主),而且交通方式种类也明显增多,涌现出私家车、地铁、物业巴士等新兴的交通方式。

1984年出行方式比重排在前五位的分别为步行、自行车、公交车、单位交通车、轮渡,其中以前四种方式出行占了全部出行的97.1%。1998年广州市居民出行方式结构主要由步行、自行车、公交车、摩托车组成,这四类出行方式占全部出行的91.3%,其中摩托车所占比重相比1984年增长了9.98%,这也使得个体交通在当时占了较大比重,见表6-5。

出行方式构成比较(%)　　　　　　　　表6-5

年份 出行方式	1984	1998	2003	2005
步行	39.15	41.92	45.75	37.62
自行车	34.02	21.47	10.91	8.17
摩托车	0.37	10.35	7.38	8.79
私人小汽车	—	0.87	1.14	7.99
货车	—	0.25	0.12	2.09
公家小汽车	4.56	1.41	1.35	2.59
单位交通车		5.05	4.44	2.15
公共汽车	19.37	17.49	26.85	23.88
出租车	0.27	0.72	0.64	3.75
地铁	—	0.02	0.82	2.21
轮渡	2.26	0.14	0.14	0.28
物业巴士	—	—	0.09	0.12
其他		0.31	0.39	0.36
合计	100	100	100	100

1998年广州市公交方式出行比重不高的主要原因是公交车运行速度太慢、换乘不方便以及出行时间过长。由此表明,公交服务的覆盖面随着城市的扩大应不断改善,线路的设计布局也需要科学地统筹,并保证公交专用道真正发挥作用。2003年广州市居民出行方式主要由步行、公交车、自行车及摩托车组成,这四类出行方式占全部出行的90.89%。其中公交车所承担的出行量已经超过自行车,跃居第二位,并在机动车交通方式中位居第

一。这说明,以公共交通为主导的现代化城市交通模式正在广州逐步建立。2005年居民出行交通方式构成的前五位为步行、公交车、摩托车、自行车、私家车。公交车仍然位居第二,私人小汽车比重已由1998年的0.87%,上升至7.99%,出租车所占比重也由1984年的0.27%上升至3.75%。虽然个体机动交通有了较大程度的发展,但公共交通(含公共汽车、地铁、出租车、单位交通车、轮渡、物业巴士)在机动化交通中仍然占有一定的优势,比例接近60%。

从图6-1中可以看出,在2008年的交通方式构成中位居前三位的分别是公交+地铁、私人机动车及步行。出租车所占比重为8.3%,呈稳定上升趋势。个体机动方式与公共交通方式之比为0.42∶0.58;常规公交、轨道交通与出租车三者之比为0.63∶0.13∶0.24,常规公交仍然占据绝对优势。公共交通出行比例越来越大,表明广州交通已经走上了一条良性、节约型的道路。

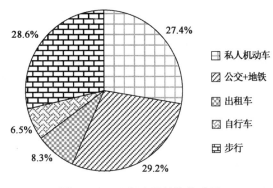

图6-1 2008年交通结构构成图

6.3.2 出行空间分布

居民出行量的空间分布,主要取决于土地利用状况,包括人口居住点和就业岗位的分布。而城市土地利用状况受到城市发展历史、自然地理条件、城市产业布局、城市建设方针等因素的影响。

2005年调查数据显示,广州市居民出行主要集中在人口较多的旧城区、海珠区、天河区和白云区;区内出行占总出行的70%。各行政区全日交通发生量见图6-2。

2005年广州市居民出行空间分布体现为如下特征。第一,旧城区交通压力继续增大。虽然旧城区出行量占整体出行量的比例由71.4%下降到了 26.5%,但是绝对出行量仍在上升,交通压力继续增大。第二,越江交通量大幅上扬。与 1984 年的四桥相比,2005 年的前航道已经横亘了十三桥一隧,充分的交通供应刺激了交通需求的增加。2005 年调查日的前航道 24 小时交换量接近 400 万人,是 1984 年的 5 倍。第三,钟摆式特点仍然明显。2005 年珠江前航道、后航道两侧早高峰小时不均衡系数分别为 1.55 和 1.66,天河区和旧城区之间为 1.32,表明旧城区的吸引力仍然可观。

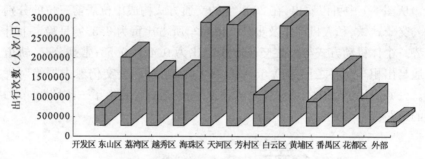

图 6-2　2005 年各行政区全日交通发生量

经过 20 年的变迁,广州市的空间分布特征已经发生了根本性的变化。旧城区的吸引力固然可观,但新城区、外围区的发展更加喜人,海珠区、天河区的交通发生吸引量已经跃居各区的第一、第二位,珠江两岸、旧城区与天河区、旧城区与白云区的区间出行明显增强。

6.3.3　出行时间分布

2005 年广州市的出行量在时间上呈"双峰"形状分布,早高峰发生在 7:00～8:00,约占 16%;晚高峰发生在 17:00～18:00,约占 12%,见图 6-3。与 1984 年相比,早晚高峰分布的时段虽然没变,但分布特点却发生了较大的变化,具体表现为:高峰峰值明显下降,尤其是早高峰下降了 6 个百分点;全日分布态势趋于均匀。这与通勤出行比例下降,非通勤的休闲娱乐等目的出行比例上升一致。

近几年来,广州市区道路车流时间分布呈现"压平、拉长"的趋势,白天 12 小时峰值比例一直维持在 9% 左右,反映了市民出行时在时间和空间上的选择趋于合理。2009 年市区内道路上车流的时间分布与近几年来基本一致,早高峰出现在 8:00～9:00,晚高峰发生在 17:00～18:00,以白天 12 小时计,晚高峰峰值比例达到 9.2%,高于早高峰。

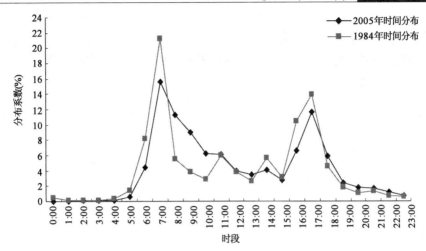

图 6-3 出行时间分布历史比较

6.3.4 出行距离与出行时耗

出行距离从理论上讲是一次出行的实际路径长度,但是实际调查中难以实施,故一般采用交通规划模型中的最短路径计算得到。1984 年调查中广州市居民的平均出行距离为 3.17 公里,2003 年为 3.73 公里,增长不明显。2005 年调查原八区的平均出行距离为 5.14 公里,与 2003 年比增长了 37.8%,增幅较大。这与城市空间的不断扩大,交通基础设施的不断完善,居民生活观念的变化等有很大关系。

表 6-6 为广州市居民采用的主要出行方式的出行距离,距离最长的是单位交通车,之后依次是货车、私人小汽车和公交车。需要说明的是,以上某种方式的出行距离并非使用此种交通方式的实际距离,而是把此种方式作为主方式完成一次出行的全部距离,包括换乘其他方式的距离。

广州市居民主要出行方式平均出行距离(公里)　　　表 6-6

出行方式 年份	步行	自行车	摩托车	私人 小汽车	出租车	公交车	单位 交通车	货车
1998	1.26	3.92	6.09	7.90	6.09	6.14	12.73	11.94
2003	0.93	3.24	5.95	7.68	6.25	6.81	11.38	9.13
2005	1.46	3.28	5.27	8.78	6.02	7.84	13.47	12.76

出行时耗是由城市经济发展水平、城市布局和交通环境所决定的。广州市 1984 年、1998 年、2003 年、2005 年的居民平均出行时耗分别为 24.4

分钟、33分钟、28分钟、28.8分钟。由于广州市城市建成区面积的不断扩大,道路交通基础设施建设的大力发展,机动化、现代化交通方式的全面应用,使得居民平均出行时耗在城区面积不断扩大的情况下有所下降。表6-7所示为不同交通方式的平均出行时耗。

广州市居民不同出行方式平均出行时耗比较(分钟)　　表6-7

出行方式＼年份	1998	2003	2005
步行	22	17	15.6
自行车	31	24	29.9
摩托车	33	25	20.4
私人小汽车	47	31	31.9
货车	76	84	48.0
公家小汽车	50	39	37.9
单位交通车	54	45	46.6
公共汽车	56	45	48.5
出租车	52	30	29.8
地铁	24	37	40.2
轮渡	32	45	40.4
物业巴士	—	48	37.1
其他	49	57	—

6.4 公共交通系统分析

6.4.1 概述

2009年广州市区常规公交、轨道交通、出租汽车、轮渡四种公共交通方式总共完成客运量36.4亿人次,其中常规公交占64.6%,较上年增加3个百分点;出租车占16.2%,较上年下降4.4个百分点;轨道交通占18.5%,较上年增加1.3个百分点;轮渡占0.7%,较上年增加0.1个百分点。

6.4.2 常规公交

建国以来,广州市公共汽(电)车数量由1949年的211辆增至2009年的10435辆,客运量也从2990万人次增加到235000万人次,具体的变化趋势见图6-4。城市公共交通在填补老城区空白、完成新区配套、改善大交通衔接等方面均取得了较大的成就。随着城区规模不断扩大,解放大桥、鹤洞大桥等多座过江大桥相继落成通车,公交线网也随之进行了大量调整,使公交服务在有限的道路资源上发挥出了巨大的作用。

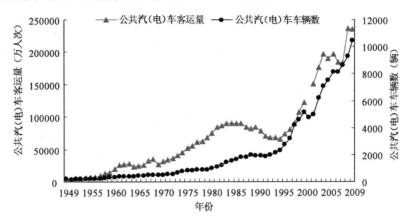

图6-4 历年广州市区公共汽(电)车拥有量和客运量

2008年,广州市共优化调整大巴线路96条,优化运力配置线路19条。通过线网优化,公交线网结构更趋合理,线网服务形式更趋丰富,三层次公交服务网络逐步形成。2009年,广州市区公共汽(电)车拥有量为10435辆,比上年增加了196辆;市区公交线路共709条,比上年增加了61条;客运量达235000万人次,比上年增长了9.8%。常规公交运量较去年稳步增长,占公共交通出行总量比重的63%,充分发挥了常规公交作为公共交通主体的作用。

但是,常规公交运力不足,整体出行环境堪忧。2009年,在常规公交需求集中的新七区,公交车保有量减少了164辆,下降的运力不能较好地满足稳步增长的运量,高峰时间几乎每辆公交车都拥挤不堪,车内环境也因此恶化;受道路交通状况影响,高峰时间常规公交平均车速仅为13公里/小时,基本与自行车速度相同;部分站点候车条件很差,人流车流混杂。此外,在现行的公交月票方案中也没有与地铁和公交换乘相关的优惠措施。

6.4.3 轨道交通

在过去的20年间,广州市的轨道交通线网规划经历了6个阶段的规划和调整。

(1) 20世纪80年代的"十"字形线网规则。1988年12月,广州市和法国里昂市合作完成了《广州市地下地道可行性研究——示例报告》。该线网规划是依据当时的城市总体规划提出的,主要覆盖中心城区,以解决"客流输送"为主要目的。"十"字形地铁网络,满足了第一组团和第二组团交通联系的需要,并预留了今后向第三组团延伸的可能。规划的地铁线由两条线路组成,依次为南北线(沿起义路)和东西线(沿中山路),两条线路在广州起义路和中山路交汇处相交。线路总长为35公里,设31个车站,包括1个换乘站。

(2) 20世纪90年代初期的线网规划。20世纪90年代初,随着改革开放和广州市社会经济的迅速发展,规划城市发展中心转移,整个城市由三大组团构成,分别是城市中心区大组团、城市东翼大组团、城市北翼大组团。城市的发展由原规划的向东发展调整为向东和向北发展。为支持城市布局向东和向北发展、促进珠江新城建设,对原"十"字形线网进行了深化,仍以解决"客流输送"为主、规划引导"城市空间发展"和"土地利用开发"为辅作为规划理念。

(3) 20世纪90年代后期的线网规划。该阶段的轨道交通线网规划是对上两次线网规划的进一步补充、修改与完善,提出了新的广州市城市快速轨道交通线网规划发展蓝图。该规划体现了"轨道线网规划"与"城市总体规划"的一致性,结合广州"L"形城市形态结构,强调旧城市中心区与新城市中心区之间的联系,形成了7条线网构架方案。该研究提出的远景轨道线网构架由7条轨道交通线组成,线网长度规模为206公里。所依据的规划发展背景是:城市规划建设用地446平方公里,控制范围555平方公里,人口发展规模558万人。

(4) 2000～2002年的近期线网规划。为满足新的发展模式,在原有轨道线网规划的基础上,调整了具体线路的实施时序,补充考虑了向番禺延伸的新线路,形成了近期轨道交通实施调整方案。该方案除已建成的地铁1号线和正在建设的地铁2号线外,提出在2010年前还将建设轨道交通3号线、机场快线、东部市郊列车等线路,轨道线网规模将达到123公里。

(5) 2002～2007年的线网规划。新的线网规划提出了沿城市发展主轴建设轨道交通线,建立TOD土地利用发展模式,以良好基础设施带动沿线土地利用开发的思路。通过轨道交通主动引导城市发展,适当处理轨道交通规划、城市空间发展与土地利用开发三者之间的关系,利用轨道交通改善走廊地区的交通可达性,进而引导城市结构的优化与发展。

(6) 2007年的线网规划。2007年启动了《广州市轨道交通线网规划》编制。新一轮规划选择了"环+放射"线网结构,轨道环线途经"新滘路—逸景路—芳村大道—广园路—员村二横路",为完全新建轨道环线方案;轨道 3 号线与 13 号线构成市域十字快线;远期规划线网由 20 条轨道线组成,线网总里程约 800 公里,站点 400 座。规划加密了中心城区线网密度,提高了轨道交通服务水平;打造了市域快线,强化了中心区与外围联系,实现了"区区通轨道",形成市域 1 小时轨道交通时空圈;确立了中心城区轨道交通主体地位,基本实现"70/70"战略目标(即公共交通占机动车化出行量达到 70%,轨道交通占总公交出行量达到 70%)。

2009 年广州轨道线网长度达到 150 公里,开行列车约 84.3 万次,安全运送乘客 6.75 亿人次,日均客运量为 184.99 万人次,较上年增加 13%,其中年度最高日客运量突破 321 万人次。2009 年末地铁线网平均乘距为 10.52 公里,其中 1 号线、2 号线平均运距分别为 5.4 公里/乘次和 6.4 公里/乘次,3 号线、4 号线平均运距分别为 7.73 公里/乘次和 14.03 公里/乘次,5 号线平均运距为 8.55 公里/乘次。随着轨道网络效益的显现,换乘客流大幅增加,2009 年轨道全网换乘系数为 1.55。

2009 年全日客流(集散总量)呈双峰态势,晚高峰(18:00～19:00)比例为 10.6%,高于早高峰(10.0%)。1 号线早高峰小时系数为 9.6%;2 号线稍高,为 9.7%;3 号线早高峰特性较强,达到 10.3%;4 号线运营远未成熟,只有 9.0%;5 号线早高峰系数最高,为 11.4%。详见图 6-5。

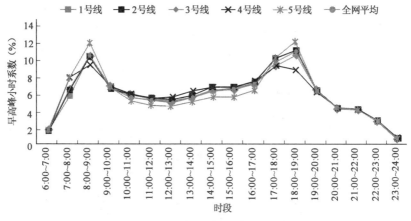

图 6-5　2009 年地铁客流时间分布图

2008 年 11 月,广州对公交和地铁的票价进行了调整,新的月票票种采用按次收费形式,使用次数越多优惠幅度越大,从而鼓励人们多使用公共交通。此举利于发挥公共交通尤其是轨道交通对引领城市向外发展方面的作用。

从客流统计看,票价调整前后,轨道交通客流总量几乎没有变化,这反映了月票绑定式消费的特征,同时表现出优惠不够彻底,仍然没有把常规公交与轨道交通进行一体化考虑。票价的调整使得短距离客流比例降低,长距离客流比例上升。8公里以内的客流降低了2.1个百分点(公交票价的优惠吸引了此部分客流;而长距离客流则被轨道交通票价的明显优惠所吸引),使得目前的公交与轨道的出行距离分布比例逐步趋于合理,这是票价调整的重要影响之一。详见图6-6。

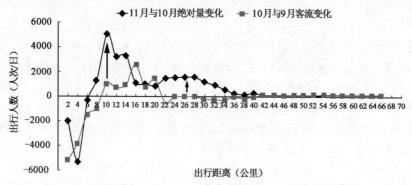

图6-6 调整前后轨道交通客流距离分布变化

6.4.4 出租车

广州市出租车从1985年开始进入高速发展阶段,到2009年保有量达到18893辆,其中新七区17821辆、番禺区616辆、南沙区92辆、花都区364辆;完成客运量约5.89亿人次,比上年减少17.5%,其中新七区为5.58亿人次,占总客运量的94.7%。广州市区出租车发展情况详见图6-7。

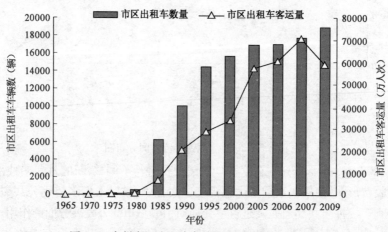

图6-7 广州市区出租车保有量和客运量发展情况

6.4.5 轮渡

轮渡作为广州市公共交通的组成部分,建国以来其数量呈现起伏增长的趋势。虽然2000年以后船舶数量波动变化仍然较大,但是年客运量趋于平稳,保持在2000万人次左右。2009年市区轮渡总量94艘,运营线路56条,其中番禺区55艘,线路39条;南沙区16艘,线路3条。广州市轮渡发展情况如图6-8所示。

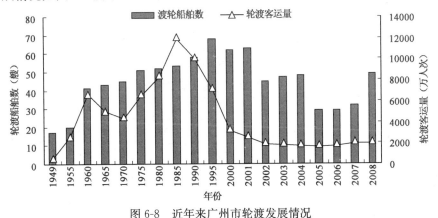

图6-8 近年来广州市轮渡发展情况

6.5 私人交通发展策略

6.5.1 机动车拥有量

广州市的机动车拥有量保持强劲增长趋势,尤其以小客车的发展最为迅猛。机动车保有量由1985年的9.9万辆增加到2009年的195.5万辆,其中小客车由2.3万辆增加到110万辆。1998年,广州实施了摩托车停止上牌政策,原八区摩托车保有量在1997年达到高峰值40万辆后,市属各区摩托车总量保持下降趋势。历年广州市机动车发展情况如图6-9所示。

近年来,广州市机动车总量一直保持增长的趋势,但增长幅度有所波动,这与国民经济的发展和道路的建设情况密切相关。2002年底,市区全面停止摩托车上牌,并且在部分道路对摩托车行驶采取了限制措施,使全市摩托车总量发展得到控制并有所回落。与此同时,小客车需求随着居民收入的提高而飞速增长,5年增长了近50万辆。两种车型此消彼长,使全市机动车总量变化不大(表6-8)。

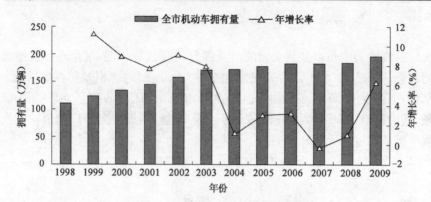

图6-9 历年广州市机动车发展情况

历年广州市域及原八区机动车构成(辆) 表6-8

区域	年份	大货车	小货车	大客车	小客车	摩托车	其他	合计
全市	1985	26002	10572	5452	23757	—	33391	99174
	1990	32915	30825	7339	30344	205661	24158	331242
	1995	55577	81540	11980	91224	613655	17175	871151
	2000	41451	109306	17588	208485	946632	26874	1350336
	2005	44234	134278	23713	543079	1004808	23706	1773818
	2009	40865	145000	27370	1104000	604530	33235	1955000
原八区	1985	19218	8570	4889	21125	—	8164	61966
	1990	26227	26036	6644	26977	157677	9142	252703
	1995	42624	62905	10930	77846	361014	9943	565264
	2000	25564	77215	15158	171220	385508	20670	695335
	2005	26822	89253	19587	414614	266954	19182	836412
	2009	30803	110327	25120	949480	233398	29086	1378214

注:1.数据来源于《2009年广州市交通发展年度报告》。
2.2009年的原八区车辆数为新七区和番禺区的车辆数之和。

2009年广州市机动车总量较上年有一定增长,小客车数量的增长对机动车总量的增长起到了重要的支撑作用,摩托车数量则继续呈下降趋势。随着国民经济的持续稳定增长,居民收入水平的逐步提高,交通设施建设的不断完善以及汽车整体价格水平的进一步下降,可以预见2010年机动车的增长将会继续延续目前的增长态势。2009年全市私人机动车拥有量达到

163万辆,占全市机动车总量的83.3%,比上年增加104235辆,增幅6.8%,已经成为全市机动车构成的绝对主体。其中私人小客车93.3万辆,占小客车总量的84.4%,比上年增加15万辆,占小客车全部增加量的93%。历年广州市私人机动车、私人小客车发展状况见图6-10和图6-11。

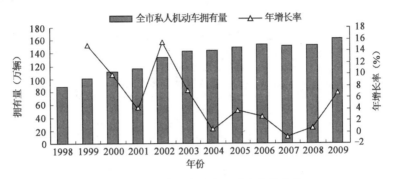

图6-10　历年广州市私人机动车发展趋势

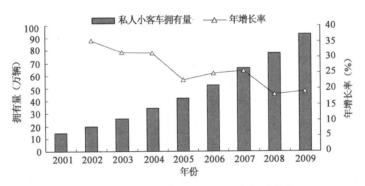

图6-11　历年广州市私人小型客车发展趋势

2009年小客车在私人机动车中所占比重由上年的51.3%上升为57.2%,增加5.9个百分点;摩托车比重继续减少,由上年的42.5%降为36.5%;其他几类车辆的比重变化相对较小。

6.5.2　交通周转量

2009年,在广州市人口最为密集的主城区,客流出行总量达到1041万人次/日,占市域总出行量的57.3%。其中进出主城区的客流总量占据主导地位,达到194万人次/日,占城市内部总交换客流的49%。东、南、北三个方向客流基本均衡,比例分别占35%、33%和32%,交换量分别达到67万人次/日、63万人次/日和62万人次/日。

主城区白天 12 小时内外交换量达到 106 万标准车,较上年增长 6.4%。在向外的四个方向上,流量最大的是北部走廊,占主城区对外总量的 31%,最小的是南部走廊。东部走廊上由于有地铁、BRT 等工程施工占道,实际饱和度已高达 0.90。主城区对外走廊道路车流分布及高峰运作情况,如表 6-9 所示。

主城区对外走廊道路车流分布及高峰运作　　　　表 6-9

走廊	通道	车道	白天 12 小时(标准车/12 小时)					晚高峰小时(标准车/小时)			
			入城	出城	合计	较上年变化(%)	每车道负荷	方向比例(%)	入城	出城	合计	饱和度
北部	9	54	171363	160198	331561	17.1	6140	31	18082	16178	34260	0.77
西部	7	46	134457	127245	261702	12.2	5689	25	12410	12237	24647	0.61
南部	5	26	92921	96306	189227	−1.7	7278	18	8052	9966	18018	0.63
东部	5	34	138519	136906	275426	−3.5	8101	26	14914	12369	27282	0.90
合计	26	160	537260	520655	1057915	6.4	6612	100	53457	50750	104207	0.73

注:数据来源于《2009 年广州市交通发展年度报告》。

在主城区内,交通需求和供应维持在低水平的平衡状态,下半年为迎接亚运会而全面展开的各项市政工程占道施工多集中在主城区内,导致早晚高峰期间交通堵塞现象频发,主次干道车速缓慢,给市民日常出行带来很大不便。主城区晚高峰各级道路车速分布,如表 6-10 所示。

主城区晚高峰各级道路车速分布　　　　表 6-10

道路等级	高速路	快速路	主干道一级	主干道二级	次干道	支路	干道平均	全网平均
晚高峰车速(公里/小时)	38.3	30.9	21.5	18.4	17.0	13.7	18.7	20.5
较 2008 年变化(%)	−55.7	−20.3	−3.7	−11.3	−14.9	—	−9.9	−27.7

注:数据来源于《2009 年广州市交通发展年度报告》。

6.5.3　非机动化交通

自行车在城市中的发展一直备受争议,其实任何一种交通方式都有适合发展的时间、空间及比例。广州市以前的自行车政策虽然遭到了一些质疑,但从实际效果来看,还是很好地适应了城市发展的要求。全面"禁摩"以后,自行车交通量开始反弹,中心区道路上自行车流量有较明显的回升,主要道路的40个路段的非机动车高峰小时流量比"禁摩"前增加了32.1%。相对而言,"禁摩"后老城区的自行车流量增加了26.1%,外围边界地区(如增槎路、洛溪桥、南洲路等)的自行车流量增加则更为显著。"禁摩"后,原八区的自行车出行比例由8.17%增长至9.2%。

据相关统计,目前约有15万市民选择使用自行车作为主要交通工具。但是现实条件是,广州市主城区大多数道路未设自行车专用车道,自行车与机动车或者行人共占一道,安全和秩序均受到很大影响。广州市明确"不鼓励自行车长距离跨区出行"政策,采用地区差别化政策:核心区不鼓励自行车发展,待轨道交通站点服务水平达到要求后,应将自行车的功能明确为休闲娱乐;主城区则以合理引导、控制使用自行车为主;主城区以外则应根据实际需要鼓励发展自行车,在有条件的地区(南沙、萝岗等副城中心)可以建立自行车专用道路系统;鼓励发展"自行车+公交/地铁"出行模式,改善自行车停车条件,结合轨道交通车站设置自行车通道和停车等服务设施,促使发展区的摩托车出行方式向公交方式转移。

6.6 广州交通政策研究

6.6.1 交通政策发展

1984年,广州市通过居民出行调查基本摸清了交通出行的特征和分布规律,并提出了主要存在的问题以及解决问题的建议。一是促使交通源合理分布。全市90%的出行量集中在市中心的四个区,导致中心区交通严重阻塞,疏解也相当困难,因此首先要积极疏散中心区人口,降低人口密度;其次对旧城区的改造要严格控制人口指标,并适当调整公交线网和站点分布,以改善局部路段过于阻塞的情况。二是大力发展公交,优化交通方式结构。若按当时的情况任其发展,则公共汽车、自行车和步行的三种交通方式结构比例可能为24:35:40,导致公共交通系统效率很低,故应逐步增设对庞大的自行车交通的限制,加大对公共交通的投入,明确公共交通以社会效益为主,在政策上予以扶持和倾斜,发展大容量的轨道交通,提高公共交通吸引力,以达到优化交通方式结构的目的。

1985年,广州市制定了城市交通发展技术政策、缓解城市交通紧张的应急措施和政策,提出了加快城市交通基础设施建设,发展多元化、多层次的城市公共交通体系,对城市私人交通合理控制、因势利导、积极治理,加强城市交通管理、逐步实现管理现代化的城市交通综合治理对策,具体如下。

(1)设立权威的交通管理机构。建议尽快成立广州市交通管理委员会,实行统一规划、统一管理。城市交通措施决策统一由"交委会"批准实施,各职能部门在"交委会"的统一领导下开展日常工作。同时成立广州市交通规划研究所,负责制订城市规划政策、管理法规、调查研究等方面的具体工作。

(2)加快交通建设,做好城市规划。财政上相对集中地安排一定的资金,加快道路、桥梁建设,抓好城市规划。对新建的高楼大厦,要求必须建设有配套的停车场、停车库;对现有道路分期分批进行改造。

(3)清理路障。分批搬迁占用道路的农副产品市场和工业品市场;整顿马路停车场地,主干道不准设摊档和自行车保管站。

(4)大力发展公共交通。落实优先发展公共交通政策,采取间接经济补贴和使用道路的优惠政策,提高公交运营速度。建议增加300辆公交车,增加50条公交线路,以解决市民乘车难的问题。

(5)有计划地发展个体交通。严格限制发展摩托车和机动三轮车,逐步限制自行车并控制出租车的发展。

(6)改善道路行车条件,提高道路通行能力。加强机动车与非机动车的分隔,封闭三块板道路的绿化带出入口,进一步调整和完善单向交通,减少交通车辆冲突点,提高行车速度,有的路口可禁止车辆左转。

(7)实行夜间运输和作业。市中心区,除环市路、南岸路、黄沙大道外,其余道路在7:00~19:00时间段内禁止1.75吨以上货车行驶。

(8)加强交通安全的教育和宣传。加强对行人的管理和教育,健全交通民警岗位责任制,充实警力,对违反交通法规者严格执法。充分发挥报社、电台的媒介作用,开辟交通专栏,宣传交通政策、交通治理措施,及时播报各主要道路的交通状况。对学生进行交通法规和交通安全教育,提高其遵守交通法规的自觉性。

(9)坚持错时上下班制度。错开上下班时间是避免交通拥挤的有效办法,应督促各单位认真执行,加强管理。

1989年,由于20世纪80年代后期旧城区存在高建筑密度、高人口密度和高交通密度"三高"现象,道路交通状况进一步恶化。为缓解道路交通紧张,加强交通管理的力度,广州市提出了实行交通控制与诱导办法。鉴于当时财力的限制,所采取的主要措施如下:一是通过挖潜改造提高道路通行能力,增加路网容量;二是控制交通需求,禁止货车区域行驶,削峰填谷,均衡使用路网;三是通过广播对交通信息进行发布,引导车辆选择合理路径。

1993年,广州市开展了第一次城市交通战略规划研究,制定了城市交通发展政策与方向。所确立的目标有:进一步明确和加强广州作为广东省中心城市的作用;支持广州市总体规划中的各项规划和发展目标;促进经济发展和资源的有效利用;提高交通可达性,改善交通状况;减小交通对环境的影响,提高城市环境质量;合理分配由交通基础设施的投资和政策实施所带来的利益。

根据上述政策目标,提出了城市交通发展的总体政策:逐步建立以公交为主体、快速轨道交通为骨干,各种交通方式相结合的多层次、多功能、多类型的城市综合交通运输体系。按照明确的道路功能分级体系,有效规划、建设和使用道路交通设施。在大力发展公共交通和改善步行交通的同时,限制自行车的过量发展,合理控制摩托车和私人小汽车的发展规模。采取基础设施建设和交通管理措施相结合的综合手段,全面整治旧城区的交通状况,改善环境质量。以地面路网和交通设施为基础,建设高架路系统、高速公路系统和快速轨道交通合理衔接的立体交通网络。

所制定的广州交通发展战略方案的中心内容包括:在中心区以外的地区要加强路网的建设,以尽可能满足将来机动车迅速增长的需要;经检验,市中心区由于不可能进行大规模的路网建设,即使尽最大能力,大规模的建设方案也不能满足需求,因而发展策略应是合理利用土地,限制开发强度,控制交通需求总量的增长,通过交通管理的手段,对有限道路资源加以合理分配;重点发展公共交通,改善步行交通;对私人机动车要加以管制,限制其出入中心区;进行适度的道路建设,严格中心区路网的分级,使之各成系统又相互联系;合理组织并逐步减少自行车的出行比例,把它从主干道网络分离出去;在顺应经济发展和改善城市环境质量的前提下达到交通供给与需求的平衡。

1998年,广州市适时提出了城市规划、建设和管理"一年一小变、三年一中变、十年大变样"的宏伟目标,即"广州要在一年内改变脏、乱、差面貌,实现环境面貌一年一小变,三年完善基础设施,弥补原来的欠账,有个中变,到2010年城市建设和管理有根本性的变化,率先实现现代化"。2000年5月19日,在"一年一小变"的基础上,广州市委正式公布广州城市建设管理"三年中变"的规划,其主题是完善广州基础设施,弥补原来的欠账,以改善交通为基本目标。"三年一中变"的主要目标是解决道路交通的堵塞问题,而这个问题从根本上来说是道路基础设施建设的问题,所以说这几年最根本的变化就是城市基础设施的变化。

　　2004年广州市城市建设总的任务是以科学发展观为指导，继续以道路交通为重点，加大投入力度，进一步构建科学合理的、由高速路、快速路、城市主干道和次干道构成的、层次分明、功能明确、高效便捷的城市交通网络体系，力争到2010年达到新建和扩建高速公路390公里，快速路273公里，主干道295公里；轨道交通的通车里程达到200公里以上。加快推进道路交通设施建设。继续构筑以机场、港口、铁路为龙头，以"双快"交通体系为骨干的大都市综合交通系统，进一步提高中心城区的道路交通承载能力。支持和引导城市向中心城区外围组团式发展。加快构建广州与珠三角城市群联系的高等级快速路网，全力推进京珠高速公路广州段、东二环、西二环、北三环高速公路、新机场高速公路北延线以及北兴立交等道路工程的建设，尽快形成由4个环、15条放射线和8条联络线组成的高、快速路网，完善区域性道路交通主骨架。

　　围绕建设现代化大都市的发展目标，全力推进以道路交通和环境治理为重点的城市基础设施建设。2006年，广州市计划完成城建固定资产投资253.68亿元，重点推进区域性交通枢纽、轨道交通、道路交通、环保基础设施和生态环境建设。按照"一手抓适应，一手抓提高"的方针，积极推进大型交通枢纽和以"双快"交通体系为骨干的大都市综合交通系统建设。

　　2007年，广州市实施了三大交通政策：1月1日起在主城区内实施全面"禁摩"；9月21日起对东、南、西环高速收费模式进行调整，将其归并为市政道路；11月1日起对货车禁行区域和时段进行调整。三大交通政策的实施间接提高了路网的整体通行能力，有效改善了主城区的交通情况。

　　大力推进"公交优先"政策的出台和实施，切实提高公共交通的竞争力。自2002年以后，广州公交的主体——公共汽（电）车由于票价的提升、道路行驶条件的恶化以及公交系统一体化程度不足等原因导致客运量一直徘徊不前，虽然2007年有明显回升，但是增长速度远落后于小汽车的发展速度。广州市区于2008年11月开始实施新的公交票价政策，公交日均客运量从551.44万人次上升到576.9万人次，增长了4.6%。目前轨道交通的网络规模效应已初现端倪，但是轨道交通建设的长期性决定了近、中期缓解交通拥堵的主要任务仍要由常规公交来承担。"公交优先"的终极目的应该是迅速在与私人机动车出行的竞争中赢得优势，从而使城市交通维持在一个较好的服务水平上。

　　公交基础设施优先建设，以客运交通枢纽为重点，加强交通衔接配套设施建设,提高客运交通服务效率。优先保证公交运行路权,确立公交路权优先的理念,在越拥挤的道路越应该考虑公交的优先。将公交票价定位为政策工具,采用相对灵活的定价制度。以票价为杠杆,根据城市交通运作的需要进行实时调节,不仅可以培育市民的乘坐习惯,提高公共交通的吸引力,也可为城市交通管理者提供一条更为有效的调控渠道,充分发挥宏观控制与市场机制的双重作用。

由于广州市的汽车产业发展定位和居民多样化的出行需求,目前对小汽车采用"不限制拥有,限制其使用"的政策。限制使用的主要原因在于目前城市小汽车的使用成本严重偏低,导致了小汽车的"滥用"。因此有必要通过各种手段,提高小汽车的使用成本,引导市民合理使用小汽车。

交通管理是解决交通问题的最终阶段,也是实现交通畅通的最终保证。目前广州市交通基础设施正在逐渐完善,交通发展已经从以前的"以建设为主"过渡到"建管并举"的模式。广州市的交通管理工作,应该在城市面临城市化、机动化以及交通需求迅速增长的关键时期,充分利用智能交通技术和信息化手段,合理组织市内交通,调节交通结构和出行方式,控制和平衡车辆增长速度和使用范围,充分发挥道路交通功能,建立和健全科学、规范的交通管理模式,加大现代交通文明宣传和教育力度,最大限度地保障城市道路交通安全、畅通、有序,形成广州经济、交通、环境相互协调的良性循环,提供一个与国际大都市相适应的现代化交通环境。

6.6.2 交通方式供给政策

广州针对不同交通系统,制定了不同的交通供给政策。

(1)公共汽车

1993年第一次城市交通规划战略提出:应大力发展公共汽车,使之成为公交服务的主要方式,并配合地铁集散乘客。着力改善公共汽车的运力和质量,包括提供大站快速的公共服务;通过公交优先措施,把公交的总体运营速度提高到18公里/小时;有效规划和适时建设公交场站,改善公交车辆设计;使公交出行比例到2010年达到28.9%。

公共交通发展战略提出:要求到2010年公交使用率以及道路面积都要得到大幅度的增加,并且要认真贯彻"公交优先"政策,明确以公共交通作为广州市城市交通的主体,快速轨道交通为骨干的城市交通发展策略。大力发展公交是未来交通发展的重点,对于市中心区高度密集的发展模式及有限的道路空间,公共交通将明显成为城市的主要客运工具。

公交发展的目标为：建立以公共汽（电）车、地铁为主体，其他公交方式为辅助的多层次、均衡的公共交通服务网络；在合理的票价水平前提下，大力改善公共交通的服务水平，树立快速、准时和舒适的新形象；具有完善的公共交通监控调度系统、道路公交优先通行系统、自动检票系统、站牌自动显示系统、乘客问询系统等先进的管理和服务设施，确保市民出行方便、快捷、舒适、准点、安全；增强公交经营者自我发展的能力，逐步减少政府对公交的补贴；逐步扩大市区内公交网络车队规模，居民拥有车辆数达每万人11标台以上；逐步增加空调车的比例；车型的发展朝大动力、低踏板、少污染的方向发展；扩大公交线路条数，使线网覆盖率达80%以上，换乘系数不大于1.5或一次通行率达60%以上；一次公交出行时间，出行距离在8公里以下的不超过4分钟，10公里以下的不超过55分钟，15公里以下的不超过70分钟；为改善公交的道路运营环境，在中心区要通过交通管理，建立"公交优先网络"，使公共汽车的运营速度达到18公里/小时；为满足公交线网的扩展和车队的扩大，公交总站的用地需求为20.2万平方米，维修中心和运营场地为21.5万平方米；公交线路的扩展是一个动态连续的过程，应由公交部门根据发展制订5年的滚动计划。公交经营的发展方向是加强政府部门的立法、监督职能，在明确经营范围、服务素质和票价水平的前提下，鼓励私人投资和经营者之间的合理竞争。

自广州市确立"以公共交通为主体，轨道交通为骨干"的交通政策以来，加大了公交运力的投入，增设了港湾停靠站，开辟了公交专用道，改善公交运行环境。经调查，95.3%的居民认为现在出行的方便和舒适程度比5年前大大提高，多数市民乐意选择公共交通工具出行。具体政策如下：

①次干道开设自行车专用道。鼓励发展"自行车+公交车"出行模式，改善自行车停车条件，完善自行车和公共交通的衔接，在城市主要商业地区和居住中心，推广实施"交通慢行区"政策，新建道路规划将自行车道和人行道结合设置。"主干道尽量满足，但次干道还是考虑自行车发展需要"。

②快速公交与地铁互补。在广州交通发展规划中，落实"公交优先"措施，将个体交通向公共交通转移、中长距离公交出行向轨道交通转移。因此，中心城区主要道路全面实行公交优先，外围城区主要干道实行公交优先。

同时，大力推进轨道换乘设施和公交场站设施建设。计划于2020年使中心城区公共交通占客运机动化出行的70%以上；中心城区轨道交通与常规公交的客运承担比例增加到1:1。

除普通公交外,大规模筹建快速公交系统(BRT),为保证车辆运行速度,专门提供独立的路权,有效提高公交效率,同时可与地铁互补并实现票价定价及优惠。

③小汽车引导分流至公共交通。坚持对小汽车采用引导分流至公共交通的原则。尤其是在短途交通方面,围绕地铁站点、客运枢纽设施以及周边道路建设,发展相应的自行车网络,方便短距离公交换乘,减少小汽车出行。

(2)轨道交通

1993年第一次城市交通规划战略提出:使轨道交通服务于主要公交走廊,并逐渐形成城市空间结构的新部局。2010年前将主要建成地铁1号线、2号线和黄埔的轻轨线,超前规划好轨道交通的整体网络,以形成由地铁、轻轨和区域性铁路客运系统组成的轨道交通系统,使2010年轨道交通的出行比例达到13.2%。

在《广州城市建设总体战略概念规划纲要》中提出"确立公交优先的原则,更加积极地发展以轨道交通为骨干,多层次、高效、服务优良的城市公共交通服务设施"的广州公共交通发展战略目标。

《广州总体发展战略规划》对轨道交通的发展提出了以下原则。

①在保护生态环境的前提下,密切结合土地利用,积极构筑以高快速道路与快速轨道线为核心的都市圈"双快"交通体系,形成以机场、港口、铁路为龙头,以道路交通为基础、公共交通为主体、轨道交通为骨干的都会区交通运输格局。

②以公交优先作为交通发展基础,大力发展以大运量轨道交通为主体的城市公共交通服务系统,积极完善轨道交通与公共汽车的高效衔接换乘体系,优惠对公交的使用,引导并鼓励居民出行向公交方式转变。

③优先发展大运量轨道交通系统,强化区域间的高效联系,并以轨道交通站点为核心,通过适于公交优先的道路系统,实现轨道交通与周边地区常规公交的发达、便捷换乘。大力发展区域组团的中心地带,同时完善步行系统,构筑沿轨道交通走廊发展的网络状城市结构体系。

广州市政府在一如既往地支持常规公交的基础上,更加注重公共交通的骨干——轨道交通的研究和建设,经过了4个阶段的理论研究后,最终制定了在2010年开通运营200多公里的轨道线路的计划。初期轨道线网中的三号线、四号线都是TOD模式的线路。在城市早期开通的地铁线路中,连续两条线路为TOD模式,在世界上都属罕见。

(3) 摩托车

广州市于 1991 年对摩托车牌照及行驶区域进行限制,规定摩托车每月发放号牌 500 辆,使摩托车每年 3 万辆的高速增长状况得到有效控制。此外,还禁止外地摩托车白天在市中心区域行驶。1993 年第一次城市交通规划战略提出:继续控制摩托车牌照发放量,争取将摩托车的出行比例到 2010 年时控制在 8.2% 左右。2002 年底市区全面停止摩托车上牌,并且在部分道路对摩托车行驶采取了限制措施,使全市摩托车总量发展得到控制并有所回落。2003 年的调查数据显示,摩托车出行比例已由 1998 年的 10.35% 下降到了 7.38%。2004 年,旧城区和新城区实行"禁摩"等交通管理措施。2006 年底,中心城区全部"禁摩"。2007 年元旦起,广州市区实行全面"禁摩"。

(4) 自行车

自行车的特点在于灵活、方便、价廉、无污染。近年来,伴随着城市用地的扩大、居民生活水平的提高以及城市公共交通事业的改革和快速发展,我国一些城市的自行车比例已开始显著下降。即便如此,目前国内城市中,除少数几个城市出行量低于或接近于公共交通出行量,绝大部分城市甚至包括北京、上海等几个特大城市在内的自行车出行量都超过公共交通出行量。自行车的过度发展严重影响了城市交通,然而考虑到其价廉、无污染的优点,尤其是后者,使得很多城市在处理自行车的问题上犹豫不决,有的甚至间接鼓励。目前,在城市交通领域普遍存在一个美好的愿望,即通过大力发展公共交通以及扩大城市用地的范围使自行车自动减少。

1993 年完成的《广州市交通规划研究》明确提出:逐渐减少和限制自行车数量,尤其要将其从交通主干道分离出去。实施进程应与改善公共交通的步伐紧密结合,争取到 2010 年自行车出行量的比例控制在 14.5% 以内。

为了实现战略目标,广州市陆续实施了一系列管制自行车的措施,包括封闭部分主干道和交叉口,迫使自行车走人行天桥;部分主干道主要时段禁行自行车;慢车道允许机动车使用;通过快速路、过江桥、标志性主干道的分隔来限制自行车长距离出行等。

受益于上述措施,1998 年的调查数据表明自行车的比例已经降为 21.47%,虽然这一系列措施取得了明显的效果,但自行车的出行比例仍然超过公共交通,这种状况直到 2003 年才得以转变。虽然战略目标得以提前实现,但必须看到自行车这种交通方式在国内城市的生命力非常顽强,从

"鼎盛"到"势微"经过了一个漫长的过程。

(5) 小客车

1993年完成的《广州市交通规划研究》明确提出：随着经济的发展允许小客车适度增长，但必须控制其排放标准，提高停车收费标准，力求到2010年将其出行比例控制在7.7%以内。

北京市由于小客车拥有发展过快而导致交通阻塞，这在北京乃至全国引起了一场对小客车如何发展的争论，也恰在此时，广州市开始限制小客车的发展。"中变"完成以后，广州市基本扭转了城市交通阻塞的状况，加上摩托车停牌以及大量停车设施建设等一系列措施的实施，大大改善了广州市小客车的运行环境。国内外的经验表明，尽管小客车有其独有的优点，但缺点也很突出，比如小客车的使用不仅需要支付很高的直接成本，还会产生很高的社会成本（包括基础设施、交通拥挤、环境、土地和能源等方面）。如果没有正确的价格机制引导或管理手段限制，仅仅依靠扩大基础设施供给根本无法满足小客车的使用需求。

(6) 出租车

1993年完成的《广州市交通规划研究》明确提出：重点改善出租车的质量和服务水平，对出租车规模要严格控制。出租车牌照的发放以及票价水平的制订应根据其规范而定，争取到2010年将出租车的出行比例控制在4.3%以内。

(7) 步行

1993年完成的《广州市交通规划研究》明确提出：步行是最基本的出行方式，要规划好步行街系统，而不是只有孤立的天桥和隧道，力争到2010年完全步行的出行方式比例达到23.2%。

6.6.3 交通投资政策

广州是一座老城，改革开放后的20年，广州在经济建设上取得了令人瞩目的成就，但城市环境和交通基础设施建设始终跟不上城市发展的需要。广州已经认识到城市基础设施建设已成为城市建设和发展的首要问题，对城市社会经济发展、城市环境改善、市民生活质量的提高起着至关重要的作用。广州市在交通建设上坚持两手抓：一手抓"适应"，一手抓"提高"。"适应"是指解决生活生产的制约"瓶颈"，"提高"是指按国际一流的城市目标，高水平地进行航空港、深水港和信息港等一些枢纽性交通设施建设。

1998~2001年"三年中变"期间,广州市投入城建资金高达610多亿元,完成了170多项重大市政工程,其中过半为市政道路工程。加快以道路交通为重点的城市基础设施建设步伐,三年的城建资金投入比建国以来的城建资金累计还多两倍。

2002年,全市用于城市建设的固定资产投资(未包括城市维护费)达137亿元,比上年增长2.6%。2003年全年计划完成城建投资168.3亿元,加上广州地区高校新校区和新机场的基础设施建设,总投资超过200亿元。其中交通基础设施投资为136亿元,较去年增加30个亿,占城建总投资的80%。为把广州建设成"城在林中,林在城中"的生态之城,2004年城建投资达到216亿元,继续加强城市基础设施和生态环境建设。2005年,广州安排了62个重点建设项目,总投资达到2729亿元,年度投资计划为280亿元。大学城以25亿元的年度投资额名列第一,地铁3号线、新客站和科学城的投资额分别为20亿元、15亿元和15亿元。在各类项目中,交通与基础设施项目仍以数量占1/3、总投资占1/2名列首重。历年广州市城建设投资额如图6-12所示。

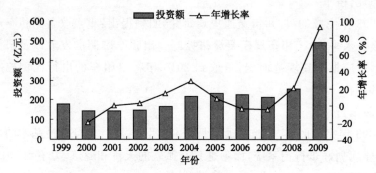

图6-12 广州市历年城建投资额变化

2007年,广州市坚持以交通为先导,增强经济社会发展承载力,构建多中心、组团式、网络型的城市空间结构。完善新城区的配套设施和服务功能,稳步合理扩展新城区,调整优化旧城的空间环境,使得城市整体结构布局进一步得到改善。全市完成城建投资211.71亿元,其中交通基础设施建设投资168.33亿元。交通基础设施投资中,轨道交通投资79.95亿元,道路投资87.62亿元,公交场站及设施投资0.22亿元,交通管理设施投资0.54亿元。先后建成一批重大基础设施和大型公共设施,使得广州市的交通设施承载能力进一步加强。

2008年,广州市以举办2010年亚运会为契机,继续优化城市空间结构布局,大力开展城市基础设施建设。全市完成城建投资245.5亿元,同比增长15.8%,其中城市轨道交通建设投资110.5亿元,占市城建投资的45%。大型对外交通枢纽设施建设顺利推进。

2009年是准备广州亚运会的关键一年,各项基础设施集中建设,交通建设发展如火如荼。区域交通、城市轨道交通、城市道路交通、城市公交等各方面都取得了新的成绩。城建投资成倍增长,全年城建投资492.13亿元,较上年增长100.5%,完成投资424.16亿元。其中地铁投资141.44亿元,道路投资41.23亿元,行人设施投资0.43亿元。

目前,广州应继续保持高投入态势,提高交通基础设施的承载能力。根据发达国家经验,在城市交通系统建设阶段,都有一个大比例的投入期。广州由于历史欠账较多,交通基础设施还比较薄弱,承载能力有限。因此,继续保持对交通基础设施的高强度资金投入,是未来相当长一段时期城市建设的首要任务。具体措施如下。

(1)确保资金足额到位,按照目前行业公认的标准,大城市每年的交通投资应占城市GDP的4%~6%。

(2)优化资金使用结构:继续加大对公共交通的投入,在保持轨道交通建设投入的同时,资金应适当向常规公交倾斜,促进公共交通全方式的优先;道路建设方面,应该针对目前道路网络级配布局欠佳的缺陷,调整集中建设主要道路(主干道及以上道路)为主的思路,将建设重心逐渐转向建设次要道路(次干道及以下道路),完善路网级配,规范道路功能,充分发挥道路网络整体功能;交通管理方面,"建设城市"的理念应逐渐向"管理城市"转变,交通投资重心也应逐渐由设施建设向管养维护转移,提高交通系统综合使用效率。

(3)引进市场机制,拓宽融资渠道,缓解政府财政投入压力。

6.7 小　　结

广州是我国南方改革开放的典型城市,城市建设基础较好,发展实力比较雄厚。概括起来,广州市交通结构变化的基本特征可以从以下几方面来认识。

(1)交通需求特征

随着城市区域的扩大、社会经济的发展、中心城市地位的提高、小汽车家庭化速度的加快以及交通方式结构的多元化,城市交通出行特征和空间分布发生了根本性的变化。居民出行强度有所增加,城市出行总量明显增大,以通勤为目的出行的压倒性优势不复存在,机动化出行成为城市居民出行的主旋律,全日出行时变系数趋于平均,住宅郊区化现象初现端倪,疏散中心区的意图初步实现,出行时耗略有增加,出行距离明显增长。

另一方面,广州市对摩托车的管理有效地抑制了摩托车的发展,对市区交通治理起到了良好的推动作用。广州市地处南方,一直是一个摩托车城市,实行中心区禁摩政策是一项正确抉择。

(2) 公共交通体系

近年来,广州个体机动方式与公共交通方式比例达到 0.42∶0.58,公共交通方式中常规公交仍然占据绝对主体,这表明广州交通已经走上了一条良性、节约型的道路。但是其中仍然存在不少问题。

①常规公交运力不足,整体出行环境堪忧。2009 年,在常规公交需求集中的新七区公交保有量下降,运力不能满足稳步增长的运量,车内环境也因此恶化;同时,受道路交通状况影响,高峰时间常规公交平均车速基本与自行车速度相同;另外,部分站点候车条件很差,人流车流混杂。

②由于道路拥堵加剧,交通延误增加,2009 年市区出租车日客运量大幅下降;高峰时间打车困难程度较 2008 年增加,"打车难"问题仍然存在。

③各类交通方式不能较好地协调与衔接,尤其是以轨道站点为基础的交通衔接设施供给不足。近年来规划了较多的轨道交通衔接设施,但实际建设程度不高。目前已开通的地铁 1～4 号线规划的衔接设施平均实施率只有 22.6%,衔接设施种类方面实施率相对较高的公交停靠站也只有 37.6%,最低的自行车停车场只有 7%。此外,在现行的公交月票方案中也没有地铁与公交换乘优惠的措施。

(3) 私家车管理

近年来,广州市机动车总量一直保持增长,但增长幅度有所波动,这与国民经济的发展和道路的建设密切相关。2009 年全市私人机动车 163 万辆,占全市机动车总量的 83.3%,比上年增加 104235 辆,增幅 6.8%,已经成为全市机动车构成的绝对主体。

广州市通过停车收费等管理政策的实施,有效地抑制了中心区小汽车使用的强度,实现了工作日小汽车出行量的降低,改变了我国城市居民开车上班的理念,这可以被认为是国内大城市交通需求管理领域最重要的突破之一。

(4)交通政策

广州市城市交通发展的总体政策是逐步建立以公交为主体,快速轨道交通为骨干,各种交通方式相结合的多层次、多功能、多类型的城市综合交通运输体系。广州针对不同交通系统,制订了不同的交通供给政策,以轨道交通为龙头,带动客运结构转型,加大公交运力投入以确保公交路权优势,同时建立保障制度,形成统筹机制。

不过,广州市1995年以来推行的"限制自行车的发展"的交通政策,使自行车方式占全部出行(不包括步行)的比例从1998年的55.9%,下降到了2005年的14.60%。这在近期确实取得了一些效果,但从长远来看,随着轨道交通网络的建设与扩大,是否会妨碍"轨道交通+自行车"出行模式的发展,还有值得斟酌之处。

总之,广州市在交通治理方面所推行的"先理念,再宣传,后实施,观成效"的逐步推进模式,体现了交通管理与决策部门在交通治理方面长期、一贯的既定方针。经验表明,政府坚定不移的交通发展战略对引导交通结构朝着目标的方向迈进至关重要。交通政策措施及其实施的最大敌人是"多变"。"多变"令公众摸不着头脑,也严重影响了政府与交通管理部门的形象,无形中加大了公众对措施合理性的怀疑,这一点非常值得我国各城市借鉴。

7 东 京

7.1 东京城市概况

东京是日本的首都,是世界级大城市,也是日本政治、经济和文化的中心。它位于关东地区南部,大致坐落于日本列岛中心。现在一般所提及的"东京市"在行政区划上早已消失,其区域范围其实指的是现在的"东京23区"。该区域由千代田区、中央区、港区3个中心区和新宿、文京、涩谷、丰岛4个副中心区及其他城市区组成。

实际上东京作为一个行政区划,在日本叫做"东京都"。其区域范围包括三部分,即东京23区、多摩地区和太平洋的伊豆群岛、小笠原群岛及最东端的南鸟岛和最南端的冲之鸟岛。东京都与附近的千叶县、埼玉县、神奈川县、茨城县共同构成日本最大的城市圈。该城市圈以东京23区为核心,以京滨—京叶临海工业带为依托、由东京都及其周边半径距离为50~70公里范围内几十个规模大小不等的城市组成。铁路和公路以东京23区为中心呈放射状伸向各地,这个地区的人口约占日本总人口的26%,称为"东京圈"或"东京都市圈"。如果再将周边3县(栃木县、群马县、山梨县)包括在内,则把这"一都七县"合称为"首都圈"。有时不将茨城县划入"东京圈",而只将其看做"首都圈"一部分。由于"首都圈"中包含着"东京圈",有时也出现将两者等同使用,或是将"首都圈"看成"东京圈"外延扩大的情况。东京都的行政区域划分如图7-1所示。

图7-1中右侧深色区域为东京23区,左侧浅色区域为其西部的多摩地

区,左下角为岛屿部分。尽管岛屿部分在地理上与东京都分离,但也属于东京都行政区划的一部分。截至2009年10月1日,东京都人口约为1299万,面积约为2188平方公里。

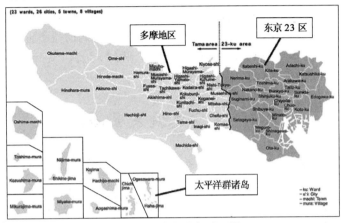

图7-1 东京都的行政区域

东京23区也叫做"东京都区部",面积约622平方公里,居民人口呈上升趋势,截至2009年10月1日达到约880万人,人口密度约为14152人/平方公里。商业办公设施在这23个区内相当集中,交通网络也相当密集,使得这个地区的交通和购物相当便利。但随着办公和其他商业设施的增加,该地区作为居住地的基本功能在减退。逐渐减少的水区和绿化带致使舒适的生活空间逐渐消失。由于木质房屋非常集中,地震灾害在该地区备受关注。在城市发展过程中,都市基础性设施的建设没有跟上时代的步伐。

多摩地区面积大约为1160平方公里,由26个市、3个町、1个村组成。该地区人口同样呈现微增趋势,截至2009年10月1日,人口达到约416万,人口密度约为3586人/平方公里。由于毗邻东京23区,这个地区都市化程度已经很高,但它拥有良好的自然环境,如水边区和绿化带。更重要的是,由于高校、高新技术产业和研究机构的集中,带来了强大的产业能力和丰富的人才资源,使这个地区成为拥有各种发展潜力的地区。多摩地区不仅在东京都内,在整个东京圈内也正扮演着越来越重要的角色。然而,与此同时,它也面临着包括公路和铁路在内的城市化基础设施的建设没有跟上时代的步伐以及发展所引起的生态环境恶化等问题。

岛屿地区总面积约406平方公里,包括2个町和7个村。岛上人口呈持续下降趋势,截至2009年10月1日,人口约为2.8万,人口密度约为68

人/平方公里。这一地区拥有良好的自然环境,并且蕴藏着丰富的矿产资源。但是这些岛屿的面积都很小,地理上又被隔绝于外,随着年轻人不断离岛到大城市工作和岛上人口老龄化的加速,岛上人口持续下降,劳动力短缺,而对劳动力需求较大的农业和渔业又正是这些岛屿的经济支柱。由于一直存在着交通不便、游客量不稳定等问题,这些岛屿的旅游业发展也比较缓慢。现在,这些岛屿面临着通过发展采矿业、空运、医疗保障等来改善居住条件和振兴经济的艰巨任务。

7.2 东京交通发展沿革

东京的历史可以追溯到四百多年前,当时称为"江户",1603年德川家康在这里建立德川幕府后城市开始繁荣起来。作为日本的政治和文化中心,江户在18世纪中叶开始成为一个拥有百万人口的大城市。这一时期,天皇一直居住在京都,京都是国家正式的首都。江户时代持续了将近260年,直到1868年明治维新,德川幕府统治瓦解,皇权复兴,天皇迁移到江户,将江户改名为东京,从此东京成为日本的首都。

在明治时期(1868~1912年),日本开始热衷于吸取西欧文明。1869年日本在当时的东京府和横滨之间开通了第一条电信线路,1872年第一辆蒸汽机车开始在新桥到横滨之间运行。随着1889年日本帝国宪法(明治宪法)的公布,日本建立起了一个现代民族国家的政治体系。同年5月,原隶属于东京府的15个区从东京府独立了出来,成立了东京市,开始了东京府和东京市双重行政机构并存的时代。

在大正时期(1912~1926年),当时的东京市城市工作人口数量增加,城市居民的生活消费比重提高,教育水平也得到了提升。1923年9月,关东大地震使当时的东京市变成了废墟。据报道,当时死亡及失踪者人数超过14万人,30万栋房屋被毁坏。同年,原有东京市的15个区周边的町和村开始并入东京市,形成了今天"东京23区"的旧东京市的管辖范围。

关东大地震结束后不久,昭和时代在昏暗中拉开帷幕。日本的第一条地铁于1927年在浅草和上野之间开通。1931年羽田机场竣工,1941年东京港开港。然而,1941年爆发的太平洋战争对东京产生了巨大的影响。为了适应战争需要,东京原有的双重行政机构,即东京府和东京市,在1943年合并形成东京都,建立了都行政系统。

1947年5月,日本的新宪法和地方自治法生效,通过公众投票,安井诚一郎被选举为新体制下东京都第一届都知事。同年8月实行了现在的东京23区制。20世纪50年代是日本战后逐步恢复的一个时期。1950年朝鲜战争爆发,当时的日本借机迅速地恢复了国内的市场繁荣,从而为其在20世纪60年代进入高速经济增长时期打下了基础。由于进行技术革新和引入新工业、新技术,东京居民的日常生活发生了巨大的转变。1962年东京都人口突破1000万。1964年,奥林匹克夏季运动会在东京举行,新干线(高速列车)开始运行,首都高速公路开通,为东京今天的繁荣打下了基础。

进入20世纪70年代,日本的高速经济增长的负面影响开始日益明显,城市开始被空气污染、水污染、高度的噪声污染等环境问题所困扰。

到了20世纪80年代,由于国际经济活动的增加以及信息社会的出现,东京的经济发展迈上了一个新台阶,东京都成为世界上屈指可数的大都市之一。但是,快速发展也导致了一系列更严重的城市问题,如环境水平下降、交通拥挤和城市救灾物资准备不足等。

步入21世纪,东京都正处于一个历史的转折点。通过落实多方面的开拓政策,努力战胜自身所面临的危机,东京力争将城市建设成理想的、极具吸引力的都市。

7.2.1 土地面积和利用

1965年到2005年,东京23区的面积有逐渐增加的趋势,但是变化幅度不大,见表7-1。

东京23区面积变化表(平方公里)　　表7-1

年　份	1965	1975	1985	1998	2005
面积	569.99	581.00	597.89	616.42	621.00

20世纪90年代中期以后,东京都区部的城市道路面积及其他道路面积占城市总面积的比例没有什么变化。城市道路面积包括道路交通和轨道交通所占的面积,占城市总面积的21%左右;其他道路主要指人行道路等,占城市总面积的18%。

7.2.2 人口流动特征

截至2009年10月1日,东京都人口约达到1298.9万人,约占日本总人口的10%,在全国47个都道府县中排第一位。其面积为2188平方公里,占全国总面积的0.6%。人口密度约为每平方公里5937人,是日本人口最稠密的地区。其具体分布为东京 23 区 880.2 万人,多摩地区 415.9 万人,岛屿地区 2.8 万人。东京都有 624.7 万户家庭,平均每户家庭有 2.08 人。从 1997 年开始,人口开始呈现增长趋势。1965～2009 年东京 23 区及东京都人口变化见表 7-2。

1965～2009 年东京人口变化情况(万人) 表 7-2

年份	1965	1970	1975	1980	1988	1998	2004	2009
东京 23 区	889.3	880.4	864.7	835.2	828.5	803.0	839.6	880.2
东京都	1086.9	1140.8	1167.4	1161.8	1189.9	1190.4	1246.2	1298.9

从表 7-3 可以看出,从 20 世纪 60 年代中期到现在,东京 23 区人口数量呈减少趋势,主要是受城市中心区地价升高的影响;而东京都的人口呈缓步上升的趋势,增长率逐步下降,变化趋势如图 7-2 所示。

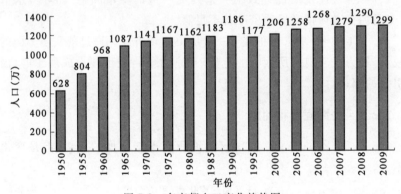

图 7-2 东京都人口变化趋势图

2005 年 1 月 1 日的居民基本登记调查表明,青少年(0～14 岁)、工作年龄人口(15～64 岁)、老龄化人口(65 岁以上)构成比例为 11.9%、70.2%、17.9%。老龄化人口的比例在 1978 年已经超过了联合国规定的 7%的"老龄化国家"标准,从那时起该比例增长的速度不断加快,1998 年超过了 14%的"高龄化社会"标准。

日本 2005 年国情普查结果显示,东京都 15 岁以上的人口有 1099.1 万人,总劳动力人数为 627 万,其中就业人数有 591.6 万人,待业人数为 35.4 万人。1985～2005 年各产业就业情况如图 7-3 所示。东京都就业人员分为三个产业部门,其中 2005 年从事第一产业农林渔业的有 2.6 万人(0.4%);从事矿业、建筑业以及制造业等第二产业的人数为 110.9 万人(18.7%);从事商业、运输和通信业、服务业等第三产业的就业人数为457.6 万人(77.4%)。

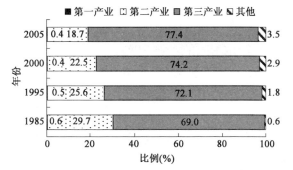

图 7-3 三产业就业比例变化趋势图

日本 2005 年国情普查结果显示,东京都白天的人口为 1497.8 万人,比夜间人口的 1241.6 万多出 256.2 万人,白天人口是夜间人口的 1.2 倍以上。这个差别主要是由 3 个邻县(埼玉县、千叶县和神奈川县)的通勤学生和工薪族所引起的。尤其在东京的 3 个核心地带——千代田区、中央区和港区,白天人口是夜间人口的 7 倍之多。

从 1965 年以后东京都的变化来看,到 2005 年为止,夜间人口增加了 115 万,约为 14.2%,而白天人口则增加了 323 万,约为 27.5%。1970~1990 年东京 23 区人口流动情况见表 7-3。

东京 23 区流入人口表(人) 表 7-3

年 份	白天人口	常住人口	流入人口	流入人口的增加值	白天人口的增加值	常住人口的增加值
1970	10432558	8840217	1592341	—	—	—
1975	10725085	8646188	2078897	486556	292527	−194029
1980	10613417	8336266	2277151	198254	−111668	−309922
1985	10958178	8346709	2611469	334318	344761	10443
1990	11287948	8099153	3188795	577326	329770	−247556

从表 7-4 可以看出,东京 23 区常住人口呈下降趋势,白天人口呈增加趋势,每天早晚往返于东京 23 区与周边地区的人口数量从 1970 到 1990 年增加了 1 倍。产生这种情况的原因是城市中心区地价随城市发展而增加,居住条件恶化,以致人口向周边扩散,而中心区政治、经济、文化的发展又使得白天上班人口增加。这种情况虽然缓解了城市中心区的压力,但同时增加了通勤高峰期的交通压力。

7.2.3 经济发展水平

东京都是日本全国的政治、经济和文化中心。行政、立法、司法等国家机关都集中在这里。被人们称为"官厅街"的"霞关"一带聚集着国会议事堂、最高裁判所和外务省、通产省、文部省等内阁所属政府机关。过去的江户城,现在已成为天皇居住的宫城。东京都内各种文化机构密集,其中有全国80%的出版社和规模大、设备先进的国立博物馆、西洋美术馆、国立图书馆等。东京都作为一个国际性的大都市,还经常举办各种国际文化交流活动,如东京音乐节和东京国际电影节等。日本的主要公司都集中在东京都区部内,它们大多分布在千代田区、中央区和港区等地。东京都同它南面的横滨和东面的千叶地区共同构成了闻名日本的京滨叶工业区。主要工业有钢铁、造船、机器制造、化工、电子、皮革、电机、纤维、石油、出版印刷和精密仪器等。东京都内金融业和商业发达,对内、对外商务活动频繁。素有"东京心脏"之称的银座,是当地最繁华的商业区。东京都GDP的变化趋势如表7-4所示。

东京都不同时期GDP的变化趋势表(兆日元) 表7-4

年份	1990	1995	1996	1997	1998	1999	2000	2001	2002	2003
GDP	77.51	84.10	82.79	84.41	84.11	84.23	84.14	83.06	81.84	83.63

从表7-4可以看出,1990~1995年,东京都GDP呈增长趋势;1995~2003年,由于受亚洲金融危机的影响,东京都GDP大致不变,其中1996年和2002年的值较低。

7.2.4 城市规划与交通规划

(1)城市规划与道路规划

东京都城市圈道路网规划始终与城市的空间布局紧密联系。1919年公布的都市规划法,使得东京城市规划可超越城市行政区划确定规划的范围。1922年制订的东京城市规划将周边82个市町村纳入东京城市规划的范围,开始建立大东京规划的基础。1932年,东京将周边的82个市町村合并,建立了当时为35个区的大东京市。

1910~1920年,日本与当时其他发达国家一样,将防止大城市无限制地扩大作为重要课题。其都市圈规划的主要空间概念采用的是主城与卫星城结合,即将主城街区用绿化地带围括起来以防止其扩展,同时在主城外侧配置卫星城。1927年制定的"大东京城市干线道路规划"的目标,是对将要城市化的东京市外围地带,采用放射与环状相结合的道路网构成城市的基本骨架。

1945年日本投降之后,为了尽快恢复城市面貌,1946年制定了东京复兴规划纲要。该纲要的区域规划部分,继承了1939年的东京绿地规划、1942年的航空都市规划和关东区域规划中的重要规划思想,即功能分散、环状绿地、生活圈等。其城市空间布局的基本思想为:在东京23区40公里圈的范围内,设置人口为10万人左右的卫星城(例如横须贺市、八王子市、立川市等),分散城市人口和工业,进一步在其外侧强化20万人口规模的外核城市(例如水户、宇都宫、高峰等),卫星城、外核城市群体共容纳人口400万。与这一方案对应的1946年道路规划同样突出了环线和放射轴线的作用,不过道路的等级标准比1927年的规划有很大的提高,主要干线道路宽度达到100米。

1955年开始,由于车辆急剧增加,城市道路出现明显的交通阻塞。为了缓解城市中心地区的交通拥挤,首都建设委员会提出了对东京都城市高速公路建设的建议。1953年的建议方案为2环5射,49公里;1957年的建议方案为2环8射,62.5公里。这两个规划方案的共同特点是加强中心城区与池袋、新宿、涩谷等副都心之间的联系,兼顾城市对外交通联系。1959年的城市规划确定的具体规划方案为71公里。从此,城市高速公路取代了战前干线道路,成为东京都城市骨架的重要构成部分。

从实际分阶段建设情况来看,1964年以前,修建的是联结东京站、新宿、涩谷及羽田机场的高速道路系统,形成一种半环与放射线相配合的路网结构;1965~1976年期间,完成的高速公路以放射性道路为主;1977年之后的高速道路建设,除了继续完成放射性道路及其与对外高速公路的联系,开始加强中央环状线和外环高速公路的建设。

(2)城市规划与轨道规划

明治维新以后,作为现代化建设和国家统一政策的重要起步,日本开始进行铁路建设。19世纪末,当时的东京市已经形成与其他城市之间的铁路联系骨架。为了解决这些铁路之间的联系,1885年日本建设了连接赤羽和品川的铁路联络线,并产生了贯通城市地区的高架轨道以及东京停车场(东京站)的设计方案。

城市铁路布局方案的意图是使城市间的长距离列车能够在由环线铁路沟通的中间车站停车,当时东京市内各地也就可以较为方便地利用这条长距离运营列车;同时,短编组的城市型列车等时间间隔地在品川与上野之间运行,其中相当一部分班次将直通环状线(山手线),并努力实现完全的环状线城市型列车编组的运行;再有就是通过城市型列车的运行,建立起便利的城市中心地区与郊区之间的联系,从而使得低收入阶层可以较为容易地在郊区获得住宅,并利用铁路系统实现通勤交通。这一布局的直接作用是促进了新宿、涩谷、池袋等城市副都心的发展。东京的地铁建设开展得较晚,1920年才由当时的市区改正委员会提出由7条线路构成的铁路规划,该方案体现了一种将当时的山手线主要枢纽与都心建立紧密联系的思想。

由于资金困难等多方面原因,第二次世界大战前建设的地铁规模并不大。1946年的东京复兴规划提出了5条线路的高速轨道交通网络方案。该方案中的各条线路进一步向山手线以外的郊区伸展,与郊区列车相互连通,即形成所谓的"相互直通运转"方式。另外,东西向线路具有对接近饱和的地面铁路中央线分流的特征。东京地铁的最大特点在于它与其他轨道交通的直通运行,这并不是东京独有的方式,但它在实现规模和彻底性上值得称道。

1957年以后,日本国铁投入巨大力量对首都圈通勤输送能力进行改造,特别是1965年开始的第三次长期规划,展开了所谓"通勤5方面作战"的大规模改造计划。在东海道、中央、东北、长磐、总武5个方向的干线中投入6800亿日元的巨资,进行增设线路等技术改造,实现了旅客列车、货运列车、近距离列车、快速列车、慢性列车等分道行驶,以及长编组化和高速化,大幅度提高了运送能力和运行速度。

通勤铁路对于新住宅区开发具有的关键作用,可以通过多摩新城与千叶新城的对比看出来。多摩新城占地3000平方公里,最终规划居住人口30万人。1974年,京土相模原线和小田急多摩线开通,其后京王线通过都营新宿线,与新宿副都心及东京都心之间建立了便捷的交通联系。至20世纪90年代初,多摩新城已形成了16万人的规模。千叶新城1978年虽然开通了部分铁路路段,但到1991年才通过连接常磐县可以直达东京都心。这13年间由于不可避免的换乘,影响了交通联系的便利性,因此入住人口增长速度缓慢。

第二次世界大战后,东京为了达到满足潜在的住宅需求以及交通运输需求的目的而修建铁路。随着对东京圈多极化结构改造的重视程度的加强,东京都向心线以外线路的铁路建设日益引起人们的重视。

城市轨道交通和城市规划之间是紧密联系的。作为普通市民能够方便、低廉地使用的大众运输系统,对城市规划的影响非常巨大。具体影响如下。

①形成郊区居民区沿城市轨道交通线发展。旧东京市的郊区居民区是沿着辐射状的城市轨道区域发展起来的,并在城市轨道交通的终点站产生城市次中心。在今天的东京都市圈中,商业区的分布越来越密集。比城市中心还要高度发展的商业区是山手线上的池袋、新宿和涩谷等地区。形成这样的局势基于以下的原因:首先,1940年以前,当时东京市的城市轨道交通网络仅限于诸如中央、京浜、东北等有轨电车和国家铁路等辐射线路,延伸到郊区的私营铁路不允许进入城市中心,只能被迫将终点站建在山手线上,因此,一些大的私营铁路公司在池袋、新宿、涩谷等站设置了换乘站。这些换乘中心吸引了大量客流,逐渐形成了繁荣的商业区和娱乐区。私营公司自身的设施建设投入更加速了这种趋势。其次,当时的东京市政府将岛屿卖给了私营公司,也刺激了新宿地区的发展。

②促进私营铁路沿线居民区的发展。私营铁路公司为了发展运营,都希望铁路沿线形成大规模的居民区。例如日本最大的私营铁路公司之一的东急铁路公司,曾将它的一条铁路线延伸到东京23区西南郊区,同时在没有任何政府辅助资金的情况下,将沿线原来的农业区发展成了大规模的居民区。这是一个利用私营铁路公司的活力发展城市的典型例子。

③加速商务区和居住区的分离。东京城市轨道网络的显著发展,加速了居住区与商务区的分离,从而形成了世界上罕见的远程上下班人潮。2000年上下班的平均时间为66.9分钟。由此可见,建立充满远见的城市发展规划以及与之配套的城市轨道开发方案是至关重要的。

东京都市圈导向大容量轨道交通系统(Guided Mass Transit System)的网络总长度为2453公里,城市轨道网络密度为381.67米/平方公里,包括重轨铁路、地铁、单轨电车、市中心旅客运输(Down Town People Mover)和有轨电车。具体情况见图7-4和表7-5。

在这些组成部分中,重轨铁路线占到整个网络长度的85%以上,比如由东日本铁路(私有化以后日本国家铁路的继承公司)和私人铁路公司经营的山手线和主要放射线。地铁线占整个网络长度的11%左右,大部分集中在山手线以内的城市中心。单轨线和市中心旅客运输线是在1960年或其后建设的,连接着新商业区和新居民区。直到几十年前,有轨电车还是诸如山手线以内的城市中心的主要运输工具。但是随着客运汽车的快速发展,有轨电车线路逐渐被拆除,部分代之以地铁网络。

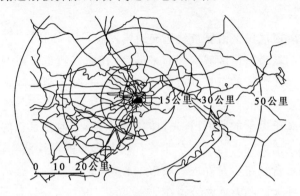

图 7-4　东京都市圈的城市轨道网络

东京都城市轨道交通网络的组成　　　　　　表 7-5

类　型	长度(公里)	网络份额(%)
重轨铁路	2097	85.49
地铁	263	10.72
单轨电车	37	1.51
市中心旅客运输	39	1.59
有轨电车	17	0.69

7.3　东京交通结构分析

7.3.1　出行方式

东京 23 区和东京圈的交通结构演变情况,如表 7-6 和表 7-7 所示。

东京 23 区交通结构演变情况(%)　　　　　表 7-6

出行方式 年份	铁　路	公共汽车	小汽车	自行车	步　行
1988	39.6	2.8	16.4	15.1	26.1
1998	41.4	2.6	15.3	16.9	23.8
2004	43.0	3.0	23.0	10.0	21.0

东京圈交通结构演变情况(%) 表7-7

出行方式 年份	铁 路	公共汽车	小汽车	自行车	步 行
1968	24.2	7.1	16.8	9.1	42.8
1978	22.8	4.0	24.1	15.2	33.9
1988	25.0	2.8	27.4	17.8	27.0
1998	25.5	2.4	33.1	16.7	22.3

东京23区和东京圈的交通结构(不含步行和自行车)演变情况,如表7-8和表7-9所示。

东京23区交通结构(不含步行和自行车)演变情况(%) 表7-8

出行方式 年份	轨 道	公共汽车	出租车	私 家 车
1975	69.9	9.2	5.2	15.7
1985	72.6	6.5	5.6	15.3
1990	72.3	5.4	4.3	18.0
1995	73.1	5.3	3.9	17.7
2000	73.4	4.9	3.8	17.9

东京圈交通结构(不含步行和自行车)演变情况(%) 表7-9

出行方式 年份	轨 道	公共汽车	出租车	私 家 车
1955	78.1	15.3	6.6	—
1965	70.1	20.6	9.3	—
1975	59.7	15.8	5.2	19.3
1980	58.3	13.2	5.2	23.3
1985	58.6	11.3	4.8	25.3
1990	56.3	9.7	3.6	30.4
1995	55.3	8.4	3.4	32.9
2000	55.4	7.6	3.1	33.9

表7-6~表7-9显示了东京23区及东京圈交通出行方式比例的变化趋势。可以看出,东京23区部及东京圈公共交通所占的比例都比较大,东京

23区部轨道交通占公共交通出行比例的70%左右。从20世纪60年代到现在,东京23区轨道交通所占比例不断提升,公共汽车所占的比例大幅降低,私家车的出行比例有所增加。东京圈内由于私家车的出行比例增加很大,使所有公共交通出行方式的比例都有一定下降。

轨道交通在上下班交通中的地位及其重要。在东京圈的中心区域,由于城市的快速发展及因此导致的自1960年以来的地价猛涨,居民区不可避免地向城市郊区迁移,逐渐与市中心的商业区分离开。这意味着工作日早晨,大量上班族会从郊区涌入城市。在1995年,每天进入东京都中央10个区的上班族平均流量达到了404.8万人,仅略少于俄罗斯第二大城市圣彼得堡1997年的人口总数。短期内如此大的乘客流量是无法被公路交通接纳的,实际上其中90%以上的乘客流量是由城市轨道交通承担的。尽管这个区域内的客运汽车拥有量也在增加,但轨道交通承担的份额一直在平稳地上升。很容易理解,如果没有2000多公里的城市轨道交通网络,东京圈内的每一项活动都不可能正常持久地运作。

7.3.2 出行目的

1968年以来,东京圈居民出行目的的变化不太明显。其变化趋势如图7-5所示。

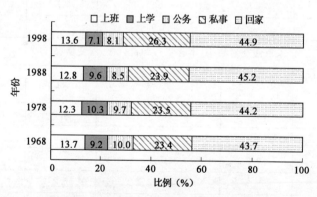

图7-5 东京圈分目的别交通方式变化图

7.3.3 出行时间

1988年和1998年东京都市圈和东京23区通勤时间构成如表7-10所示。从中可以看出,东京都市圈内平均通勤时间约为42分钟,其中90%以上通勤时间在90分钟之内;去往东京23区的平均通勤时间约为55分钟,其中85%左右的通勤时间在90分钟之内。

东京都市图和东京23区通勤时间构成 表7-10

地区	年份	通勤时间比例(%)				平均通勤时间(分钟)
		30分钟以内	30~60分钟	60~90分钟	90分钟以上	
东京都市圈	1998	37.2	31.1	22.0	9.7	43
	1988	38.8	30.7	21.6	8.9	42
东京23区	1998	19.2	31.2	33.5	16.1	56
	1988	20.4	32.5	32.6	14.5	54

1988年和1998年东京都市圈出行高峰期变化比较如图7-6所示。

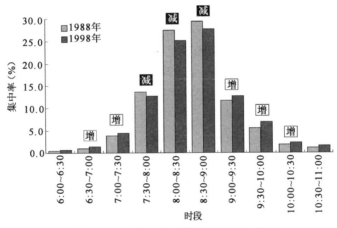

图7-6 东京都市圈高峰期出行率比较图

从图7-6中可以看出,1988~1998年的10年间,东京都市圈的交通高峰有所缓解。1988年,8:00~9:00的交通高峰特别明显,到1998年,该时段的高峰有所削弱,而8:00以前以及9:00以后的交通量有所增加。

7.4 公共交通系统分析

东京公共交通系统由城市铁路、有轨电车、地铁、公共汽车等组成。其特点是大容量、高运速的轨道交通很发达,拥有世界上客流量最大的铁路线网,公共汽车交通承担客运量的比例逐年减少、轨道交通逐年增加。

东京平均每天客运量的60%由城市铁路承担。市内交通客运量构成中,有轨电车比重最大,达49%;其次为地铁和轻轨交通,占总运量的30%;公共汽车比重较小,为7.6%。市中心公共交通(不含出租汽车)占出行总量的比例达到86%。

7.4.1 城市铁路

东京的铁路从1869年在英国的帮助下开始建造。1872年9月13日,东京第一条铁路(新桥—横滨)开始营业。为了举办东京奥运会,1959年开始修建新干线,1964年新干线开通(东京—新大阪)。同年,羽田(东京机场)到滨淞町的单轨铁路开通。

7.4.2 有轨电车

1903年起,东京开始出现第一条有轨电车线路。20世纪前50年,有轨电车迅速发展,到1962年共有40条线路,总长213公里。但随着汽车、地铁的发展,对有轨电车的需求越来越少,根据城市规划,有轨电车线路逐步被拆除。1963年开始减少线路,到1972年只剩下荒川线,总长12.2公里。

7.4.3 地铁

随着有轨电车的发展,东京的道路空间逐渐减少。经过多次调查后,于1925~1927年,在当时的东京市开通了第一条地铁(上野—浅草,2.2公里)。东京地铁的建设理念是以通过市中心区的贯通线为主,以放射和环行线为辅,向市郊延伸。纵横交错的东京地铁,把市区的主要部分紧密衔接起来,各线汇合点往往立体交叉,换乘方便、快速、准时、舒适。东京都地铁线路图见图7-7。

1954年丸之内线开通,1961年日比谷线开通,之后差不多每五年建成一条地铁。20世纪70年代的世界石油危机导致日本都市地铁高度发展,形成了地铁交通网络。该网络从市区延伸到郊区,与地面交通及各种快速轨道交通相互衔接形成了整体。随着2000年12月12日大江户线全线开通,东京都内地铁增至12条,总长292公里,共有277个车站。

7.4.4 公共汽车

1919年,当时的东京市开始公共汽车运营。到日本高度发展期,公共汽车在公共交通中已经上升到很高的地位。但随着车辆增加,东京都内的公共汽车运行速度越来越慢,不能按时到达。这样的情况下,其载客人数越来越少。东京都公交运送人数和地铁运营里程变化见图7-8。其中,从1960年开始一直增长的是地铁运营里程,从1975年开始减少的是公交运送人数。

7 东 京

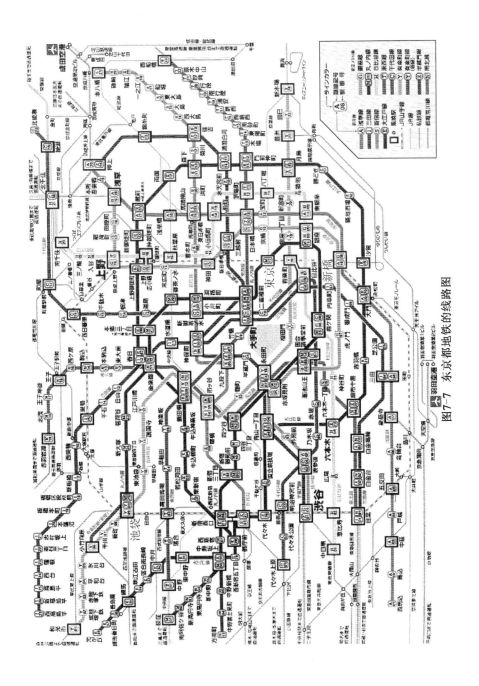

图7-7 东京都地铁的线路图

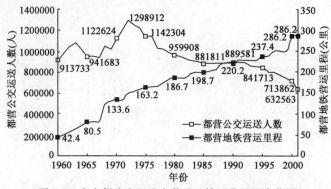

图 7-8 东京都公交运送人数及地铁运营里程变化图

7.4.5 出租汽车

东京出租汽车的历史可追溯到 1912 年,当时在东京乘坐出租车 1 英里需要 60 钱("钱"是过去日本的货币单位,跟中国的"分"类似)。那个时候乘坐出租车相当昂贵,整个东京只有 6 辆出租车,但 9 年之后就增加到 1205 辆。

7.5 私人交通系统分析

7.5.1 私人小汽车

1889 年,汽车从法国输入到日本,从此开始了日本汽车历史。1904 年,日本汽车制造业的开山者吉田真太郎成立了东京汽车制造厂,三年后制造出了第一辆国产汽油轿车——"太古里 1 号"。随后日本国内出现了众多汽车制造厂。20 世纪 50 年代,汽车企业为了适应经济高速增长带来的需求,开始了汽车的自动化生产。但随着汽车数量的增加,城市的拥堵问题也越来越严重。

从表 7-11 可以看出,20 世纪 50 年代至 90 年代,是东京机动车数量飞速增长的时期。同时,机动车数量的增加也带来了交通拥堵、环境污染等问题。从 2003 年开始,东京为了保护城区环境,开始限制小汽车的使用。

东京 23 区机动车交通量及平均旅行速度表   表 7-11

年份	1980	1985	1990	1994	1997
12 小时交通量(1000 车公里)	5491	5584	5663	5917	6123
平均速度(公里/小时)	21.4	14.8	19.1	11.6	16.7

7.5.2 自行车

日本从19世纪80年代开始进口自行车。1892年,当时东京市的邮递员首先开始使用。到1925年,日本昭和时代开始出现女用自行车。1920年日本自行车的保有量为200万辆,1925年增加到410万辆,由此,自行车开始慢慢走进普通百姓的生活。1925年的东京交通调查显示,自行车在通行车辆中最多,占54.3%。1970年自行车数量开始迅猛增加,1973年日本年生产量为941万辆,此后生产量开始减少。1988年进口自行车数量开始增加,2000年进口量超过了国产自行车数量。

7.6 东京交通政策

7.6.1 交通政策演变

日本的城市发展一开始走的就是自上而下的道路,政府的政策及意图对城市发展起着决定性作用。日本早在明治维新时代就已确立了"交通先行"的城市发展政策,此后一贯重视交通发展并颁布了一系列法规。相关法规除城市规划法外,还有更高层面的国土利用规划法和国家主干高速公路建设法。专项法有道路法、汽油税法(确保道路建设的资金来源)、有轨电车法及停车泊位法等。另外,国家还允许大都会地区高速公路开发公司直接参与大型道路设施建设。中央政府力求通过这一系列法规和开发手段,达到从宏观层面到微观层面确保道路交通有序发展的目的。具体政策如下。

(1)建设交通基础设施,大力发展公共交通尤其是轨道交通

从20世纪50年代起日本进入高速经济发展阶段之后,东京的人口急剧增加,社会基础设施日渐落后,道路运输严重阻塞,车辆拥挤不堪,交通日益恶化的状况成为铁路运营公司、地方以及中央政府必须解决的问题。铁路作为公共交通的主要手段,发挥了积极的疏导作用,使得交通阻塞得到一定缓解,但没有从根本上解决问题。从长远来看,考虑到保护环境的重要性,小汽车的数量还要大大缩减,更多的乘客要转移到铁路运输上来。因此,大力建设交通基础设施,大力发展公共交通尤其是轨道交通成为重要的交通政策之一。

拥有约1200万人口的东京都,多年来一直大力发展轨道公共交通。东

京人出行以公共交通为主。在东京23区中,公共交通承担着70%的出行,为世界之最。东京都在修建铁道线路之前,会对地区客流量和乘客需求等要素进行充分的调查,以此为基础进行修建。东京还努力简化各种轨道公交线路之间以及它们与其他路面公交服务之间的换乘。在火车站(日本铁路与地铁的车体等硬件设备和运营组织方法完全一致)或地铁站内,一般每隔不到50米就有乘坐各条路线的指示标牌,大部分路线之间换乘十分方便。车站出口,设有公共汽车站和出租汽车站,使整个公交系统连成了一张服务网。1974年,东京都政府正式提出建设以公共交通,尤其是轨道交通为主的新城市交通体系。

(2)注重交通供给与交通需求的协调统一

东京都是世界上人口最多的城市,城市中心也是业务中心,早高峰每小时约有100万人从郊外各县涌向市区。20世纪60年代交通问题日益紧张,政府就从制定交通法规、调整交通结构、加强交通宣传教育、完善交通安全设施、提高车辆性能、运用智能交通技术等多方面进行努力,历经20余年才使问题基本上得以解决。具体做法如下。

一是注重交通基础设施与城市发展的协调。以建设和发展轨道交通为主,再综合布置高速公路和其他交通方式。现有交通以快速铁路为主,公共汽车和出租车作为补充,轨道交通所承担的城市运量比重较高。

二是建设综合性枢纽。将高速铁路、城市轨道交通、地面公交、汽车停车和商业布局有机地联系在一起,缩短乘客的换乘时间。综合性枢纽建设还有助于交通的合理组织,提高交通安全性。

(3)2000年提出运输需求管理(TDM)政策

2000年,东京都制订了相应的交通需求管理措施,通过经济杠杆调节进入城市区域的机动车需求,引导和鼓励居民使用公共交通系统,使得公共交通在城市交通中一直处于主导地位。东京都区域内的停车场都是收费停车场,并以半小时作为一个收费时段。停车收费是政府控制机动车出行的方法之一。

(4)2003年再次提出抑制私人小汽车发展政策

21世纪以来,随着私人小汽车数量的增加,交通拥堵更加严重,城市环境进一步恶化。迫于民众的呼声,2003年初,东京都当局再次提出抑制私人小汽车发展的政策。

(5)建立城市新交通体系

近年来,日本城市新交通系统发展引人注目,目的在于解决中距离、中运量交通,以弥补以往只注重发展长距离而导致的近距离交通手段不足。其运输工具种类繁多,现代化程度极高,包括单轨磁性电车、悬挂式单轨交通、封闭式专用公共汽车道等。日本交通的现代化水平早已处于世界前列。

2001年,在第四次东京居民出行调查的基础上,东京提出了城市发展的三个目标和六方面政策。三个目标为提高东京都市圈的活力、实现安全快捷的运输、构建环保的交通体系,实现目标的六条政策是从交通需求和供给两方面提出的,具体包括城市规划和土地规划诱导、减轻交通负荷和环境负荷、加强主干道建设和交通服务、加强各种交通方式衔接和方便换乘、有效利用既有的交通设施提供服务以及提高服务质量。

7.6.2 主要交通政策

(1)交通供给政策

东京都的汽车交通量随着人口、产业、经济的集中化和生活圈的区域化而日益增加,加上邻近各县流入东京都内和通过都内的交通量稳步上升,更加重了道路负担。

东京都市政当局决定在整个东京都区域范围内建设道路网线路1247条,总长3127公里,其中东京23区内约1730公里,多摩地区约1390公里。高速道路方面,规划建设12条高速道路,3条分叉线,总长约216公里,并根据工程优先程序制订工程计划,选定建设路线。以东京23区部分环状方向道路和多摩地区部分南北道路为重点,于21世纪初完成整个东京都规划道路的60%,东京23区道路的65%,多摩地区道路的55%。区域干线道路和城市高速道路对缓解汽车交通阻塞,排除来自一般道路的通过交通,维持区域性城市活动,促进地区间联系具有重要作用。为此,必须加强落后于放射性方向的环状道路建设。为了引导合理分流,必须促进中央环线首都圈枢纽道路和东京都外环线等的道路建设,并改善形成瓶颈的阻塞地段。

公共交通建设方面,以铁路为首的东京圈公共交通,承担着约70%的旅客运送量任务。随着公共交通工具运送旅客比例的变化,出现了公共汽车交通逐年减少、铁路系统交通工具逐年增加的趋势。从通勤交通工具来看,东京都利用铁路通勤的约占60%,说明铁路已成为上下班的主要手段。从东京23区来看,利用铁路上下班者已超过70%,副都心更达到80%。因此,铁路交通已成为维持市民生活和城市活动的重要交通手段。迄今为止,由于加强了以市区铁路线为中心的运送能力,早高峰时段的拥挤已得到逐步改善,但与国家运输政策审议会提出的基本规划目标值尚有距离,必须通过建设新线和促进线路的并列复线化来缓解交通拥挤,组成多中心型的都市结构,重点建设环状方向线路,以培育形成业务中心城市、副都心、多摩中心等交通网络。从控制汽车交通量角度出发,争取充实公共交通也是相当重要的。

为了构筑适应市民需要和适合地区情况的多元化交通网络,东京都市政方面积极争取引进新的交通体系等新的交通手段。日本国家运输政策审议会认为,以东京圈的城市高速铁路为中心的交通网基本规划,确定在21世纪初建设约560公里是合适的,它有助于向多中心型的都市发展。在进行都营地铁12号线、都营三田线、建设公团南北线、半藏线等延伸的同时,新建常磐新线、东京沿海高速铁路等。通过实现东京圈的业务中心城市网络的有机连接,充实公共交通。为了开拓新的交通手段,建设适应地区情况的面向21世纪市民需要的多元化交通网络,计划积极引进多摩城市单轨铁路、东京沿海新交通、日暮里舍人线等新的交通体系。软件方面,在争取提高换乘方便性等公共交通服务质量的同时,制订福利性城市建设的指导方针,在铁路车站积极设置自动楼梯、电梯、坡道、视觉障碍引导区段等,以争取实现包括老年人、残疾人在内的所有行人都能方便使用的公共交通。

公共汽车交通方面,由于道路拥挤所带来的行驶环境恶化等导致公共汽车不能确保车辆行驶的定时性、快速性,乘客逐年减少,无法完成"都民之足"和"身边的交通工具"的原有使命。为此,东京都市政当局决定积极采用城市型车辆,改进公共汽车停车站,设置车辆接近表示装置,扩大公共汽车专用车道,恢复公共汽车的原有功能,并通过综合措施推进采用城市新公共汽车体系。同时,引进公共汽车终端信息向导系统和修建周到细致的公共汽车线路网,引进削减氮氧化物和黑烟的电力、内燃两用公共汽车,使公共汽车再次成为具有吸引力的交通工具。

(2)交通价格政策

东京都的地铁有两种,一种是由帝都高速交通财团经营,简称"营团地下铁";另一种是由东京都交通局经营,简称"都营地下铁"。现在共有8条"营团地下铁"和4条"都营地下铁"运营。

地铁既稳且快,是东京最便利的交通工具,但须避开早晚上下班时间,因为此时乘客多,车箱内较拥挤。车票可在车站入口的自动售票机投币购买,营团地铁费用是6公里以内160日元,之后随乘车距离依次递增为190日元、230日元;都营地铁则比较贵,4公里以内是170日元,之后随乘车距离依次递增为210日元、260日元。如在两者之间相互转乘,则可享受合计40日元的优惠。此外,东京地铁发售一种IC卡,乘客下车通过自动检票机时只要刷卡,机器便会自动扣除票款。IC卡又分营团地铁发售的"SF地铁卡"与都团地铁发售的"T卡",但两者可通用且无时限。

东京都内的公共汽车,绝大多数属于东京都交通局,只有少数如东急巴士及西武巴士是由私营公司运营的。都巴士为草绿色,采用单一票价200日元,上车即付。但东京公共汽车的利用率并不算高,远不如地铁受欢迎,这主要是由于堵塞的地面交通状况造成的。不过公共汽车IC卡却比地铁IC卡更具优势,原因在于票面金额分别为1000日元、3000日元、5000日元的IC卡,实际上代表的价值是1100日元、3560日元与5850日元,对于平民来说十分划算。

东京都内的铁道线路主要有两条,一条是绿色车厢的山手线,另一条是红色车厢的中央线。乘车基本费用按规定3公里以内130日元,这是东京都内票价最低的交通工具。

出租车收费方式分为"计程"与"计时"两种。不同公司的车费单价是不同的。一般来说车费最初2公里为650日元。每晚23:00时至次日5:00,增加20%车费。

(3)交通需求政策

针对私人小汽车,采用交通需求管理政策,不是控制小汽车的数量,而是控制其出行次数,以此来减少交通量,解决交通拥挤。

东京都在距城市中心半径仅20公里范围内聚居着820万人口,高密度的发展使城市内部交通量高度集中。东京都的新老CBD全部集中在城市环路和中央线的车站附近,火车是人们出入该地区最方便与最快捷的交通方式。在大力发展公共交通的同时,当局也采取限制小汽车使用的政策,虽然东京都内私人小汽车的拥有量很高,但小汽车并不是平时人们出行的首选方式。

东京都城区的所有停车场都采用停车收费管理,停车收费水平按照停车区域的不同而有所差别,商业区的收费标准一般为500~700日元/小时。停车收费方式基本都是计时收费,并辅以高科技的电子设施以及严格的执法手段。

(4)交通结构政策

东京都的交通结构是典型的以轨道交通为主体的模式。由于东京都是世界上人口最密集的城市之一,为解决交通拥挤问题,政府一直坚持以轨道交通为主,以其他公共交通方式为辅,并采取一定的政策限制私人小汽车出行的模式。这一交通模式可以说是成功的。

东京都内的主要交通方式是轨道交通,即火车与地铁。轨道交通100%实现了售票自动化与检票自动化,乘客出行十分方便快捷。作为轨道型城市,东京的一部分出行者在地铁中,一部分在铁路中,街面显得较空旷,看到的人流与实际拥有1200万人口的大城市很不相符。由于不存在机动车泛滥的情形,交通事故大大减少。东京都一年中几乎一半月份的交通死亡人数为零,这应该归结为轨道交通的安全性。

7.6.3 交通政策特征

(1) 地方政权在决策过程中的作用在增大

到目前为止,东京都有关国土整治和交通网络开发的决策权均掌握在中央政府手中。但是近年来这种情况正在改变,东京都开始采用交通办公室来负责城市交通规划和管理。

(2) 交通网开发和经营的资金来源呈多样化趋向

交通基础设施的开发和实现现代化需要动员大批资金。目前在东京都,国营铁路公司已经私有化多年,12条地铁线路中已有8条由私人经营;东京都政府目前经营着剩下的4条地铁线路、1条有轨电车线路和城市公共汽车的大部分线路。

(3) 实行控制交通流量和出行方式的政策

东京中心区白天劳动力人口与夜间劳动力人口之比为8.4∶1。东京都政府的基本任务是将城市向心聚集的结构调整为多中心结构。特别是在一些铁路环线附近建立多个中心,形成多中心结构。目前已经有一些火车站形成商业中心,这种交通功能和商业功能一体化的模式对世界上许多大型铁路公司都有很大启发。

(4) 优先发展公共交通

在投资上优先考虑补贴公共交通亏损,提高其吸引力。东京都内的公共交通网具有较高的现代化程度,并在不断地提高。公共交通的吸引力还在于它的安全性很高。

(5) 采用新技术新方法解决道路堵塞问题

东京都的交通系统中广泛地使用了预报信息系统,即一种向汽车驾驶员提供即时信息的变换信息板。东京都被认为是采用实时信息技术的先锋,其汽车已开始使用行车信息系统。

7.7　小　　结

(1) 交通结构

东京是典型的以轨道交通为主导交通模式的城市,东京23区及东京圈公共交通所占的比例都比较大,其中东京23区轨道交通占公共交通出行比例的70%左右。这种交通结构与城市规模、用地布局、交通设施特征相一致,轨道交通与城市用地发展的紧密结合成就了现在东京交通圈强中心的城市空间布局形态。

(2) 公共交通体系

在东京公共交通方式构成中,大中运量的轨道交通占据主导地位。尽管汽车工业高度发达且私人小汽车拥有量也很高,但是东京长期以来重视开发地下和高架轨道交通,建立综合交通换乘枢纽,使轨道交通承担了城市60%以上的客运量,大大减轻了道路的总交通量和交通污染。

(3) 私家车管理

随着机动车保有量的增加,东京23区私家车的出行比例不断上升。2003年,东京为了缓解交通拥堵、环境污染等问题,开始针对私人小汽车采用交通需求管理政策。目的不是控制小汽车的数量,而是控制其出行次数,以此来减少交通量,解决交通拥挤问题。

(4) 交通政策

日本《第三次全国综合开发计划》指出,交通设施应与城市发展保持充分协调,首先考虑轨道交通系统,再综合布置高速道路及其他交通方式,依靠交通干线把大城市和其影响地区组成一种多中心的结构体系。为此,东京都政府一直坚持以轨道交通为主,以其他公共交通方式为辅,并采取一定的政策限制私人小汽车出行的交通模式,取得了显著的效果。

8 北 京

8.1 城市交通概况

北京是中华人民共和国的首都,是全国的政治中心和文化中心,是世界历史文化名城和古都之一,也是全国综合运输体系中重要的航空与陆上交通枢纽。北京市位于北纬 $39°56'$,东经 $116°20'$,地处华北大平原的北部,东部与天津市毗邻,其余均与河北省交界,全市土地面积为 16410.54 平方公里。图 8-1 所示为北京市区和市域范围示意图。

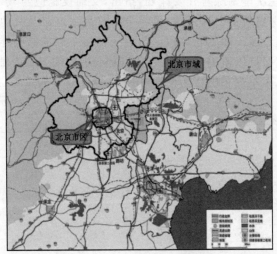

图 8-1 北京市区和市域范围图

2009年底,北京市常住人口为1755.0万人,常住人口密度为1069人/平方公里,人口分布密度由城区向郊区县呈逐渐下降趋势。2009年全市经济保持快速增长势头,全年实现地区生产总值12153.0亿元,其中第一产业增加值118.3亿元,第二产业增加值2855.5亿元,第三产业增加值9179.2亿元。按常住人口计算,人均GDP达到70452元,按年平均汇率折合10314美元。2009年底全市机动车保有量达到401.9万辆,按常住人口计算,人均机动车保有量为229辆/千人,其中私人机动车保有量达到318.6万辆,占机动车总保有量的79.3%;私人小客车为281.8万辆,占私人机动车的88.4%。

随着全市人口和社会经济发展,全市交通需求持续增长,2009年六环内日均出行总量达到3661万人次(含步行),比上年增长4.1%。每日小汽车出行量为934万人次,公共交通出行量为1067万人次。各种交通方式出行构成中(不含步行),公共交通比例为38.9%,小汽车比例为34.0%,出租车比例为7.1%,自行车比例为18.1%。近20年间,以小汽车和出租车为主的机动化出行交通方式有了明显增长,公共交通增长缓慢,自行车交通则出现了明显的萎缩。

北京城市建设的基本格局已经形成,但城市的道路空间和可以提供的道路资源有限。2000年以来,由于机动车保有量的发展速度已大大超过了城市道路的建设速度,对城市道路交通形成了巨大压力。到2009年底,全市道路总里程为27436公里,道路密度为1.67公里/平方公里。城八区(现为城六区,下同)城市道路长度为6247公里,道路密度达到4.57公里/平方公里,道路总面积为91.79平方公里,道路面积占用率为6.71%。城八区面积占全市面积的8.3%,道路里程占全市的22.8%。具体到各行政区县,道路系统的发展也不均衡,总体来说,城八区道路资源比较丰富,道路密度约为全市平均水平的2.7倍。表8-1给出了全市道路系统的部分数据。

2009年北京道路系统数据 表8-1

项目	数据
全市道路总里程(含公路)	27436公里
全市道路密度(含公路)	1.67公里/平方公里
全市公路总长度	20755公里
其中:高速公路	884公里
一级公路	914公里
二级公路	3106公里

续上表

项　　目	数　　据
三级公路	3702公里
四级公路	11945公里
等外公路	204公里
城八区城市道路总里程	6247公里
其中:城市快速路	242公里
城市主干道	805公里
城市次干道	667公里
城市支路及街坊路	4533公里
城八区城市道路总面积	91.79平方公里
城八区城市道路密度	4.57公里/平方公里
城八区城市道路面积占用率	6.71%

注:数据来源于《2010北京统计年鉴》。

2009年底,全市公共汽(电)车运营线路692条,运营线路长度18270公里,全年行驶里程14.1亿公里,运营车辆21716辆,日均发车16万车次,全市公交专用道总里程已达279.7公里,五环内公共交通站点300米半径覆盖率达到63%;全市轨道交通运营线路9条,总里程为228公里,车站共147座,运营车辆2014辆;全市登记运营出租车小轿车6.66万辆。2009年全市共运送乘客72.7亿人次,其中公共汽(电)车运送乘客51.7亿人次,轨道交通完成客运量14.2亿人次,出租车小轿车完成客运量6.8亿人次。可以看出,在目前的公共交通系统中,地面公交承担着主要的客运量任务,其次为轨道交通和出租车。

2009年北京市收费停车场共计5247个,停车位127.8万个,停车位数量比上年增长15%。其中居住小区停车位为77.8万个,占全部收费停车位的60.9%;其次是路外公共停车位和共建配建停车位。朝阳区停车泊位最多,达到41.5万个,约占全市停车位的32.4%。

8.2　北京交通发展沿革

建国以来,随着北京市社会与经济的发展,城市交通历经了不同的历史发展阶段。从交通结构角度来看,北京交通的发展过程可以根据机动化水平(包括公共交通与私人机动化交通)、机动化的类型(私人机动化交通所占比例)来分类。图8-2描述了1949~2009年北京市机动车保有量、私人机动车保有量、非机动车保有量、公共交通客运量、出租车保有量等指标的变化情况。为了更明显地反映出变化趋势,对所有指标进行归一化处理,使指标值都落在[0,1]之间。从图8-2可以看出,北京城市交通发展大致可以分为五个阶段:出行水平较低的非机动化交通主导阶段、出行水平增长的公交主导发展阶段、出租车主导发展的机动化前期、私家车迅速增长的快速机动化阶段、以轨道交通建设为主导的交通结构调整阶段。

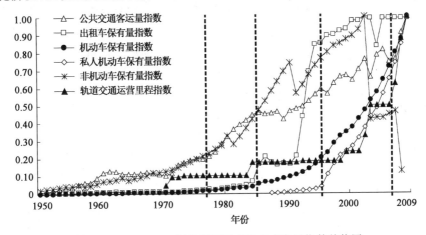

图 8-2　1949~2009 年北京不同交通方式发展指数趋势图

注:1. 非机动车保有量数据来源 2003 年前为《北京市统计年鉴》数据,2003 年后(含 2003 年)为《北京市交通发展年度报告》数据,其中 2003~2006 年仅为普通自行车数量,2007 年包括普通自行车和电动自行车数量,2008 年因普通自行车取消上牌,仅为电动自行车数量,其他车辆中也不再包括畜力车。
2. 公共交通客运量数据 2003 年受非典影响变化加大,2006 年、2007 年轨道交通客运量统计口径调整及票制票价改革,相关数据不具有可比性。
3. 从 2003 下半年开始,北京市出租车停止了既有车辆的更新,进入车型更新前的准备阶段,2003 年、2004 年出租车保有量数据不具备可比性。

8.2.1　出行水平较低的非机动化交通主导阶段(1949~1977 年)

建国以后到改革开放前的计划经济时期是北京城市道路基本骨架的形成期。北京在清代末期的规划建设格局已经非常稳定统一,城垣呈"凸"字形。随着天安门大街、朝阳门至阜成门干道和东西向新干道(现平安大街)的开辟,开始强制性地使古城的格局初步服从近代交通发展的需要。北京的城市规划经过了多轮论证,1953 年、1954 年、1957 年、1958 年形成了 4 轮规划方案。在此期间,北京市建设了全国第一条三幅路形式的迎宾道路三里河路和全国第一座标准苜蓿叶形立交复兴门立交,开创了建立更适合城市交通的道路断面形式和运用城市立体化交通概念的新局面,对引导北京乃至全国城市道路交通建设的发展起到了重要作用。

从 1949 年公共汽车恢复运营,1957 年第一条无轨电车线路通车,至 1966 年无轨电车的线网布局都为北京城市交通以后 10 多年的发展奠定了基础。公共汽(电)车线路条数和营业线路长度不断增加,随着公共交通和自行车交通的发展,到改革开放前的 1977 年,公共交通总客运量达到 15.6 亿人次,其中公共汽(电)车客运量占客运总量的 97.28%。20 世纪 70 年代初开始通车运营的地铁逐渐发挥了辅助作用,占到总客运量的 2.32%。北京地铁 1 号线全长 30.44 公里,其中第一部分苹果园至南礼士路区段在 1965 年 7 月动工,1969 年 10 月通车运营。地铁 2 号线全长 23.1 公里,其中长椿街至北京站区段为北京地铁一期工程,其余为北京地铁二期工程,1971 年 3 月动工,1984 年 9 月通车运营。首都汽车公司于 1956 年开始为市民提供出租汽车服务,1977 年出租车数辆达到 1694 辆,客运量为 833 万人次。

此阶段的交通状况与当时的计划经济体制相适应,其特征主要有三方面:一是出行水平较低;二是以非机动化交通方式为主,自行车与步行交通占总出行量的 70% 以上;三是交通出行量增长比较平稳、缓慢。例如,该期间公共交通客运量平均年增长 0.76 亿人次;非机动车保有量平均年增长 11.87 万辆;机动车保有量平均年增长 0.33 万辆,当时私人机动车稀少,甚至没有统计数据。到 1977 年底,公交客运量为 15.6 亿人次,非机动车保有量为 271 万辆,机动车保有量为 6.49 万辆。

8.2.2 出行水平增长的公交主导发展阶段(1978～1985 年)

改革开放以后,北京市公共交通发展进程加快,出行水平提高,形成了公交主导发展的时期。从图 8-2 中可以看出,公共交通客运量指数上升趋势明显。这一阶段,机动车交通开始缓慢发展,但是私人机动车保有量水平极低。这一时期的主要特点可以概括为以下几方面。

(1) 公共交通发展迅速

公共交通客运量随着公共汽(电)车车辆、线路的发展以及轨道交通环线的建成使用迅速上升,客运量从 1978 年的 15.6 亿人次增加到了 1985 年的 33.43 亿人次,年增长率达 10%,如图 8-3 所示。非机动车在 20 世纪 80 年代进入迅速发展和普及时期,达到每人 0.8 辆,几乎每个家庭都拥有自行车,年平均增加 40 万多辆。

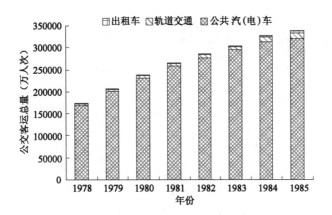

图 8-3 1978~1985 年北京市公共交通客运量发展趋势

20世纪80年代,北京市公交系统加快了改革步伐和力度,从1985年开始进入由计划经济体制向社会主义市场经济体制转变的新时期。为提高运营效益,突破传统的经营方式,开辟了定时定点的旅游专线、20余条月票无效的9字头线路、一批不编号专线、使用双层车的特字头线路等。1978~1985年的8年间,运营车辆数由2627辆增加到4398辆,线路由118条增加到189条,运营线路长度由1402.9公里增加到2272.2公里,如图8-4所示。

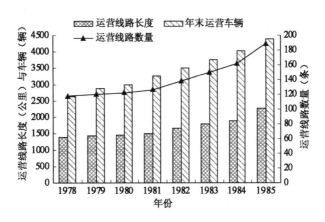

图 8-4 1978~1985 年北京市公共汽(电)车交通发展情况

1984年9月,地铁2号线二期通车运营。到1985年,地铁线路长度为40.1公里,年末运营车辆为185辆,地铁客运量为13016万人次/年,如图8-5所示。

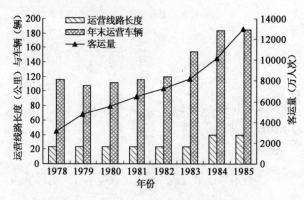

图 8-5 1978~1985年北京市地铁发展情况

(2)快速路、主干路建设成为城市道路建设重点

在改革开放的前10年,北京市的机动车保有量增加了4倍。现实的交通压力使得对二环路到底是建成一条城市主干道还是更高标准的城市快速路的争论有了结论,借鉴国际上的先进交通理论和建设经验,北京市决定按城市快速路标准逐步改造二环路,并着手规划城市快速道路系统,道路发展进入城市快速路概念的导入期。按照当时的经济实力和技术水平,建设了一批以苜蓿叶形、环形、菱形为代表形式的立交。同时,针对城市道路交通中的自行车流量较大、机非干扰严重的特点,在国内首次修建了机非分行的三层式建国门立交和西直门立交。

(3)形成公交与非机动交通为主、机动化程度较低的交通结构

1986年的交通出行调查显示,1986年北京市居民一日出行总量为1076.14万人次,全市平均出行率为1.65次/人日。其中本地居民平均出行率为1.61次/人日,流动人口为2.19次/人日。本地居民大多数为通勤出行(包括上下班和上下学),占出行总数的84%。其出行方式以自行车、公共交通[包括公共汽(电)车和地铁]和步行为主。其中自行车比例最高,为54.03%;其次公共交通占24.32%,步行交通约占13.67%;小汽车交通约占4.35%,并且大部分为单位自备车。

此阶段机动车的增长速度比较缓慢,保有量平均年增长2.8万辆,私人开始拥有机动车。到1985年底,公交客运量为33.43亿人次,非机动车保有量为561万辆,机动车保有量为22.43万辆。此阶段,交通结构仍以步行、自行车和公共交通为主,公共交通和自行车交通成为增长速度最快的方式。

8.2.3 出租车主导发展的机动化前期(1986~1995年)

1986~1995年期间,北京市机动车保有量迅速上升,机动化进程加快。从图8-2中可以看出,公共交通客运量指数波动上升,非机动车发展速度减缓,而出租车保有量指数陡然增加。这一时期交通发展的主要特点如下。

(1)出租车迅猛增加

1984年,北京市政府对兴办出租汽车企业的单位给予优惠政策,不少单位和个人积极申报经营出租汽车。《北京市出租汽车管理暂行办法》的颁布使出租汽车行业进入依法管理的轨道,北京市出租汽车行业发展步伐加快。到1986年,全市经营出租车的单位发展到237家,出租汽车行业初具规模。直到1991年,出租车才基本保持相对稳定的发展水平。

1992年,北京市政府制定了有利于出租汽车发展的政策,出租汽车行业迅猛发展,购置新车投入资金11.5亿元,拥有出租小轿车16454辆,开发了出租汽车市场;市民外出打车也日渐增多,平均日客运量达到40万人次,北京市出租汽车供求关系紧张的局面逐渐得到改观。1995年8月,修改后的《北京市出租汽车管理办法》颁布实施。截至同年年底,北京市共有出租汽车运营单位2269个,运营车辆56686辆,年客运量为59600万人次,占公共交通客运总量的13.89%,其中出租小汽车27534辆,年客运量为23230万人次;微型面包车26602辆,年客运量为34570万人次。

(2)机动车保有量开始显著增长

伴随着城市规模的不断扩展,经济水平的不断提高,机动车保有量也开始上升,如图8-6所示。1986~1995年,北京市机动车保有量年平均增长率为20.15%,年平均增长超过5万辆。其中,私人机动车年增长迅速,1995年底达到12.76万辆,是1986年的17.85倍。

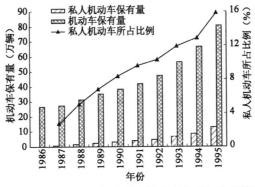

图8-6 1986~1995年北京市机动车保有量发展情况

(3)公共交通发展波动性缓慢增长

20世纪90年代,尽管北京市公共汽(电)车车辆、线路持续发展,但客运量增长缓慢。1995年公共交通运送乘客数量达到429379.6万人次,其中公共汽(电)车为315777.2万人次,比1986年相比,仅增加0.89%;轨道交通为55802.4万人次,是1986年的3.8倍;由于出租车发展迅猛,1995年出租小轿车客运量为1986年的11倍。

1986年以来,公共汽(电)车交通发展比较缓慢。直到1994年,公共交通总公司优化运营结构,建立以大客运交通为主体,多种经济成分、多种运营方式并存的新格局,才有所改观。1995年底,公共汽(电)车数量达到4984辆,运营线路为397条,运营线路长度达4496.6公里;其中小公共汽车为350辆,运营线路30条,运营线路长度为433公里,如图8-7所示。

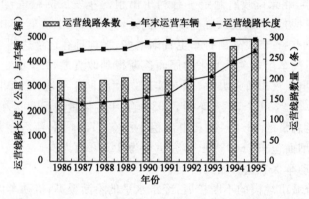

图8-7 1986~1995年北京市公共汽(电)车交通发展情况

轨道交通发展比较缓慢。地铁1号线二期复兴门车站折返线,于1986年8月动工,1987年12月建成投入使用;三期工程复兴门至四惠东区段,即"复八线",全长12.7公里,设有车站12座,1989年7月动工,1999年9月通车。地铁客运量在1号线二期工程开通后有50%左右的增长,但由于线路有限、建设周期长,年客运量增长速度仍在10%左右。

(4)出行方式中出租车引导机动化发展

因历史原因,在20世纪90年代,北京并未组织大规模居民出行调查,故本阶段以2000年出行数据进行比较分析。2000年全市居民平均人均出行次数为2.81次/人日,每日出行总量(除步行方式外)为1898万人次,通勤出行(工作、学习出行)仍然是全市最主要的日常出行目的,占全部出行量的71.1%。居民的出行方式(不含步行)以自行车和公共汽车为主,分别占到38.5%和26.5%。除此之外,小汽车成为居民出行交通工具的新生力量,占到23.2%。1986年与2000年出行数据比较见表8-2。

北京1986年与2000年出行数据比较(%)　　　表8-2

出行方式 年份	公共汽(电)车	地铁	出租车	小汽车	自行车	其他	合计
1986	28.2	0.3	5.0		62.7	3.8	100
2000	26.5	8.8		23.2	38.5	3.0	100

从表8-2中可以看出,公共汽(电)车和地铁所占比例基本不变,出租车所占比例大幅上升到8.8%,而小汽车所占比例更是由1986年的5.0%蹿升到2000年的23.2%,快速机动化过程明显。随着机动车的激增,城市的交通资源也越来越偏向汽车,侵占了很多自行车道。由于北京对自行车一直没有一个明确的定位,致使1996年以后自行车交通发展缓慢。1986年和2000年两次居民出行调查结果显示,在出行总量(不含步行方式)中,自行车交通所占份额由62.7%下降为38.5%。

8.2.4　私家车迅速增长的快速机动化阶段(1996～2006年)

1996年以来,北京市进入了全面机动化时期,其标志是以私人小汽车为主的机动车数量迅速增长。2006年机动车数量为1996年的3.39倍,私人小汽车则是5.87倍,后者的年均增长速度达到11.75%。这一时期的主要特征包括以下几方面。

(1)私人机动车在机动化进程中占主导地位

1996年以来,北京市机动车呈现出持续快速增长的势头,私人机动车快速进入家庭。根据《北京市统计年鉴》,截至2006年,机动车保有量达到271.2万辆,与上年相比增幅达10.20%;其中私人机动车保有量达206.5万辆,比上年增加14.85%,且占到机动车总保有量的76.14%。2006年全市新增私人小客车23.6万辆,占全市新增机动车总量的80.5%,私人小汽车总量达到134.3万辆,较上年增加21.3%。1996～2006年机动车发展趋势如图8-8所示。

从图8-8中可以看出,北京市机动车保有量及私人机动车增长势头迅猛。机动车保有量从1996年的79.84万辆发展到2006年的271.2万辆,总量增加191.36万辆,年平均增长11.76%,其中私人机动车增加了171.32万辆,年平均增长17.45%。

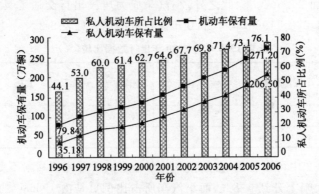

图 8-8　1996～2006 年北京市机动车与私家机动车保有量发展图

(2)私人交通份额增长迅速,成为重要出行方式

从 1986 年第一次居民出行行为调查以来,小汽车的出行比例不断攀升。20 年来,自行车所占领比例大幅下降,原因与城市经济发展、人民生活水平提高、城区功能区面积不断扩张、出行距离不断增加都有一定的联系。表 8-3 给出了 20 年间除步行方式外的交通结构的变化。

居民不同出行方式(除步行外)比例统计表(%)　　　　表 8-3

年份 \ 出行方式	公共汽(电)车	地铁	出租车	小汽车	自行车	其他	合计
1986	28.2		0.3	5.0	62.7	3.8	100.0
2000	26.5		8.8	23.2	38.5	3.0	100.0
2005	24.1	5.7	7.6	29.8	30.3	2.5	100.0
2006	24.4	5.8	8.1	31.6	27.7	2.4	100.0

从表 8-3 中可以看出,公共汽(电)车和地铁所占比例略有升高,基本保持在 26%～30%,出租车所占比例在 2000 年以后保持在 8%左右,而小汽车所占比例则由 1986 年的 5.0%上升到 2000 年的 23.2%后,继续急速上升,到 2006 年已经达到 31.6%。由此可见,私人小汽车占据优势的机动化发展进程已经到来。

2006 年,北京交通发展研究中心针对全市机动车使用情况展开了专项调查。调查区域为北京市城八区,共调查了 1200 辆小汽车,其中公务车占 21%、私家车占 79%。调查结果显示,工作日车辆平均出行次数高达 3.46 次,高于节假日;公务车在工作日的出行次数明显高于私家车,节假日则反之。在年行驶里程方面,公务车年平均行使里程为 30883.46 公里,比私家车高出32.5%,而累计行驶里程公务车则接近私家车的两倍。在全部车辆出行中,工作外出、生活和购物出行比例较高,三者之和达到了86.25%。

(3)尽管轨道交通发展较快,但公共交通整体份额未有显著提升

1996年后,随着社会经济的进一步发展,特别是2001年北京成功申办第29届夏季奥运会以来,为满足举办奥运会的要求,北京市轨道交通发展突飞猛进,13号线和八通线的开通运营使轨道交通网络得到进一步拓展。随着两线建成通车,客运量由1996年的4.44亿人次增长到2006年的7.03亿人次,增幅58.28%(图8-9)。随着公交改革和"公交优先"政策的不断实践,公共交通设施发展迅速,公共汽(电)车客运量也有一定增长。2006年底,公共汽(电)车数量比1996年增长了113%,运营里程也相应增长了44.09%,但公共汽(电)车在居民出行中所占的比例几乎没有变化。

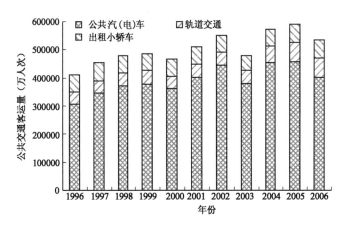

图8-9 1996~2006年公共交通客运量发展趋势

与机动车的迅速增长相比,近年来北京市出租汽车车辆保有量变化不大,基本在6.4万辆水平上下浮动。从2003下半年开始,北京市出租汽车停止了既有车辆的更新,进入车型更新前的准备阶段。截至2005年3月31日,北京市共计发放出租汽车运营许可证66646个,其中实际运营出租汽车数为51210辆,剩余15436辆为后续更新车辆。由于出租车运营车辆数量在2000年后相对稳定,排除2003年非典对北京市客运的影响,出租车客运量在2000年以后基本保持在年平均6亿人次左右。

8.2.5 以轨道交通建设为主导的结构调整阶段(2007年以后)

快速机动化10余年来,北京市道路交通运行状况已经空前恶化,尽管

政府有关部门采取了一系列疏堵、缓堵措施,但收效甚微,只能说是初步抑制了交通持续快速恶化的势头。实际上,与其说是交通改善措施抑制了交通恶化势头,不如说是拥堵本身抑制了继续恶化的趋势。某种意义上,可以认为北京的道路交通进入了饱和拥挤阶段。

2006年以来,北京市加快了以轨道交通系统为主线的公交系统建设,主要举措包括两方面。首先,结合2000年申办奥运会成功后交通系统产生的服务需求,不断加大城市轨道交通投资与建设的步伐。2002年、2004年先后多次修正轨道交通网络建设计划,4号线、5号线、9号线、10号线及奥运支线、机场线、亦庄线先后开工建设,2015年运营里程将达到561公里。其次,制订《北京交通发展纲要》,将优先发展公交、改善公交吸引力提高到战略层次。2007年1月在推行"一卡通"的同时,调低了公交票价;2007年7月又进一步调整了轨道交通价格,到2008年上半年使公交比重重新超过私家车的比重。因此,可以认为,2006年以后,北京市交通发展进入到一个"交通结构优化的战略调整阶段"。

8.3　北京交通结构分析

8.3.1　出行量及出行方式

2005年北京市居民出行调查数据显示,全市居民平均出行率为2.64次/人,六环以内的总出行量达到2920万人次,周转量为20180万人公里/日(含步行)。出行率反映了居民出行的需求强度,是影响出行总量的关键因素;而出行量是城市交通系统承受能力限度的基本度量指标。表8-4所示为1986年、2000年以及2005年全市居民出行变化趋势。

北京市历年调查居民出行率和出行量对比　　　　表8-4

年　份	人口(万)	出行率(次/人日)	出行量(万人次)
1986	582	1.61	939
2000	831	2.77	2301
2005	1107	2.64	2920

注:1. 2005年为六环以内范围,1986年和2000年为调查范围。
　　2. 数据来源于北京市第三次交通综合调查简本汇报稿。

从表8-4中可以看出,1986年居民出行率较低,仅为1.61次/人日,这与当时社会经济相对落后,居民出行需求较低密切相关;而随着经济的发展,2000年和2005年居民出行率均在2.5次/人日以上。就出行量而言,从1986年到2005年,出行量翻了两番。在这个过程中,城市人口大幅增长,由582万增加到了1107万,直接导致了出行总量的增加,而经济的发展也在一定程度上刺激了出行率的提高,进而促进了总量的增长。

通过对1986年到2005年的几次出行调查结果进行对比可以看出,出行者的出行目的发生了一定变化,居民社会生活日趋多样化。1986年,通勤出行是居民出行的主要内容,占到了出行总量的73.5%,这与当时社会生产比较落后,人民生活比较单一有很大关系。到2000年,居民出行结构有了很大的改变,通勤出行虽然仍居于出行的主体地位,但出行比重逐渐降低到占出行总量的57.8%,生活出行占据了出行总量的13.4%,包括休闲健身、文化娱乐在内的其他出行增加到了28.8%。到2005年,通勤出行进一步下降到47.5%,包括出外就餐、购物等生活出行比重达到24.3%,其他出行与2000年基本持平。

通过分析可以看出,北京市居民的出行强度总体呈增长趋势。出行总量上涨是人口增长、经济发展、城市空间扩展、交通状况改善、机动化程度提高以及信息化和人性化交通环境的出现等原因综合作用的结果,这些因素诱发了居民的出行欲望。随着经济发展、配套设施完善以及人们生活水平的提高,除基本出行外的生活出行以及休闲健身、文化娱乐为目的的出行也随之大幅度增加,从而导致出行总量及出行频率的增加。

根据北京市三次居民出行调查数据,可以对各阶段居民出行结构进行对比,见图8-10。从图8-10中可以看出,1986~2005年的近20年间,以小汽车和出租车为主的机动化出行交通方式有了明显增长,其份额从1986年的5%增长到了2005年的37%以上;公共交通的份额变化不大,一直徘徊在25%~30%;自行车交通则出现了明显的萎缩。

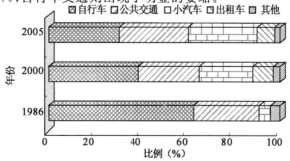

图8-10 北京市1986~2005年居民出行方式构成对比图

从 1986 年到 2000 年,公共交通分担率下降了 1.7 个百分点,而从 2000 年到 2005 年,公共交通分担率提高了 3.3 个百分点。这和北京市政府加大了公共交通建设的投资力度,实施公交优先的交通管理,各条轨道交通线路相继开通,市民出行条件得到了大幅改善密切相关。公交分担率的提升显示出以公共交通为主导的现代化城市交通模式初步确立。随着公交票价体制改革,市政公交一卡通的推行,地铁 5 号线、10 号线(含奥运支线)、4 号线、轨道交通机场专线、北京站至北京西站地下直径线、京津城际轨道交通工程的逐渐相继动工,北京轨道交通将逐渐呈现出网络效应和规模效应,公共交通分担率还将稳步增长。但是,由于公交线路分布不均匀、服务水平提高速度较慢、换乘不方便等客观事实的存在,公共交通分担率上升缓慢。

2005 年小汽车分担率达到 29.8%,是 1986 年的近 6 倍,与公共交通基本持平,增速迅猛。其主要原因在于,社会经济的飞速发展使人民生活水平大幅提高,出行者不仅对出行可达性要求提高,而且对运载工具的舒适性、快捷性和安全性要求大幅提高,从而在很大程度上刺激了灵活、便捷的小汽车迅速进入家庭,进而导致了小汽车出行比率大幅上升。而就其出行目的而言,2000 年小汽车通勤出行(上班、上学、工作外出)占 35.9%,生活出行(购物、生活、文化娱乐)仅占 12.9%;而 2005 年这种情况发生了较大变化,通勤出行降低到 24.0%,生活出行增加到 26.1%,这说明小汽车使用的主要方向正在由生存性出行向生活性出行转变。

自行车出行比例显著下降,由 1986 年的 62.7% 下降到 2005 年的 30.3%,下降 32.4 个百分点。这反映出虽然自行车是一种健康绿色的交通方式,但是由于城市空间不断扩展所带来的出行距离增加,以及自行车行驶环境的日益恶化,导致自行车出行比例降低。尽管如此,自行车仍是居民出行的主要交通方式之一。

8.3.2 出行空间分布

城市空间格局是城市发展的骨架。随着北京市产业结构调整,空间布局发生了变化,城市外界扩大,人口逐渐外迁,出行空间分布特征出现了明显的变化。随着城市布局调整而在外围地区新发展起来的大型居住社区,比如回龙观、望京、天通苑等,使得北京出行流向具有多向发展的态势,城市北部地区之间以及与中心城之间的联系要显著高于城市南部区域。2005

年主要集中在二环路、三环路、四环路、五环路以内的出行总量分别为19.2%、38.7%、55.0%、68.1%，表现出出行的强中心格局。

与强中心格局相对应，北京交通潮汐式特征比较明显。2005年，早高峰时段进出四环以内居民出行量之比为1.68：1，其中通过轨道线路进出四环内的居民出行量之比为3.1：1，而途径主要联络线如八达岭高速公路、安立路、京通公路、京开高速公路、京石高速公路等进出四环以内区域的出行量之比为1.49：1。从方向分布上，东部地区潮汐现象最为严重，早高峰进出五环路的比值为2.90：1，进出四环路的比值为2.46：1。从出行总量看，北部地区的潮汐规模最大。

同时，由于城市空间的扩张，居民的出行距离和出行时耗增加。1986年，北京市居民平均出行距离为6公里/次，2000年增加到8公里/次，2005年进一步提高到9.3公里/次，已经进入了机动化出行距离区间，客观上进一步加剧了机动化出行的趋势。与2000年相比，2005年小汽车出行的特征也有了明显变化，平均每车次的行驶里程达到14公里，比2000年增长了44.3%，但平均载客率从1.57人下降到了1.26人，其他方式出行距离分别有了不同程度的下降。各种交通方式的出行距离见表8-5。

各种交通方式出行距离（公里） 表8-5

出行方式 年份	小汽车	出租车	地铁	公共汽（电）车	班车	自行车	步行
2000	10.2	9.5	15.6	11.4	10.2	4.8	—
2005	14.0	8.6	14.5	9.5	15.2	4.2	0.8

注：数据来源于北京市第三次交通综合调查简本汇报稿。

8.3.3 出行时间分布

出行时间分布是出行时间属性的一个重要方面，在一定程度上是居民对道路交通状况作出的反应。图8-11所示为1986年、2000年以及2005年北京市居民出行时间分布情况。1986年早高峰为8:00~9:00，2000年和2005年出行早高峰比1986年提前一小时，其中2005年早高峰时段有明显的向后延长的迹象。早高峰时间的提前，意味着由于出行距离以及交通拥堵的增加，延长了在途时间，使得人们需要更早地出发，以便能够按时到达工作岗位。

进一步分析可以发现，1986年、2000年居民出行在中午还存在明显的"小高峰"，这是由于为上班人员中午回家所致。但是在2005年，中午的"小高峰"消失了。这意味着随着市域范围的扩大、社会经济的发展、生活节奏的加快、住宅区与商务区的分离,居民中午出行有所抑制。

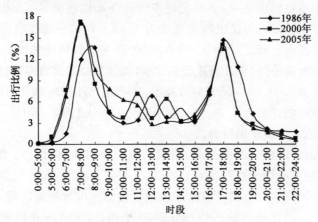

图 8-11　1986～2005 年北京市居民出行时间分布

注:数据来源于《全市第三次居民出行调查数据处理与分析报告》、北京交通发展纲要专题研究、《北京市城市综合调查总报告》。

出行时耗是由城市经济发展水平、城市布局和交通环境所决定的,随居民的年龄、职业以及出行方式、出行目的的变化而不同。交通方式自身的特性如直达性、灵活性等直接决定了出行时耗的长短。比较 2000 年与 2005 年的数据发现,在高峰通勤时段中,非机动化出行方式的出行时耗没有变化,而机动化出行时耗都有所增加,特别是地铁和公交车出行时耗增加较多,严重制约了"公交优先"作用的发挥,见表 8-6。

各种交通方式高峰通勤平均出行时耗(分钟)　　表 8-6

出行方式 年份	小汽车	地铁	公交车	班车	自行车	步行
2000	36	61	60	52	23	14
2005	39	75	66	51	23	13

注:数据来源于《全市第三次居民出行调查数据处理与分析报告》、《北京市城市综合调查总报告》。

2005 年乘坐公交车和地铁的出行时耗大约是小汽车出行时耗的 1.8 倍,严重制约了"公交优先"作用的发挥。一次公交出行中,车内、车外时间之比约为 64∶36,其中公交车内平均时耗为 42.6 分钟,步行为 15 分钟,等候和换乘为 8.6 分钟。由此可见,衔接不畅和换乘不便仍然是制约公交出行速度的关键因素。

《北京交通发展纲要》中设定的近期发展目标为：2010年城市干道高峰小时平均行程车速达到20公里/小时以上，五环内85%的通勤出行时耗不超过50分钟，边缘集团到达市中心的出行时间在1小时以内。这一目标能否顺利实现主要取决于城市区域内是否具备良好的公共客运交通结构，以及常规路面交通方式能否与轨道交通便捷换乘。

近年来，大城市小汽车早晚高峰出行在全天出行中所占份额大幅增加。北京市2005年小汽车早晚高峰出行占全天比例比2000年增加了13.4%，轨道交通通勤出行比例也增加了5.96%，而公交车出行仅增加了0.06%。因此，增加的早晚高峰出行量基本由小汽车和轨道交通承担，而对于道路交通来说，小汽车早晚高峰出行比例的迅速增加对交通拥堵的影响不可小觑。

8.4 公共交通系统分析

8.4.1 概述

2009年全市全年共运送乘客72.7亿人次。其中轨道交通完成客运量14.2亿人次，公共汽（电）车运送乘客51.7亿人次，出租车完成客运量6.8亿人次。各种交通方式承担客运量的比例为轨道交通19.5%、公共汽（电）车71.1%，出租车9.4%。与往年相比，交通方式构成发生了一定变化，其中随着新轨道线路的开通，轨道交通在公共交通客运构成中的比例增加，公共汽（电）车和出租车比例有所下降。北京市公共交通年客运量变化见表8-7。

北京市公共交通年客运量变化（亿人次） 表8-7

年份 指标	2003	2004	2005	2006	2007	2008	2009
轨道交通	4.7	6.1	6.8	7.0	6.6	12.2	14.2
公共汽（电）车	37.1	43.9	45.0	39.8	42.3	47.1	51.7
出租车	5.2	5.9	6.5	6.4	6.4	6.9	6.8
合计	47.0	55.9	58.3	53.2	55.2	66.2	72.7

截至2009年底，在公共交通各种交通方式中，轨道交通运营车辆为2014辆，比上年增长17.5%；公共汽（电）车运营车辆为21716辆，比上年增长1.0%；出租小轿车运营车辆为6.66万辆，与上年持平。

8.4.2 公共汽(电)车

按照减少重复线路、扩大覆盖范围的思路,通过对线网进行优化调整,北京市正逐步建立以快线网为骨架、普线网为基础、支线网为补充的三级公共交通网络。2009年底,全市公共汽(电)车运营线路为692条,比2008年底增加21条,增幅为3.1%;运营线路长度为18270公里,比2008年底增加413公里,增幅为2.3%;全年行驶里程为14.1亿公里,比2008年增加4330万公里,增幅为3.2%;运营车辆为21716辆,比2008年底增加了209辆,增幅为1.0%;日均发车16万车次,比2008年增加了1.3%。2009年公共交通站点300米半径覆盖率(五环内)达到63%,比2008年提高了1.0%。北京市公共汽(电)车运营指标见表8-8。

北京市公共汽(电)车运营指标　　　表8-8

指标＼年份	2005	2006	2007	2008	2009
线路条数(条)	593	620	644	671	692
线路长度(公里)	18214	18468	17353	17857	18270
运营车辆(辆)	18503	19522	19395	21507	21716
公交专用道(公里)	130.9	176.2	216.9	258.5	279.7
年客运量(亿人次)	45.0	39.8	42.3	47.1	51.7
全天运行速度(公里/小时)	—	—	22.4	23.6	24.8
高峰运行速度(公里/小时)	—	—	21.1	21.5	23.0

注:数据来源于《北京交通发展年度报告2010》。

设置公交专用道是提高公交运行速度和准点率、缩短乘客出行时间的有效手段。1997年北京市在长安街施划全国第一条公交专用道。截至2009年全市公交专用道总里程已达279.7公里,取得了良好效果,公交平均运行速度由17公里/小时提高到22公里/小时。

2009年,全市先后优化调整了4批118条市区公交线路。在公交线网优化调整等一系列改革措施的共同促进之下,公共汽(电)车全年完成客运量51.65亿人次,比上年增长9.7%。2009年高峰月(4月)的日均客运量达到1526万人次,高峰日客运量达到1650万人次/日。

8.4.3 轨道交通

截至2009年,北京市轨道交通运营线路共9条,总里程为228公里,车站共147座,其中换乘站19座,运营客车2014辆。1号线全长31公里,运行区间从苹果园到四惠东;2号线全长23公里;13号线全线长41公里,连接西直门和东直门;八通线全长19公里,起点四惠,终点土桥;5号线全长28公里,起点宋家庄,终点天通苑北;10号线全长25公里,运行区间从劲松到巴沟;8号线全长5公里,共设4座车站,南起北土城,北至森林公园南门;机场线全长28公里,起点东直门,途径三元桥,终点2号航站楼和3号航站楼;4号线全长28公里,起点公益西桥,终点安河桥北。2009年1月,轨道交通指挥中心(TCC)投入使用,实现了轨道交通全部运营线路同厅、同台协同联动调度指挥,轨道交通实现了网络化管理,路网运输协调、指挥调度、突发事件处置能力大幅提升。

2009年轨道交通路网列车走行公里为18505万车公里,列车正点率为99.8%。轨道交通运行主要技术指标见表8-9。

北京市轨道交通技术指标一览表　　　　　表8-9

指标\线路	走行公里(万车公里)	全年列车正点率(%)	旅行速度(公里/小时)	最小发车间隔(分)	全日开行列数(列)	高峰小时最大运力(人/小时)
1号线	4006.93	99.82	34.1	2.25	583	38556
2号线	2712.78	99.93	31.4	2	515	42840
13号线	3625.58	99.98	45.2	3	453	28560
八通线	1518.22	99.98	36.1	3	363	28560
5号线	2718.63	99.98	32.9	2.5	442	34176
8号线	319.01	99.99	38.1	7	264	12478
10号线	2235.54	99.97	32.5	3.5	422	27892
机场线	582.79	99.91	64.8	15	143	1792
4号线	785.52	98.7	—	3	488	—

注:数据来源于北京市地铁运营公司、北京京港地铁有限公司。

随着地铁4号线的开通和原有线路运营条件的改善,北京市轨道交通客运量迅速增加。2009年轨道交通网进站量为8.39亿人次,客运量为14.2亿人次,客运周转量为115.81亿人次公里。路网高峰小时最大断面客流量为45288万人次,高峰小时最大满载率为133%。全年轨道交通日均客运量为390万人次,路网最大日客运量为532.8万人次。轨道交通客运指标见表8-10。

北京市轨道交通客运指标一览表　　　　　　表 8-10

指标 线路	进站量 (万人次)	客运量 (万人次)	客运周转量 (万人次公里)	小时最大断面 客流量(人次)	进站量高峰 小时系数(%)	小时最大 满载率(%)	平均运距 (公里)
1号线	21329.42	37289.3	321645	45288	11.60	129	8.629
2号线	18116.57	31831.83	177029	28384	10.30	83	5.563
4号线	2958.55	5082.96	34297	24224	13.80	97	—
5号线	13924.46	23061.51	200473	39208	17.00	132	8.694
8号线	671.08	1224.27	2900	12027	4.90	96	2.367
10号线	11391.74	19290.25	146773	29274	11.30	116	7.611
13号线	10647.25	16332.75	182579	32565	17.20	114	11.178
八通线	4364.73	7681.7	79942	34184	23.95	133	10.412
机场线	73.58	473.58	12499	2013	6.20	113	26.389
路网	83877.38	142268.15	1158137	45288	—	133	—

注：数据来源于北京市轨道交通指挥中心、北京市地铁运营公司、北京京港地铁有限公司。

8.4.4　出租车交通

1913年，法国人在北京开办了第一个出租汽车行。新中国建立后，由中共中央办公厅等单位投资筹建的首都汽车公司成立，主要任务是为党和国家召开大型会议、接待外国友人服务。1956年1月，首都汽车公司组建地方国营出租汽车总站为市民提供出租汽车服务，将按时计价改为按里程计价收费。同年，北京市出租汽车行业实行公私合营，全市私营出租汽车行30户、50辆车纳入地方国营出租汽车总站管理；首都汽车公司为市民服务的车辆增加，到1956年底达到120辆；市民可用电话要车或到站点叫车。

1973年，首都汽车公司补充更新车辆，北京市第二汽车公司的成立也打破了首都汽车公司独家经营的格局。1984年，为解决市民乘车难问题，北京市政府根据国务院"改革城市公共交通独家经营的体制，实行多家经营、统一管理"的精神，对兴办出租汽车企业的单位给予优惠政策，不少单位和个人积极申报经营出租汽车。各出租汽车公司车辆均可自由招揽乘客，提高了车辆利用率，全市出租汽车驾驶员的服务质量有所改善。

1985年，北京市政府加强了对汽车行业的管理。随着《北京市出租汽车管理暂行办法》的颁布施行，北京市出租汽车行业进入了依法管理的轨道。当年，北京市出租汽车行业发展步伐加快，全市有出租汽车经营者111

户,其中国营36户、集体49户、合资13户、个体13户,有出租汽车12088辆,形成了国营、集体、合资、个体等出租汽车经营形式共存的局面。车辆总数的增加和车型的增多适应了不同消费阶层的需求,使持续多年的乘车难问题得到缓解。全市出租汽车日平均载客14.25万人次。

1992年,北京市政府制定了有利于出租汽车发展的政策,出租汽车行业迅猛发展。市民外出打车日渐增多,平均日客运量达40万人次。1993年3月,北京市出租汽车管理局暂停了对申报经营出租汽车的审批。到1993年底,北京市出租汽车行业有出租汽车经营者1883户,出租汽车58904辆,其中微型旅行车30484辆,平均日客运量为136万人次,使北京市出租汽车供求关系紧张的局面得到改观。1994年北京市出租汽车客运量稳中有升,日平均客运量为154万人次,节日客运量高峰达220万人次。1995年8月,修改后的《北京市出租汽车管理办法》颁布实施。当时北京市共有出租汽车经营者2229户,出租汽车62965辆,年客运量为5.96亿人次,行业有职工8.2万人。至此,北京市长期存在的乘车难问题得到基本解决。截至2009年,北京市登记运营的出租车总计为6.66万辆。北京市一直实施运营出租车总量控制政策,因此,2006~2009年运营出租车车辆数没有发生变化。

出租车是城市公共交通系统的重要组成部分,相对于大容量的公共交通工具而言,能够为市民提供便捷的个性化出行服务。出租车作为相对高舒适度的出行方式,受到高收入人群和以工作外出、购物为出行目的的人群的偏爱。随着经济的发展和出行需求的多样化,出租车承担的客运量稳步上升。2009年全市出租小轿车完成客运量6.8亿人次,比上年减少0.1亿人次,降幅为1.4%。

8.4.5 对外客运交通

(1)道路客运

2009年,北京市共省际客运站11个,运营线路798条,比上年增加1.0%;运营线路434000公里,比上年增加1.6%;省际客运运营车辆4168辆,其中本市运营车辆1181辆,外埠进京运营车辆全市2987辆。2009年全市完成省际客运量2496万人次,比上年降低1.3%;完成省际旅客周转量89.9亿人公里,比上年增加2.9%。

(2)铁路客运

北京铁路枢纽地处华北平原,沟通我国东北、西北、华东和中南地区,是全国最大的铁路枢纽之一。它承担着与全国各地的客货运输和国际交流任务,是中国铁路路网性客运中心。既有北京铁路枢纽由京沪、京九、京广、京原、丰沙、京包、京通、京承、京哈、大秦 10 条铁路干线及京津城际铁路组成,具有内、中、外 3 重环线,各干线间通过东南、东北、西北等环线相互连接,形成了大型环形放射形铁路枢纽。北京铁路枢纽现铁路营业里程为 1147.259 公里,枢纽内既有车站 99 个,其中北京、北京西、北京南、北京北为枢纽内客运站,丰台西为路网性编组站,丰台、双桥、三家店为辅助编组站,石景山南为工业站,其余均为中间站。

2009 年,北京市铁路建设完成投资 106.9 亿元。北京地区日开行旅客列车 363 对,其中北京站开行 114 对,北京西站开行 127 对,北京北站开行 26 对,北京南站开行 96 对;高峰期开行 430 对,其中北京站开行 141 对,北京西站开行 158 对,北京北站开行 30 对,北京南站开行 101 对。2009 年铁路客运量旅客发送量达到 8161 万人次,较上年增加 517 万人,增幅达到 6.8%。

(3) 民航客运

北京首都国际机场 2009 年吞吐量迅猛增长,特别是在全球金融危急中更是表现出强劲的增长势头。其 2009 年 ACI 全球机场旅客吞吐量排名第 3 位,飞机架次排名第 10 位。在亚洲机场中均名列第一,并且是亚洲唯一在旅客、飞机架次均进入世界排名前 10 位的机场。2009 年,首都国际机场航班起降 488505 架次,进出港旅客 6537 万人,较上年增加 943 万人。

8.5　私人交通发展策略

8.5.1　机动车拥有量

根据交通管理部门的数据统计,2009 年底北京市机动车总保有量已达到 401.9 万辆(其中军车和拖拉机为 9.6 万辆),较上年增长 14.7%;其中私人机动车保有量达到 318.6 万辆,比上年增长 18.3%。全市近几年来车辆保有量的发展状况见图 8-12。

从图 8-12 可以看出,近年来北京市机动车保有量及私人机动车增长势头迅猛,机动车年平均增长 11.8%,私人机动车年平均增长 15.5%,私人小微型客车年平均增长 20.5%。全市分区域车型构成情况如表 8-11 所示。

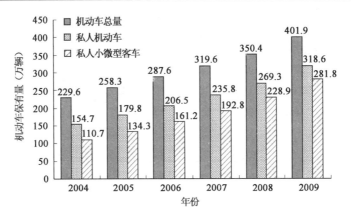

图 8-12　北京市机动车与私人机动车保有量发展图

2009 年北京市各地区机动车组成结构情况表（%）　表 8-11

车型 地区	小客车	大客车	小货车	大货车	其他
城区	91.40	4.30	0.90	0.20	3.20
近郊区	93.40	3.70	1.20	0.40	1.30
远郊区县	68.50	3.60	6.40	4.10	17.40
全市	84.30	3.80	2.90	1.70	7.30

注：数据来源于北京市公安局公安交通管理局。

至 2009 年底，城区和近郊区的机动车中绝大部分为小客车，分别达到 91.4% 和 93.4%，全市平均小客车比例也已高达 84.3%，均较上年有所上升。

8.5.2　道路流量

根据 2009 年核查线调查，从北京市道路交通的整体情况来看，快速路和主干道是承担交通运行的主要通道。二、三、四环全天大部分流量均超过 20 万辆，只有南二环、南三环和北二环负担较轻；在高峰时段西四环路全线流量最大，平均为 19533 辆/小时。

与 2008 年交通量调查相比，西三环、东五环、南五环、北五环的全日交通量有所增长，增幅超过 10%；北二环、东三环、南三环的全日交通量有所下降，降幅超过 5%。从高峰小时交通量来看，西三环、东五环、西五环和南五环有较大幅度的增长，增幅超过20%；北五环出现较大幅度的下降，降幅超过10%。分析表明，主要受2009年机动车保有量迅猛增长的影响，各路段全日交通量和高峰小时交通量总体小幅提高。

从北京市全日交通构成来看，小客车和出租车在运行车辆中的比例较高，其他车辆为公交车、大客车、大货车、小货车及摩托车。小客车（包括私家车及公务小客车）平均所占比例接近60%，出租车平均所占比例大约为13.1%。在二、三、四环这两种车的总和占到总量的75%以上；在五环其所占比例明显下降，大、小货车所占比例明显增加。

8.5.3 机动车辆行驶速度

2009年浮动车行程速度数据统计结果显示，早高峰（7:00～9:00）期间，北京市五环范围内路网平均速度为24.7公里/小时，其中快速路平均速度为36.2公里/小时，主干道平均速度为23.1公里/小时；晚高峰（17:00～19:00）期间，路网平均速度为22.3公里/小时，其中快速路平均速度为32.3公里/小时，主干道平均速度为20.9公里/小时。

通过实施机动车限行等措施，五环内早晚高峰路网平均车速比2008年分别提高了1.5%和6.2%，比无限行期间（2007年10～11月）分别提高了13.3%和19.3%。受机动车限行等措施的影响，2009年第一季度、第二季度路网平均速度明显提高。2007年10～11月（无限行期间）、2008年10～11月（每周少开一天车期间）和2009年10～11月（每周一日高峰时段限行期间）三个阶段的数据分析显示，由于限行措施的实施以及机动车保有量的快速增长，周末拥堵呈现蔓延趋势。

北京市根据路网运行状况将拥堵程度划分为五级，分别为畅通、基本畅通、轻度拥堵、中度拥堵和严重拥堵。2009年全路网工作日日交通拥堵指数为5.41，处于轻度拥堵状态，比2008年下降了7.4%。全路网工作日均拥堵时间由2008年5小时20分钟减少为4小时15分钟，其中"严重拥堵"时间由1小时10分钟减少为30分钟，"中度拥堵"时间由1小时35分钟减少为1小时，"轻度拥堵"时间由2小时35分钟增加为2小时45分钟。

全年路网早晚高峰严重拥堵里程比例分别下降了0.6%和1.3%，常发拥堵路段数量"先减后增"。其中上半年早高峰常发拥堵路段由2008年同期的583条、137公里减少到486条、104公里，分别减少了16.6%和24.1%；晚高峰常发拥堵路段由2008年同期的812条、167公里减少到581

条、114公里,分别减少了28.4%和31.7%。下半年早高峰常发拥堵路段由2008年同期的300条、61公里增加到576条、114公里,分别增加了92.0%和86.9%;晚高峰常发拥堵路段由2008年同期的558条、112公里增加到1081条、231公里,分别增加了93.7%和106.3%。

8.5.4 非机动化交通

根据交通管理部门数据统计显示,2006年北京市非机动车保有量为529.8万辆,其中自行车413.2万辆,占非机动车总数的78.0%;2007年全市非机动车保有量为548.1万辆,其中普通自行车和电动自行车共有461.3万辆,占非机动车总数的84.2%;2008年因普通自行车已取消上牌,只能对电动自行车进行统计,因此2008年统计的非机动车保有量仅为150.4万辆,其中电动自行车保有量为65.8万辆,占非机动车总数的43.8%。

自行车作为交通工具在北京已经有100多年的历史。1949年建国以来,北京交通政策一直鼓励步行和自行车交通。自行车使用的大量增长是在20世纪70年代末即经济改革使市民收入增长以后,特别是在20世纪80年代,自行车拥有量呈爆炸性增长,这主要归因于经济的高速增长。另外,北京城市自行车交通基础设施也得到了很大的改善。随着自行车流量的增加,逐步开辟了自行车专用道路,并在自行车交通量特别大的交叉口兴建了三层或四层的立交桥,如建国门和西直门的三层立交桥。此外,在特殊路段还兴建了地下自行车专用道路和地下自行车存车库。这些基础设施的建立也为自行车交通提供了便利,在一定程度上带动了自行车交通的发展。

1986~1990年,北京市自行车保有量年均增长57.6万辆。1991年由于换发新式牌证,保有量比1990年减少了211万辆,但随后至1995年自行车保有量又恢复了以每年50万辆以上的速度逐年递增。然而随着机动车的增加,城市的交通资源也越来越偏向汽车,纵使其侵占自行车道,对非机动交通的考虑相对减少。自行车行驶环境的日益恶化,以及由于城市空间不断扩展所带来的出行距离增加,导致1996年以后自行车交通发展缓慢,出行比例显著下降。

1986年和2000年两次居民出行调查结果显示,市区利用自行车的出行量从1986年的510万人次/日上升为2000年的697万人次/日,但在出行结构(不含步行)中,自行车交通所占份额却由65.1%下降为39.7%,

2005年自行车出行比例继续下降到30.3%。虽然下降了30多个百分点，但自行车在数量和出行比例上仍然大于其他交通方式，是北京市居民出行的主要交通方式之一。

8.5.5 停车设施

随着北京机动车拥有量持续增长，停车矛盾日益突出，而且与动态交通的关联越来越密切。占路停车将直接影响道路的运行效率，停车供求状况也将对道路交通流量产生影响。如果某一地区的停车需求得不到满足，一方面将抑制道路交通流量，另一方面也会降低这一地区的可达性。

2009年北京市收费停车场共计5247个，停车位127.8万个，停车位数量比上年增长15%。其中朝阳区停车泊位最多，达到41.5万个，约占全市停车位的32.4%。2009年北京市收费停车中，居住小区停车位为77.8万个，占全部收费停车位的60.9%，其次是路外公共停车位和共建配建停车位。全市收费停车场分类统计见表8-12。

北京市收费停车场按车场类别分类统计（个）　　表8-12

车场类别	2008年		2009年	
	停车场	停车位	停车场	停车位
路侧占道	509	45891	539	46887
立交桥下	68	3698	71	3548
路外公共	1480	255090	1536	287125
公建配建	535	113422	535	139974
单位大院	75	9097	151	15359
居住小区	2250	684005	2405	778167
其他	3	637	37	7069
总计	4920	1111840	5274	1278129

注：数据来源于北京市交通委员会运输管理局。

为合理充分利用现有停车资源，加速停车场建设，北京市政府通过多种途径促进停车业的发展，进一步改善交通状况，其中之一就是关于停车费用的调整。

2002年6月6日起，北京市调整机动车停车场收费标准，机动车停车收费标准全面上调。收费标准因地区、时间和车型不同而不同。其中四环路内露天停车场白天小型车每小时停车收费2元、大型车每小时停车收费

4元,四环路外分别为小型车每小时1元、大型车每小时2元。夜间收费标准不分地区、类型一律按小型车每两小时1元、大型车每两小时2元收费。而停放在停车场内的车辆一旦发生损坏或丢失,停车场要负责承担保险公司理赔之外的赔偿。同时上调的停车收费标准还有:居住小区内露天停车场小型车每两小时收费1元,大型车每两小时收费2元。小区必须在入口计时、出口收费,车辆进入小区的第一个小时内不得收费。远郊区县旅游景点停车场收费为小型车每次5元,大型车每次10元。长期包租停车收费为小型车每月150元、大型车每月210元。王府井、东单、西单、前门、金融街、朝外大街、崇外大街、朝阳商务中心区和中关村核心区9处繁华商业区的停车标准为小型车每小时5元,大型车每小时10元,以促进车辆周转。

北京市发改委于2005年对现行的机动车停车场收费标准进行了调整,制定分时段、分地段、差别化停车收费政策,利用经济杠杆引导出行,缓解城市中心区交通拥堵,合理安排地上停车场、地下停车场的比价关系,促进停车资源的均衡使用。2006年5月1日开始,北京市机动车停放收费实行新标准,计时单位将由原来的1小时改为30分钟,从而使停车时间不足30分钟的车主在部分露天停车场、地下停车库、停车楼的实际缴费金额降低了一半。

8.6 交通发展政策

尽管在交通设施建设与运行管理上不断增加投入,但由于交通需求总量的急剧增长及需求构成的多样性和复杂性,北京城市交通总体形势依然非常严峻。随着社会经济现代化、城市化以及机动化同时步入高速发展期,当前城市交通的紧张局面是城市快速发展进程中多种矛盾的集中反映,交通拥堵状况的根本缓解是一个长期的过程。今后,社会经济现代化、城市化和交通机动化三大发展进程依然是未来城市交通发展的外部条件,而交通战略模式与政策的选择将是决定交通发展走势的内在决定性因素。

8.6.1 交通发展目标

根据《北京城市总体规划(2004~2020年)》,北京市交通发展目标与战略任务是:与国家首都和现代国际城市功能相匹配,建设可持续发展、以人为本和动态满足交通需求的,以公共交通为主导的高标准、现代化综合交通体系,引导城市空间结构调整和功能布局的优化,促进区域交通协调发展,支持经济繁荣和社会进步。以"高效便捷、公平有序、安全舒适、节能环保"为发展方向,到 2020 年,使交通结构趋于合理,公共交通成为主导客运方式,出行的选择性增强,出行效率提高,交通拥堵状况得到缓解和改善,交通发展步入良性循环。

具体内容如下。

(1)交通发展战略的核心是全面落实公共交通优先政策,大幅提升公共交通的吸引力,实施区域差别化的交通政策,引导小汽车合理使用,扭转交通结构逐步恶化的趋势,使公共交通成为城市主导交通方式。

(2)突出交通先导政策。根据"两轴—两带—多中心"的城市空间结构,加大发展带的交通引导力度,积极推动东部发展带综合交通运输走廊的建设,构筑以轨道交通、高速公路以及交通枢纽为主体的交通支撑体系。

(3)优化完善中心城路网体系,全面整合既有交通设施资源,挖掘现有设施潜力,大幅度提高现有道路的通行能力。加大路网密度,完善路网"微循环"系统,提高资源使用效率。合理确定中心城的土地开发强度与建设规模,改善中心城交通状况。

《北京交通发展纲要(2004～2020 年)》提出了"新北京交通体系",即以现代先进水平的交通设施为基础,构建以公共运输为主导的综合交通运输体系;以信息化与法制化为依托,提供安全、高效、便捷、舒适和环保的交通服务;城市交通建设与历史文化名城风貌和自然生态环境相协调,引导、支持城市空间结构与功能布局优化调整,实现城市的可持续发展。

北京市交通发展的近期目标是:2010 年之前,初步建成交通设施功能结构较为完善、承载能力明显提高、运营管理水平先进、基本适应日益增长交通需求的"新北京交通体系"框架,初步形成中心城、市域和城际交通一体化新格局,中心城交通拥堵状况有所缓解。2010 年,城市干道高峰小时平均行程车速达到 20 公里/小时以上;五环路内 85% 的通勤出行时耗不超过 50 分钟;边缘集团到达市中心的出行时间在 1 小时以内;最远的郊区新城到中心城的出行时间不超过 2 小时;北京与周边地区主要中心城市的陆路运输出行时耗在 3 小时内。

8.6.2 交通需求管理

2009 年,市政府继续坚持优先发展公共交通和交通需求管理并举,加快轨道交通建设、提高公共汽(电)车服务水平,推行机动车高峰时段限行,实施错峰上下班,完成第六阶段缓解市区交通拥堵方案,推行差别化配套建设停车位标准和适度提高停车收费价格,加快建立智能交通系统,大力推进现代交通文明建设,进一步改善交通秩序,提升管理和服务水平。具体如下。

(1)公交优先发展

2009年4号线开通,全市轨道交通运营线路达9条、里程为228公里,网络化运营初具规模。依靠技术改造和管理创新,轨道交通运输能力进一步提高,1号线、2号线、5号线最小发车间隔分别达到2分15秒、2分、2分50秒,运力分别提高了11％、25％、5％。继续优化调整地面公交线网,先后优化调整4批118条市区公交线路,改善了150余个小区居民的出行,延长了83条公交线路的运营时间;施划公交专用道21.2公里,使总里程达到279.7公里,新增更新客运车辆2756辆。西苑交通枢纽建成使用,安河桥北站驻车换乘停车场随地铁4号线开通同步投入使用;与铁路部门共同努力,将北京南站打造成为国内首座集多种城市交通方式与国铁于一体的综合交通枢纽。公共交通[包含公共汽(电)车、轨道交通]全年日均客运量达到1802万人次,比2008年提高了11.3％。

(2)机动车限行

2008年北京奥运会、残奥会期间采取的空气质量和交通保障措施取得了明显成效,全面兑现了申奥承诺,实现了"让国际社会满意、让各国运动员满意、让人民群众满意"的目标。为贯彻落实国务院节能减排要求,减少机动车尾气排放对空气质量的影响,保持交通基本顺畅,结合北京市大气环境质量状况和道路及交通流量的具体情况,北京市政府决定实施有关交通管理措施。

2008年9月,北京市政府发布了《北京市政府关于实施交通管理措施的通告》。通告规定:2008年10月11日～2009年4月10日,北京市机动车试行按车牌尾号每周工作日停驶一天的措施。按车牌尾号每周停驶一天的车辆车牌尾号分为五组(1、6;2、7;3、8;4、9;5、0),定期轮换停驶日。限行范围为北京市五环路内(不含五环路),限行时间为周一～周五6:00～21:00,轮换周期为每4周轮换一次停驶日。

2008年9月27日,北京市政府发布了《北京市人民政府关于实施交通管理措施的通告》。通告规定如下。

一、从2008年10月1日起,本市各级党政机关封存30％公务用车。本市行政区域内的中央国家机关,本市各级党政机关,中央和本市所属的社会团体、事业单位和国有企业的公务用车按车牌尾号每周停驶一天(法定节假日和公休日除外)，限行范围为本市行政区域内道路，限行时间为0:00～24:00。

二、根据《中华人民共和国道路交通安全法》和《北京市实施〈中华人民共和国大气污染防治法〉办法》有关规定,2008年10月11日～2009年4月10日，除上述第一条范围内的机动车外,本市其他机动车(含已办理长期市区通行证的外省、区、市进京机动车)试行按车牌尾号每周停驶一天(法定节假日和公休日除外)，限行范围为五环路以内道路(含五环路)，限行时间为6:00～21:00。停驶的机动车减征1个月养路费和车船税。

三、根据上述第一、二条规定，按车牌尾号每周停驶一天的车辆车牌尾号分为五组，定期轮换停驶日，具体由市公安交通管理部门提前公告。

四、以下机动车不受上述措施限制：警车、消防车、救护车、工程救险车；公共汽(电)车、省际长途客运车辆及大型客车、出租汽车(不含租赁车辆)、小公共汽车、邮政专用车、持有市运输管理部门核发的旅游客车运营证件的车辆，经市公安交通管理部门核定的单位班车和学校校车；车身喷涂统一标识并执行任务的行政执法车辆和清障专用车辆；环卫、园林、道路养护的专项作业车辆，殡仪馆的殡葬车辆；悬挂"使"字头号牌车辆及经批准临时入境的车辆。

自2008年10月11日起试行的交通管理措施得到了有效执行，取得了良好效果。北京市大气环境质量状况好于往年同期，市区道路交通流量下降、车速提高。但随着机动车保有量持续快速增长，市区空气质量和道路交通压力将进一步加大。为巩固前一阶段实施交通管理措施取得的成果，大力推进优先发展公共交通，加快建设"人文北京、科技北京、绿色北京"，北京市政府决定继续实施交通管理措施。2009年4月，北京市政府发布了《北京市人民政府关于实施工作日高峰时段区域限行交通管理措施的通告》。在新一轮的限行措施中，根据民众反馈意见，从方便市民出行的角度出发，将限行范围、时间和尾号轮换周期进行了调整。限行范围由北京市五环路内(含五环路)调整为北京市五环路内(不含五环路)，限行时间由周一～周五6:00～21:00调整为周一～周五7:00～20:00，轮换周期由每4周轮换一次停驶日调整为每13周轮换一次停驶日。

(3) 推行错时上下班

为缓解早晚高峰交通压力，借鉴2008年北京奥运会、残奥会期间实行错时上下班的成功经验，北京市政府决定从2008年10月11日起实行错时上下班措施，并发布了《北京市人民政府关于实行错时上下班措施的通告》。

通告规定如下。

一、在京中央国家机关、本市各级党政机关、学校、保障城市正常运转的企事业单位和社会团体上下班时间不作调整。

二、本市行政区域内的大型商场每天上午开始营业时间调整为10:00,适当延长晚上营业时间。

三、其他企事业单位、社会团体根据实际情况,上班时间可分别调整为8:30、9:00、9:30,下班时间按8小时工作制原则由各单位相应顺延。

四、鼓励适宜网上办公的企事业单位试行网上办公,适宜弹性工作制的企事业单位也可试行弹性工作制。

五、市国有资产监督管理委员会和市商务局要加强对所监管企业及大型商场错时上、下班工作进行指导监督。

六、各地区、各部门和各单位要妥善安排好各项工作,切实落实值班制度,加强应急措施,确保工作正常运转。

(4)疏堵工程

2009年北京市组织实施了第六阶段缓解市区交通拥堵方案,通过改造平交路口、建设公交港湾、完善过街设施等7大类76项交通疏堵工程项目,道路通行条件得到改善。公安交管部门治理秩序乱点74处、交通堵点53处,一批节点的交通压力得到缓解。通过继续实施每周一日高峰时段限行交通管理措施,路网早、晚高峰平均速度分别比2007年10~11月(无限行期间)提高了12.4%和14.4%。在2009年机动车保有量净增51.4万辆、12月18日突破400万辆的情况下,交通拥堵指数控制在6左右,交通运行状况基本正常。

8.6.3 基本交通政策

《北京交通发展纲要(2004~2020年)》提出了北京市交通发展的基本政策。具体如下。

(1)交通先导政策

坚持城市交通基础设施适度超前、优先发展,充分发挥交通建设对城市空间结构调整的引导和支持作用。中心城建成区的改造和新城建设要坚持交通基础设施"同步规划,先行实施"的原则,建设规模及功能布局要以交通设施资源可能提供的容量为约束条件,实行建设项目交通影响评价和交通组织设计审查认证制度。

(2)公共交通优先政策

从城市可持续发展的要求出发,按照公平和效率的原则,合理分配和使用交通设施资源,在规划、投资、建设、运营和服务等各个环节,为公共交通发展提供优先条件。

①设施用地优先。优先安排公共交通设施建设用地,确保公交场站设施与土地开发项目同步建设。各阶段城市土地使用规划中均须为公共汽(电)车场站、地铁车站、换乘枢纽和车辆维修保养设施留足建设用地。不得随意挤占或挪用公共客运设施用地。

②投资安排优先。2010年以前,公共客运交通在交通建设投资中所占份额由18%提高到50%以上,重点支持轨道交通、大容量快速公共汽车(BRT)系统和综合交通枢纽建设。公共交通[包含轨道交通、公共汽(电)车]基础设施建设以政府资金投入为主导,积极吸引社会投资。

③路权分配优先。在城市道路资源分配和路口放行上给予公共客运优先权。

④财税扶持优先。公共交通实行与居民承受能力相适应的低价格政策,给予公交企业税费减免、政策性运营补贴及其他利于公交企业良性发展的扶持政策。

(3)区域差别化交通政策

从城市不同区域交通需求和可能提供的交通资源实际状况出发,中心城与新城采用不同的交通模式,实施因地制宜的交通设施供给与管理政策。中心城内的旧城区和旧城以外的区域交通模式与政策也要有所区别。

①旧城区。按照整体风貌保护的要求,基本维持既有的道路网整体格局。对已划定的历史文化保护街区和内环路以内地区,尤其是皇城范围,道路空间尺度基本维持现状。在对胡同系统的整体格局实行原貌保护的前提下,进行必要的整理,按照行人、自行车和小型公共汽车的优先次序合理利用。重点发展以地铁和地面公交为主的公共客运体系,通过停车位供给总量控制、停车收费政策以及必要时对特定区域实行通行收费等手段,对小汽车交通实行相对从紧的管理政策。

②旧城以外的中心城。优先发展以轨道交通和快速大容量公交为骨干的公共交通系统,根据道路资源和环境容量允许限度,对小汽车交通实行适度调控政策。

③新城。在优先发展公共交通服务网络的同时,要为小汽车交通提供相对较为宽松的使用空间。新城道路网密度要达到5~7公里/平方公里,道路用地率要达到20%以上,新城的各类停车泊位总数要达到机动车保有

量的1.2~1.3倍。此外,新城要有适度规模和完善的配套功能,减少与中心城之间的穿梭交通量。

(4) 小汽车交通需求引导政策

在大力发展公共客运为主体的综合运输前提下,对小汽车交通在行驶区域、行驶时段以及停车服务等方面实行差别化调控管理。特定区域和特定时段实施必要的限制,保持汽车交通量与道路负荷容量协调匹配增长,确保中心城道路系统维持适当的服务水平。把停车设施的建设与运营管理作为调节道路交通负荷的重要手段,对不同区域制订不同的停车设施配建标准和停车服务价格,推行分时段弹性停车费率制度,调节道路交通负荷的时空分布,提高道路交通设施利用效率。积极推进公车改革,减少单位公车的配置和使用量。提倡"合乘"制,对高载客率的车辆给予优先通行权。

(5) 政府主导的交通产业市场化经营政策

在充分考虑城市交通社会公益性、满足公众需要的前提下,积极推进政府主导的交通产业市场化步伐。进一步深化城市交通投融资体制改革,构筑政府投资、企业自筹、社会投资等多元化主体的投融资体系,拓展投融资渠道,盘活存量、引进增量,不断增加交通建设投资规模。对公益性的交通基础设施项目和有收益的经营性项目实行分类管理。建立统筹协调的交通服务价格体系,满足不同服务水平档次的交通需求。对企业为实现公益性目标承担的指令性任务给予相应补贴。向国内外开放交通基础设施建设与交通服务经营市场,引进竞争机制,推进特许经营制度。取得特许经营权的企业,自主经营,自担风险。政府制定和完善市场经营法规,对经营市场严格监管。不断完善企业资质和信用考核制度,同时对企业合法经营权益给予充分保障。

8.6.4 交通结构优化的对策研究

北京城市交通系统是一个十分复杂的系统,涉及因素众多,加上首都本身的环境约束,各项措施的分析与实施需要专题的深化研究。从战略角度来看,利用北京奥运交通组织的启示,全力启动交通结构优化工程,努力推动各项措施的出台,是北京市改善交通结构千载难逢的机会。根据北京城市交通目前存在的问题以及需要实现的目标,交通结构优化目标的实现涉及交通规划与投资政策、提高公共交通吸引力政策、交通需求管理政策三个层面。

(1) 交通规划与投资政策层面

①加强城市混合用地规划,探索公交引导土地利用模式。城市布局及土地开发与交通需求总量及分布直接相关。因此,应对北京城市布局及土地开发进行宏观调控,以减少需求总量。通勤出行是城市交通需求强度最集中之处,也是交通需求和供应矛盾的直接原因。在强调土地利用布局功能分区的同时,应该坚持混合的土地利用规划,平衡人口与就业发展,减少居民跨片区长距离出行。

实践证明,超前发展公共交通能有效减少小汽车交通的出行方式,北京应采取交通建设适度超前的策略,积极推广以公共交通为导向的城市开发模式,保证公共交通在城市土地利用形态中的主导地位,打破单中心的城市格局,实现城市的可持续发展。国际经验表明,高密度的土地开发离开轨道交通的支持,难以很好解决通勤问题。北京人多地少,高密度开发短时期内不会有很大改变。加快包括市郊铁路在内的轨道交通的建设,将车站布点与就业和居住用地分布相结合,将有利于提高公交吸引力。

②未来一定时期交通投资占 GDP 比重应保持在 5% 以上,交通投资中公共交通比例应保持在 50% 以上。近几年北京城镇交通基础设施投资占 GDP 比重保持在 5% 左右,交通投资中公共交通所占比例为 50% 左右,预计未来轨道交通建设还将需要投资 2000 亿元以上。因此,未来交通基础设施投资占 GDP 的比重应继续保持在 5% 以上,并且在交通投资中公共交通投资的比例应保持在 50% 以上,构建以轨道交通为主体的快速出行网络体系。

(2)迅速扩大公共交通吸引力

①抓紧落实公交路权优先措施,加大拥堵路段设置公交专用道比例,研究路口优先技术,提高公交车辆运行速度。2006 年以来,北京市政府已经采取了一系列措施发展公共交通,包括降低地面公交与地铁票价、增加公交车辆、开辟公交专用道及修建 BRT 专线等,公交份额达到 35%。然而迄今为止,公交吸引的份额大部分来自自行车交通,并没有将乘客从小汽车交通吸引过来,其主要原因是公交运行效率低下。2005 年高峰期间地面公交的出行时耗为 66 分钟,远高于小汽车的 39 分钟。

目前,多数公交专用道设置在原本宽阔的道路上,公交车辆实际上并没有比小汽车享有更大的权益。由于在路口基本上没有优先措施,实际上对公交车辆形成的"优先"幅度非常有限。因此,研究在拥堵路段设置公交专用道,真正提高公交车辆的"优先"程度,对提高公共交通的吸引力将具有巨大作用。同时,通过公交信号优先等手段,实现公交车辆在信号交叉口比小汽车具有更高的通过权,减少公交的等待时间,提高公交车辆运行效率。

②优化地面公共交通线路网络,注重轨道交通网络的换乘设计。2005年出行调查数据显示,在一次公交出行中,36%的时间耗费在中转、等候、换乘上。公交换乘、候车时间过长在影响公交吸引力的因素中排名第二,由于多数出行涉及不同的交通方式,因此,如何解决各种方式之间的换乘、构筑高效的出行体系是当前发展公共交通的关键。

北京的轨道交通建设方兴未艾,目前存在的一个重大问题是关于换乘站的设计问题,过于单调的"十"字形换乘所带来的换乘效率问题预计将会很快显现。以地铁13号线为例,全线45万人次/日的运量中,17万人次集中在西直门、知春路、东直门等5个换乘站。从设计和运营角度研究轨道交通网络中的线间换乘方式及交通流线组织,探讨同站台换乘等方法以提高旅客换乘速度具有重要现实意义。另一方面,城市轨道交通成网后,不可避免地面临与对外交通(如市郊铁路、城际铁路)以及地面公交的衔接问题,研究这些不同类型轨道交通方式之间的一体化运营是当前要解决的重要问题。

此外,要研究重建"非机动化交通"与"公共交通"之间的桥梁。具体对策是在公交枢纽(包括轨道交通车站地区与大型地面公交枢纽)以及主要换乘站点建立与其他交通方式的衔接设施,包括在所有公交枢纽建立与自行车的衔接设施,在外围枢纽建立与机动车的衔接设施。重建"非机动化交通"与"公共交通"之间桥梁的必要性与可能性体现在三方面:一是门槛低,多数公共交通枢纽具备这类条件。二是意义大,通过非机动化换乘设施建设,可使公交站点的吸引范围提高到3公里左右。三是能够缓解北京市当前持续机动化所带来的道路交通压力,建立利于环保的城市交通体系。

③优化出租车运行与管理,构筑"双赢"出租车运行系统。出租汽车具有准公共交通的属性,作为对私人小汽车交通的替代,它具有能够提供就业岗位的附加效益。出租车行驶对道路资源占用、环境污染和能源消耗与小汽车相同,从节能减排、交通集约化角度来看,出租车和私人小汽车具有同样不利的影响。2006年北京市出租车数量达到66646辆,是出租车数量最多的大都市之一。2007年出租车完成的运输量占7.7%,但在平日道路车流构成中仅占20%左右。出租车运行中存在的主要问题是空驶问题。统计表明,北京市出租车最高空驶率为45%左右,给本已不胜负荷的道路交通施加了更大的压力。

实际上,出租车从功能上应该成为公共交通的一种补充。一种值得讨论的出租车运行策略是在中心城区(如三环内)实行定点上下乘客的管理模式;对三环以外地区,加强出租车信息服务,尽量减少空驶。另外,可考虑试行出租车每周休息一天的制度,减少驾驶员疲劳驾驶所带来的安全隐患。主要优点包括:降低中心城区道路负荷,提高出租车运行安全性,降低空驶、提高出租车的运营效率与效益,提高中心城区公共交通的吸引力。

(3)交通需求管理政策层面

我国 2008 年北京奥运会及国外部分城市交通需求管理的成功案例使不少人对小汽车交通需求管理措施寄予厚望。值得指出的是,交通需求管理措施某种程度上带有一定的政府强制性,一些需求管理策略直接涉及不同群体利益的调整。因此,尽管这种调整整体上有利于改善社会公平性,但短时间内仍面临公众承受力的考验,同时也考验着政府的行政能力。需求管理策略除了进行技术可行性评价外,还要进行社会公平性评价,通过广泛宣传扩大公众接受度,尤其是领导的示范作用,非常利于政策的实施。

①在对小汽车使用量限制的同时,逐步创造条件运用经济手段进行控制。对小汽车的使用限制措施主要分为两类,一类为直接限行措施,如北京现在实施的每周停驶一天的数量限制措施,以及国外一些城市实施的中心区域拥堵收费措施;另一类为停车管理措施,包括停车位的数量削减措施,以及停车费用的提升措施等。燃油价格调整对道路交通状态的改善和公交比例提高的效果较为明显,但油价作为基础性的能源价格,牵一动百,不可能只从交通角度来进行调整。因此,现阶段对小汽车使用的限制可主要采用数量控制方式。同时,要逐步创造条件,运用经济手段进行控制。

②强化中心城区的停车管理。北京市是机动车使用环境最宽松的城市之一。世界各大城市的交通实践表明,停车费是影响机动车使用的重要因素,是许多大城市控制中心区机动车进入量的重要手段。停车费的变化直接导致出行者对出行方式的选择。目前,北京市多数停车点的收费标准在 2~5 元/小时,不少地点存在随意停车和缺乏管制的行为。设置在三环以内的占道停车位基本上均位于自行车道,能力不足的地段会导致自行车侵入机动车道,破坏交通秩序与安全性,严重影响交通运行效率,甚至造成交通堵塞。

因此,建议大幅度削减三环内占道停车位数量,还路于非机动车。同时,研究完善提高中心城区停车费率的措施。从停车着手来调整私家车的使用频率较一般的管制具有更多的优点:首先,作为一种经济手段,它比单双号管制方法更加富有弹性;其次,这种方法比拥挤收费更加容易实施;第三,这种方法对于一类重要的私家车用途即接送孩子没有太大的影响。由于过去既成事实的宽松政策,对占道停车的管理在实施上可能遭遇抵制,需要有关管理部门坚定执法决心。同时,在实施这项措施中,扩大执法宣传,加强执法透明度,可能取得更好的效果。另一方面,可以采用逐步提高停车费率的办法来分步骤抑制需求,以最终实现顺利降低占道停车供给的目标。

③充分重视交通限行措施的后期反弹性,抓住宝贵机会提高公交运行速度。承继奥运会的有利影响,北京现在实施了五环以内每周停驶一天的小汽车限行措施。研究显示,单一的小汽车限行措施在近期的效果比较明显,但远期效果会逐步减弱,包括交通拥堵和小汽车出行分担率在2010年以后都会出现反弹。原因在于如果没有公交服务的改善,单一的限制措施有可能会增加小汽车的拥有量,从而又弥补了限行停驶车辆的缺口。

除了目前实施的每周停驶一天的小汽车限行措施,还可研究其他的措施,如中心区区域行驶限制策略,对三环以内区域在白天(7:00~19:00)实行单双号管理。虽然表面上管制区域有所缩小,但由于北京的强向心交通特征,其实施也应该会有明显的效果。

小汽车限行措施会在一定程度上缓解道路交通压力,为公共交通运行速度的改善腾出难得的空间,创造出宝贵的机会。要使该项措施达到长远目的,需在此期间抓紧力量,尽快提高公共交通吸引力,包括尽快增加运力,尤其是地面公交运力,尽快扩充公交专用道,尽快优化公交线路网络等。关键要双管齐下,在公共交通上有所作为。这样,既可提高公交服务水平,又可抑制小汽车在市中心地区的不合理出行。

④改善非机动车及行人环境,构筑重点地段机非交通分离体系。在快速机动化潮流中,北京的非机动车与行人交通的运行环境与多数其他国内城市一样受到严重冲击,自行车交通基本上处于放任自流状态。由于车辆的安全性没有保障,加上机动化后路权严重受损,自行车交通迅速萎缩。作为公共交通最重要的接续方式,自行车与行人环境的恶化某种程度上也使得公共交通的发展没有了台阶,这也成为公交发展停滞不前的重要原因之一。

因此,完善中心城区自行车与行人交通设施,是重新构筑北京可持续交通系统的重要条件。具体内容包括:重建自行车停放设施,规范自行车的停放管理,确保自行车存放的安全性,包括居民小区、公交枢纽和办公区域等;结合城市综合交通枢纽建设,打造新的"B(自行车)+B(巴士)"和"B(自行车)+R(轨道交通)"出行模式;结合大型商场建设,构筑行人与地面机动车分离的系统;在路段和交叉口建立机非分离的运行体系;完善宽阔道路上行人过街设施,以提高行人安全性等。

8.7 小　　结

(1)交通结构

从交通结构角度来看,北京城市交通发展大致可以分为五个阶段,即出行水平较低的非机动化交通主导阶段、出行水平增长的公交主导发展阶段、出租车主导发展的机动化前期、私家车迅速增长的快速机动化阶段和以轨道交通建设为主导的交通结构调整阶段。

由于城市空间规模扩大和城市经济发展的内在驱动,北京城市交通机动化趋势明显。在不包括步行的交通结构中,机动化方式比例从1986年的37.3%增长到2005年的69.7%,增加了32.4个百分点。相应地,自行车出行比例逐年降低,由1986年的62.7%下降到2005年的30.3%。在快速机动化过程中,小汽车交通是主要推动力,出行比例从1986年的5.0%跃增到2005年的29.8%。其主要原因在于经济的发展以及居民生活水平的提高,使出行者不仅对出行可达性要求提高,而且对交通工具的舒适性、快捷性和安全性要求大幅提高,从而在很大程度上刺激了灵活便捷的小汽车迅速进入家庭。

(2)公共交通体系

2006年以来,北京市加快了以轨道交通系统为主线的公交系统建设,主要举措包括两方面。一是结合2000年申办奥运会成功后交通系统产生的服务需求,不断加大城市轨道交通投资与建设的步伐。二是制订《北京交通发展纲要》,将优先发展公交、改善公交吸引力提高到战略层次。北京市交通发展战略的核心是全面落实公共交通优先政策,大幅提升公共交通的吸引力,实施区域差别化的交通政策,引导小汽车合理使用,扭转交通结构逐步恶化的趋势,使公共交通成为城市主导交通方式。

随着北京市公交改革和"公交优先"政策的不断实践,公共交通设施发展迅速,公共交通承担客运量持续增长,但是公共交通在居民出行结构中的比例一直难以提高,从1986年到2005年,仅由28.2%增长到29.8%。2006年以来,北京市政府已经采取了一系列措施发展公共交通,随着2009年地铁4号线的开通和原有线路运营条件的改善,以及在公交线网优化调整等一系列改革措施的共同促进之下,北京市正逐步建立以快线网为骨架、普线网为基础、支线网为补充的三级公共交通网络,公共交通客运量迅速增加。2009年样本调查显示公共交通[包含轨道交通、公共汽(电)车]出行比例上升到38.9%。2009年全市各种交通方式承担客运量的比例为轨道交通19.5%、公共汽(电)车71.1%,出租车9.4%。其中随着新轨道线路的开通,轨道交通在公共交通客运构成中的比例增加,公共汽(电)车和出租车比例有所下降。

(3)私家车管理

北京市正处于机动化水平快速发展进程中,2009年底全市机动车保有量已达到401.9万辆,其中私人机动车318.6万辆,比上年增长18.3%。随着社会经济的发展和城市机动化水平的不断提高,居民出行活动更加多样化,出行量也在持续增加。2009年,每日小汽车出行量为934万人次。

北京市在大力发展公共客运为主体的综合运输的前提下,对小汽车交通在行驶区域、行驶时段以及停车服务等方面实行差别化调控管理。特定区域和特定时段实施必要的限制,保持汽车交通量与道路负荷容量协调匹配增长,确保中心城道路系统维持适当的服务水平。把停车设施的建设与运营管理作为调节道路交通负荷的重要手段,对不同区域制订不同的停车设施配建标准和停车服务价格,推行分时段弹性停车费率制度,调节道路交通负荷的时空分布,提高道路交通设施利用效率。

(4)交通发展政策

《北京交通发展纲要(2004~2020年)》提出了北京市交通发展的基本政策,包括交通先导政策、公共交通优先政策、区域差别化交通政策、小汽车交通需求引导政策及政府主导的交通产业市场化经营政策。对于交通结构优化,提出建成以快速大容量客运交通为骨干、多种方式协调运输的城市公共客运系统,初步建成现代化物流运输系统,改善城市交通运输结构。

2009年,北京市政府继续坚持优先发展公共交通和交通需求管理并举,加快轨道交通建设、提高公共汽(电)车服务水平,推行机动车高峰时段限行,实施错峰上下班,完成第六阶段缓解市区交通拥堵方案,推行差别化配套建设停车位标准和适度提高停车收费价格,加快建立智能交通系统,大力推进现代交通文明建设,进一步改善交通秩序,提升管理和服务水平。

9 典型城市交通系统的比较研究

9.1 典型城市的选取

研究城市的出行特征首先应分析城市的社会经济状况与交通基础设施水平,只有在具有相似背景的城市之间进行对比分析才有意义。本书选取中国北京、上海、广州,英国伦敦、美国纽约、日本东京、韩国首尔7个城市作为主要研究对象。

上述城市中,北京面积最大,达到16410.54平方公里,全市平均人口密度最低,为1033人/平方公里;首尔土地面积最小,人口密度最高,达17273人/平方公里,是北京的16.7倍。在经济方面,纽约GDP最高,2005年已达到11300亿美元,人均年收入达43047美元;伦敦GDP约2909亿美元,人均年收入28350美元;中国的三大城市GDP均低于2000亿美元,人均年收入以上海最高,为3839美元,但仅为纽约的8.9%,伦敦的13.54%,说明中国城市经济发展水平距离高度发达国家还有较大差距。各大都市主要社会经济指标见表9-1。

七大都市主要社会经济指标 表9-1

指标 \ 城市	北京 (2008)	广州 (2008)	上海 (2008)	东京 (2009)	伦敦 (2005)	首尔 (2008)	纽约 (2005)
面积 (平方公里)	16410.54	7434.4	6340.5	2188	1579	605.33	776
人口 (千人)	16950	10182	18884.6	12989	7517.9	10456	8210

续上表

城市\指标	北京(2008)	广州(2008)	上海(2008)	东京(2009)	伦敦(2005)	首尔(2008)	纽约(2005)
GDP(十亿美元)	150.95	118.02	197.15	3003.0	452.0	241.6	1130
人均年收入(美元)	3559	3643	3839	—	28350	—	43047
人口密度(人/平方公里)	1033	1370	2978	5937	4782	17273	10400

因此,在人文环境相差悬殊的情况下,北京市域范围内交通状态与其他城市可比性相对较差。对北京而言,由于人口密度和经济发展水平的差异,交通供给和需求的特点截然不同,对应的合理交通结构也不尽相同。

为强化可比性,根据国内外城市对城市区域的定义,兼顾数据的易用性,选取包括东城区、西城区、崇文区、宣武区、朝阳区、丰台区、石景山区、海淀区在内的城八区(现为城六区,下同)作为北京市中心城区。其面积为1368.32平方公里,2008年末常住人口达1043.9万人。

对其他六个城市来说,根据上述可比口径选取广州市区、上海市区、东京23区、大伦敦地区(Great London)、首尔、纽约(New York City)城市相应区域进行对比。各城市选定区域的基本情况如图9-1所示。

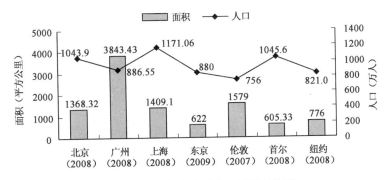

图9-1 七大都市市区人口面积对比图

注:数据来源于《北京统计年鉴2008》、《上海统计年鉴2008》、《广州统计年鉴2008》,2009 New York State Statistical Yearbook,Focus on London 2009。

广州是广东省省会,是全省的政治、经济、科技、教育和文化中心。市区主要是指包括越秀区、海珠区、荔湾区、天河区、白云区、黄埔区、花都区、番禺区、萝岗区、南沙区在内的10区,面积为3843.43平方公里,2008年末人口为886.55万人。

上海市是我国4大直辖市之一,其市区主要包括浦东新区、闵行区、静安区、长宁区、卢湾区、黄浦区、虹口区、杨浦区、徐汇区、闸北区、宝山区11区。市区面积为1409.1平方公里,2008年末常住人口为1171.06万人,其中外来人口达283.49万人。

东京是日本的首都,一般所说的东京市指东京23区,即东京都的大城市部分(东京都包括东京23区、多摩地区、岛屿地区)。东京23区面积为622平方公里,2009年末人口为880万人。

英国首都伦敦是世界级的大都市之一,整个大伦敦地区面积为1579平方公里,其中伦敦中心区为27平方公里,除中心区外的内伦敦区为294平方公里,外伦敦区为1258平方公里;2007年末大伦敦地区人口为756万人。

首尔是韩国首都,汉江由东向西贯穿市中心,把整个首尔市划分为江南和江北两部分。首尔面积为605.33平方公里,2008年末人口为1045.6万人。

纽约市位于美国的东海岸,面积为748.77平方公里,2008年末人口为836.4万人。纽约市包括五个行政区(曼哈顿区、皇后区、布鲁克林区、斯塔滕岛、布朗克斯区),其中曼哈顿区为中心区域,面积为60平方公里,2007年人口为162万人。

城市的就业岗位以及各种商业活动大部分集中在城区,因此城区具有一定的凝聚和向心作用。由于城市的规模差异较大,因此许多城市的市域面积甚至不及北京的城区面积,但人口密度却很高。因此,在对比中,将首尔和纽约的全市范围与北京的城区划为同一类别,以保证面积、人口以及交通结构的可比性。各大都市市区人口密度见图9-2。

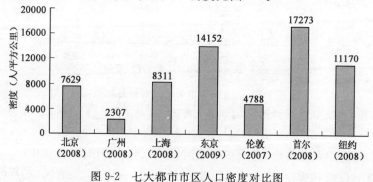

图9-2 七大都市市区人口密度对比图

注:数据来源于《北京统计年鉴2008》,《上海统计年鉴2008》,《广州统计年鉴2008》,2009 New York State Statistical Yearbook, Focus on London 2009。

9.2 交通基本情况比较

交通基础设施的建设从一定程度上决定了城市的交通结构,不同城市由于城市建设的差异以及侧重点的不同,交通设施的规模以及结构均不相同。

9.2.1 道路交通设施

道路交通设施建设作为城市的一项重要基础建设,从城市发展的初始阶段到成熟阶段,一直对城市的发展起到非常重要的作用,因此许多城市都非常重视道路交通设施的建设。

到 2008 年底,北京市城八区道路总里程为 6186 公里,其中城市快速路 242 公里,城市主干道 755 公里,城市次干道 644 公里,城市支路及街坊路 4545 公里;道路总面积达到 8940 万平方米,道路网密度为 452.1 公里/百平方公里。北京市公路总长度达到 20340 公里,其中高速公路 777 公里,一级公路 797 公里,二级公路 2669 公里,三级及以下公路 16097 公里,全市公路密度达到 126.0 公里/百平方公里。以国道、省道为骨干,县乡路为支脉的放射形交通网络进一步完善。

2006 年,大伦敦地区道路系统总长度为 14926 公里,其中快速路 60 公里,主干道 1721 公里,次干路及其他道路 13145 公里。

纽约市中心区曼哈顿为网格式的街道布置,与街道相连接的隧道、桥梁在曼哈顿周围形成了快速路网。

东京高速公路总长约为 230 公里,其放射线构成 6 个主要对外联络线路。一条环绕东京北部的外环线的建成,使其内部的八条能通往市内和中心环线的快速路融入了现有的 23 区的城市框架。截至 2006 年 4 月,东京 23 区道路总长达到 11845 公里,其中国道 191 公里,城市主干道 456 公里,一般道路 624 公里,道路面积率达 15.9%。

首尔市由城市快速道路和干线道路组成城市路网骨架。快速道路全长 147 公里,由 6 条轴线组成;干线道路全长 405 公里,由 24 条轴线组成。城市建成区内道路面积率为 18.0%。

2007 年,上海市道路总里程为 15458 公里,道路总面积达到 22579 万平方米。2008 年底,全市高速公路通车里程达到 637 公里。

2009 年底,广州市区道路长度为 5497 公里,道路面积为 9502 万平方米。

相对来说,北京市的路网密度和道路面积率虽然略高于国内其他城市,但明显低于国外大城市(表 9-2)。

六大都市市区道路网络比较 表 9-2

城　市	年　份	道路总长度（公里）	路网密度（公里/平方公里）	道路面积率（%）	高速路长度（公里）
北京	2008	6186	4.52	6.53	777
广州	2009	5497	1.43	2.47	—
上海	2004	2350	3.44	6.36	560
东京	2006	11845	19.01	15.9	230
伦敦	2006	14926	9.45	—	510
首尔	2005	8046	13.28	18.0	—

注：1.数据来源于 London Travel Report 2006《中国城市统计年鉴》。

2.城市道路面积率指城市一定地区内城市道路用地总面积占该地区总面积的比例。

9.2.2 地面公交与轨道交通

公共交通设施是城市发展的基础，特别是轨道交通的发展在一定程度上决定了一个城市的交通状况。北京 2008 年轨道交通线路长度为 200 公里，在国内处于前列；但和国外城市相比，差距很大，通车里程仅为伦敦的 45.8%，纽约的 17.3%，东京的 9.37%。各大都市轨道交通里程对比图如图 9-3 所示。

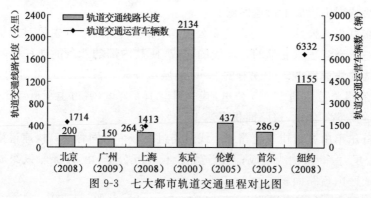

图 9-3　七大都市轨道交通里程对比图

2015 年，北京市规划建成"三环、四横、五纵、七放射"总长 561 公里的轨道交通网络。"三环"为 2 号线、13 号线、10 号线；"四横"为 1 号线、6 号线、7 号线和 14 号线一期；"五纵"为 4 号线、5 号线、8 号线、9 号线和 14 号线二期；"七放射"为亦庄线、机场线、昌平线、顺义线、良乡线、大台(门头沟)线、八通线。

从地面公交车辆数来看,北京的公交车辆数较高,约为纽约的 5 倍(图 9-4),这在一定程度上弥补了轨道交通较少的缺憾。

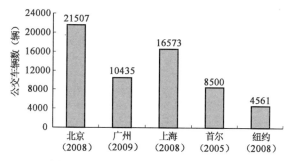

图 9-4 五大都市地面公交车辆对比图

各大都市出租车保有量见图 9-5。北京市出租车数量居于前列,仅次于首尔。

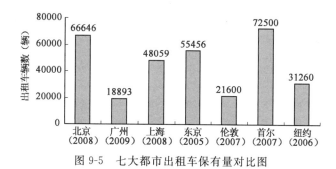

图 9-5 七大都市出租车保有量对比图

9.2.3 机动车拥有量

在所比较的几个城市中,北京市全市机动车拥有量为 350 万辆,预计城八区的车辆数约为 250 万辆,低于东京,但与伦敦、纽约和首尔相仿(图 9-6)。

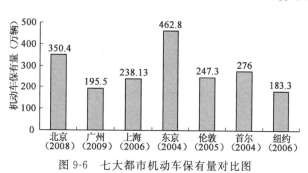

图 9-6 七大都市机动车保有量对比图

与机动车拥有量密切相关的另一个指标是车辆年均行驶里程(VMT)。统计表明,北京市个人机动车的VMT达2万公里左右,这个水平明显高于东京、伦敦、纽约等城市。同时,由于这些车辆的行驶区域主要在城八区,造成城市地区道路出现了罕见的拥堵。

9.3 道路交通运行状态比较

本书评价城市道路的交通状况可以从快速性、畅通性、可靠性等多个角度出发。本书考虑到数据的可得性,选取道路饱和度和车辆平均速度这两个指标对比不同城市的道路交通状况。

城市道路的车流分布与道路所处的区域紧密相关。城市中心区域具有强大的交通吸引力,是车流量最大的区域,同时也是交通拥堵最经常发生的区域。针对不同区域的不同交通特征,将北京城市区域划分为中心区(二环以内)、城区(二环与四环之间)、近郊区(四环以外),将纽约划分为中心区(曼哈顿)、城区(布鲁克林、布朗克斯、皇后区)、近郊区(拿骚等),将伦敦划分为中心区、城区(内伦敦)、近郊区(外伦敦)。图9-7~图9-9分别为北京、纽约、伦敦城市各地区划分示意图。

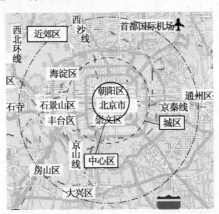

图9-7 北京城市各地区划分示意图

9.3.1 道路饱和度

道路饱和度是评价道路交通机动性以及运行质量的指标,旨在反映交通需求(车流量)与供给(通行能力)之间的比值关系。通行能力是指道路或交叉口能够通过的最大流量,可以根据道路等级、设计速度、车流结构等计算。道路饱和度计算公式如下：

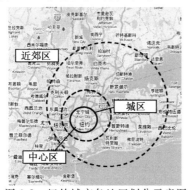

图 9-8　纽约城市各地区划分示意图

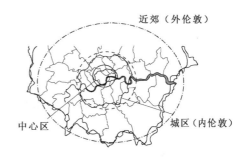

图 9-9　伦敦城市各地区划分示意图

道路饱和度(v/c)＝道路流量/通行能力

城市道路的饱和度与道路所在的区域具有重要关系。从图 9-10 可以看出，北京城市道路饱和度呈现区域化特征，越靠近城市中心区饱和度越高，随着与中心区距离的增大，饱和度逐渐降低，特别是高峰时段，差距明显。二环以内的中心区，全天饱和度为 57%，高峰时段饱和度达到 68%，而二环与四环之间的城区部分，全天饱和度为 51%，高峰时段为 52%；四环以外的近郊区，全天饱和度为 33%，高峰时段为 40%。纽约城市中心区与其他区域的道路饱和度相差并不明显，总体水平在 30% 左右。相比而言，北京的城市道路整体负荷大于纽约市，特别是在城市中心区。

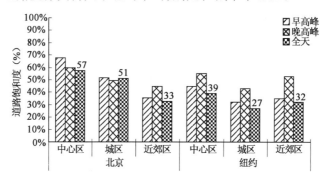

图 9-10　北京与纽约城市不同区域道路饱和度对比图

城市道路的饱和度与道路的等级功能也具有重要关系。快速路道路条件好且没有信号控制的干扰，因此承担的交通任务较重，饱和度大于其他道路。从图 9-11 中对比北京与纽约的交通负荷，发现北京道路的饱和度存在以下特点。

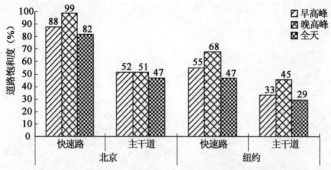

图 9-11　北京与纽约城市不同等级道路饱和度对比图

(1) 整体负荷水平较高。北京城市的快速路饱和度在高峰时段已迫近1，说明交通量已经接近通行能力，处于饱和状态。主干道饱和度也接近50%，远远高于纽约的道路负荷水平。

(2) 快速路与主干道的饱和度差距较大。北京市的快速路饱和度接近于主干道饱和度的 2 倍，而纽约市的快速路饱和度只有 47%，仅比主干道饱和度多 18%。

9.3.2　车辆速度

车辆平均速度是评价道路运行状态与服务水平的重要指标，主要与道路等级、交通流量等因素相关。从图 9-12、图 9-13 可以看出，北京的车速分布呈现以下几个特点。

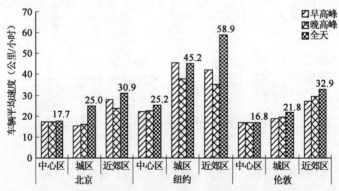

图 9-12　北京与纽约、伦敦城市不同区域道路车速对比图

(1) 路网整体车速较低。三个城市的对比结果显示，纽约市的平均车速最高，中心区全天平均车速达到 25.2 公里/小时，近郊区可达 58.9 公里/小时，交通运行状况明显好于北京。北京市中心区全天平均车速只有 17.7 公里

9 典型城市交通系统的比较研究

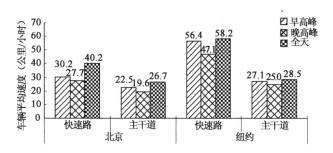

图 9-13　北京与纽约城市不同等级道路车速对比图

/小时,近郊区也只有 30.9 公里/小时。伦敦市与北京市基本处于同等水平。

(2) 车速分布的区域特点明显,愈接近城市中心,车速愈低。三个城市的车速分布几乎都存在此特点,纽约市中心区车速与城区车速差距达到 20 公里/小时,与近郊区车速差距达到 35 公里/小时,而北京市中心区与其他两区域的车速差距较小,分别为 8 公里/小时和 13 公里/小时。

(3) 车速分布的时间特点在城区以及近郊区比较明显,中心区全天的车速都维持在较低水平。北京市中心区在早晚高峰时段的车速与平峰时段的车速相差很小,城区与近郊区的高峰车速与全天平均车速相差较大,分别为 10 公里/小时和 7 公里/小时。

(4) 快速路与主干道的车速差距不大。纽约市快速路与主干道的车速差距明显,快速路上的平均车速达到 58.2 公里/小时,主干道的平均车速为 28.5 公里/小时。北京市的主干道平均车速基本与纽约市处于同等水平,但快速路的车速较低,只有 40.2 公里/小时,比纽约市的快速路平均车速慢了 18 公里/小时。

9.4　交通结构比较

交通结构与各种交通方式的特性和服务水平、城市形态和用地布局,以及交通管理政策等有着密切的关系。不同的交通结构对城市交通运输系统的要求有很大差异。

9.4.1　交通出行方式比例

与其他城市相比,北京的公共交通分担率在 2006 年出台一系列政策后有所上升,达到 38.9%(包括轨道交通、常规公交)。不过,这个比例总体上仍低于国内外大都市。公交比例最高的城市为首尔,占到 65%,国内城市中公交比例最高的为广州,占到 54%。各大城市全日交通方式分担率见图 9-14。

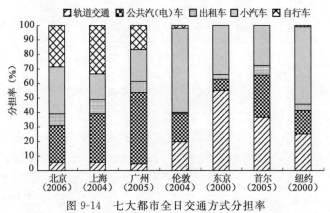

图 9-14　七大都市全日交通方式分担率

居民通勤出行交通结构是通勤者根据城市道路交通状况、通勤作息制度、自身经济水平以及时间价值等对交通方式自由选择的结果。一般情况下,通勤交通结构处于长期相对稳定的平衡状态。北京、广州、内伦敦和纽约居民通勤出行的交通结构如图 9-15 所示。

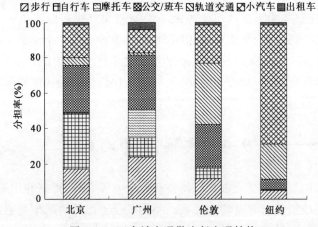

图 9-15　四大城市通勤出行交通结构

从图 9-15 中可知,步行、自行车等非机动交通与公交、班车是北京、广州城市居民出行的主要方式,伦敦则以轨道交通和公交、班车为主,纽约以小汽车和轨道交通为主。

(1)纽约市出行方式比例的演变

从1980到1990年的10年间,纽约市小汽车分担率从41%上升到48%,上升了7个百分点;地铁的分担率从32%下降到29%,下降了3个百分点;公交汽车由20%下降到15%,下降了5个百分点。但这一趋势在20世纪90年代被逆转,小汽车的分担率下降了4%,而地铁上升了2%,公交汽车上升了1%(表9-3)。

纽约市1980~2000年出行方式分担率对比表(%)　　　表9-3

交通方式	1980年	1990年	2000年	1980~1990年的分担率变化	1990~2000年的分担率变化
小汽车	41	48	44	7	-4
地铁	32	29	31	-3	2
公共汽车	20	15	16	-5	1
出租车	6	7	8	1	1
其他非步行出行	1	1	1	0	0

20世纪90年代交通方式分担率变化的原因主要有如下六个,其中前三个原因与出台了为增加公交系统竞争力的交通政策有关,其他三个原因与公交政策没有直接关系。

①政府为增加公交系统的硬件条件和地铁、公共汽车服务的可靠性以及质量投入了大量建设资金。

②在公交系统引入电子客票,不仅可以在整个公交系统内部统一使用,而且单次平均票价更便宜。

③乘客乘坐地铁和公共汽车的安全意识不断提高,加之公交系统采取的积极措施,使得地铁和公共汽车站的犯罪率不断下降,增加了公共交通的竞争力。

④纽约市的外来移民增长迅速,大部分的外来移民定居在布鲁克林区和皇后区,使得这两个区域的公共交通乘客人数显著增加。

⑤日益严重的道路交通阻塞和昂贵的停车场费用降低了小汽车使用的吸引力。

⑥随着经济的发展,在一些高度开发的地区(例如切尔西区和哈勒姆区),商业的发展和新兴的居民区需要公交系统的服务作为依托。

通勤出行一直是地区整体出行的主要组成部分,交通方式和时间基本固定,规律性强,因此通勤出行的交通方式选择基本能够代表整个地区的交通结构和服务水平。纽约市通勤出行与全日出行交通方式比例见表9-4。

2000年纽约市全日与通勤时段出行方式比例(%)　　表9-4

出行方式 时段	公共交通 (包括地铁、 公共汽车)	小汽车	出租车	其他	合计
通勤	53	33	—	14	100
全日	47	44	8	1	100

从表9-4可以看出,通勤出行的公共交通使用率比全日出行高出6个百分点,小汽车通勤出行比例则比全日出行低11个百分点。究其原因,主要是通勤出行的时段为早晚高峰,此时的路面交通压力较大,使用私家车在市中心区域并不比使用公共交通节省时间,时间可靠性较差。在纽约市市区,驾驶私家车比使用公共交通工具节省的时间一般不超过15分钟。在曼哈顿区,大部分区域使用私家车甚至会多花费2～7分钟的时间。其次,由于政府加大了对进入市中心主要桥梁和道路的收费,所以使用私家车通勤的费用要远远高于使用公共交通系统的费用。

(2)伦敦市出行方式比例的演变

伦敦市交通方式主要为公共交通(包括铁路和轻轨)以及小汽车,两者合计达到95.8%(图9-16)。公共交通比例从1993年的30.6%稳步上升到2006年的46.3%,提高了15.7个百分点;小汽车出行比例从1993年的65%下降到2006年的49.5%,下降了15.5个百分点。

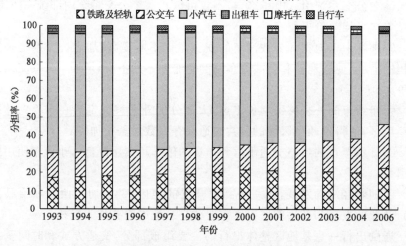

图9-16　伦敦地区交通方式分担率变化图(不含步行)

伦敦市交通结构的变化主要取决于以下一些政策。

①从运营组织角度提高能力、减少拥挤,提高运营可靠性和发车频率,克服地铁硬件建设滞后的不足。

②改善放射状道路的出行服务水平,提供穿越伦敦的公共汽车服务,包括增加公共汽车运能、改善可靠性及提高服务频率。

③注重打造一体化的城市综合交通系统,包括国家铁路与伦敦地区的其他交通方式,形成了一个高效的覆盖全伦敦的公共交通系统。

④协调出行需求管理,制订一体化的、简便和适应大众购买力的公共交通票价,以改善换乘。例如,提供非高峰优惠票价及更好的信息和候车环境。

⑤实施道路拥挤收费。2003年2月17日对内环路以内、面积21平方公里的区域正式征收道路拥挤费。统计表明,此措施使内环区域的交通量减少了20%。

表9-5给出了伦敦全日和通勤时段的出行方式比例。

伦敦全日与通勤出行方式分担率(%) 表9-5

时段\出行方式	轨道交通	公共汽车	小汽车	摩托车	自行车	步行	其他	合计
通勤	28	16	41	1	4	9	1	100
全日	15	14	44	1	2	23	1	100

从表9-5可以看出,在通勤时段,使用公共交通方式的比例比全日高出了15个百分点,其中轨道交通方式比全日出行高出13个百分点,小汽车出行则降低了3个百分点。

(3)首尔市出行方式比例的演变

首尔市的居民出行方式以公共交通为主,公共交通比例从1996年的59.5%到2005年的62.3%,上升了2.8个百分点。虽然总体上变化不大,但内部结构发生了变化,其中地铁提高了5.4个百分点,公共汽车下降了2.6个百分点;小汽车出行比例从1996年的24.6%上升到2005年的26.3%,上升了1.7个百分点。首尔历年出行方式分担率见图9-17。

首尔市的交通发展政策主要有以下几个方面。

①大力扩建路网和发展轨道交通。在20世纪80年代,首尔大规模扩充公共汽车线路,修建地铁和轻轨。至2005年,地铁和轻轨线路总里程达

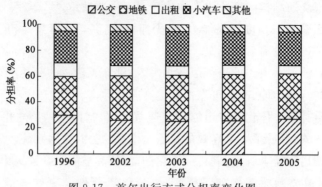

图 9-17　首尔出行方式分担率变化图

290 公里。以地铁和轻轨为干线、公共汽车为网线、首尔形成了四通八达的公共交通网络。

②2004 年以来积极推行交通革新，打造高效率的公交系统。主要措施有重新整合公交线路、修建中央公交专用道、引入车载 GPS 设备、开发智能收费卡系统等。首尔为这场公交改革酝酿和准备了近 8 年时间，关于居民、公交公司、驾驶员协会和政府间的利益分配也曾引起广泛争论，如今改革成效显著。

③实行汽车"星期制"——"自愿星期制"，即车主从周一到周五中自愿选定一天为汽车休息日。遵守"星期制"的汽车可享受 5% 的汽车税优惠和 2.7% 的保费优惠。各公共机构从 2006 年 6 月 12 日起实施以节约能源为目的的汽车"星期制"。

(4) 东京市出行方式比例的演变

东京市比较范围为东京 23 区，其公共交通出行方式比例为小汽车出行方式比例的 2 倍（图 9-18）。

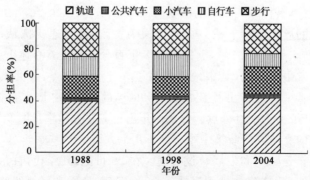

图 9-18　东京 23 区出行方式分担率变化图

东京的交通结构是典型的以轨道交通为主体的模式。作为世界上人口最密集的城市之一,为解决交通拥挤问题,东京一直坚持以轨道交通为主,以其他公共交通方式为辅,并通过以下政策与技术措施控制私人小汽车出行规模。

①注重交通基础设施与城市发展的协调。东京一直以建设和发展轨道交通为主,综合布置高速公路和其他交通方式。现有交通以快速铁路为主,以公共汽车和出租车作为补充,轨道交通所承担的城市运量比较高。

②建设综合性枢纽,改善换乘条件。将高速铁路、城市轨道交通、地面公交、汽车停车和商业布局有机地联系在一起,缩短了乘客的换乘时间。综合性枢纽建设还有助于交通的合理组织,提高交通安全性。

③提高公共交通服务水平,包括采用更舒适的车辆、改进公共汽车停车站、装备交通信息显示装置、扩大公交专用道,使公共交通再次成为有吸引力的交通工具。

④对私人小汽车消费采用引导政策,重点控制其出行次数,以此来减少交通量,解决交通拥挤问题。虽然东京私人小汽车的拥有量很高,但小汽车并不是平时人们出行的首选方式。

(5)北京市出行方式比例的演变

2005年北京市居民出行方式(不含步行)主要由自行车、公交车和小汽车构成,这三类出行方式占全部出行方式的86.12%。与2000年相比最显著的特点就是自行车出行比例大幅下降,由58.03%降到了38.84%;公交车出行比例大幅增加,在各种机动化交通方式中位居第一(图9-19)。可见,北京正在逐步建立以公共交通为主导的现代化城市交通模式。

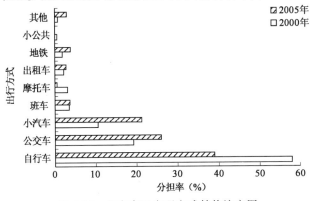

图9-19 北京市区交通方式结构演变图

从2000年到2005年，公交车分担率提高了6.82个百分点，这和北京市政府加大了公共交通建设的投资力度、实施"公交优先"的交通管理、改善市民出行条件的举措密切相关。公交车分担率的提升显示以公共交通为主导的现代化城市交通模式已初步确立。随着公交票价体制改革，市政公交一卡通的推行，公交车分担率还将进一步提高。但是，由于公交线路分布的不均匀、提高车速较慢、换乘不方便等客观事实的存在，公共交通分担率上升缓慢。

2005年地铁分担率较2000年提高了2.05个百分点，这主要是因为"十五"计划以来，北京轨道交通进入了快速发展时期，地铁八通线、城铁13号线开通运营，新增运营里程61公里，通车里程达到了114公里。随着地铁5号线、10号线（含奥运支线）、4号线、轨道交通机场专线、北京站至北京西站地下直径线、京津城际轨道交通工程的相继动工，北京轨道交通逐渐呈现出网络效应和规模效应，轨道交通分担率还将稳步增长。

2005年小汽车分担率达到21.21%，较2000年翻了一番，增速迅猛。社会经济发展和生活水平提高都促使出行者对出行方式的可达性、舒适性、快捷性和安全性提出了更高的要求，因此，小汽车出行比率大幅上升。同时，通勤出行比例降低，生活出行比例升高，说明小汽车使用的主要方向正在由生存性出行向生活性出行转变。

自行车出行比例显著下降，由2000年的58.03%下降到了2005年的38.84%，降低了19.19%。这反映出虽然自行车是一种健康绿色的交通方式，但是由于城市空间不断扩展导致出行距离增加，以及自行车行驶环境的日益恶化，致使自行车出行比例降低。然而，尽管如此，自行车仍是居民出行的主要交通方式之一。尤其是在通勤交通中，由于道路机动化交通的拥堵，非机动车依靠其出行的灵活性能够使出行者相对较迅速地达到出行目的地。因此在近距离通勤交通中非机动车起着不可忽视的作用。

2009年北京市居民各种交通方式出行构成中（不含步行），公共交通比例为38.9%（其中轨道交通为10%），较上年增长了2.1个百分点；小汽车出行比例为34%，较上年增长了0.4%；出租车出行占7.1%，较上年增长了0.3%；自行车出行比例为18.1%，较上年下降了2.2个百分点，降幅较大。可以说，北京市机动化的趋势与内涵还没有发生明显转变。

9.4.2 出行强度

出行强度是反映城市居民出行状况的综合指标,包含了出行率和总出行量两部分内容。

出行率定义为城市居民平均每日的出行次数,反映的是居民在日常生活中因参与各项活动而产生的交通出行需求状况,是用来衡量城市居民出行量的重要指标。图 9-20 所示为对比年度各大城市的居民出行率情况。从整体来看,各城市的居民出行率基本上都在 2.1～2.9 人次/日之间,这说明随着城市社会和经济的发展,人们的平均出行率会稳定在一个较小的范围内。

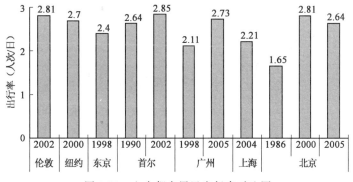

图 9-20 七大都市居民出行率对比图

城市居民总出行量等于人口规模与人均出行次数的乘积,它从总体上反映了城市居民出行的需求强度,决定着城市客运量的大小,是城市交通系统承受能力限度的基本量度指标。各大都市居民出行总量如图 9-21 所示。

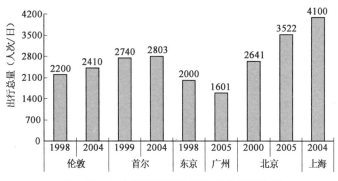

图 9-21 六大都市市区居民出行总量对比图

9.4.3 出行时空分布

各大都市居民出行的时间分布存在一定共性,即一天中的早晚高峰现象,且早高峰峰值更明显。这主要是受通勤出行的影响,早高峰由于受上班时间的限制,出行量大且集中;晚高峰主要是下班的客流,但由于没有严格的时间限制,因此峰值较小,但延续的时间较长。

出发时间分布是出行时间属性的一个重要方面,在一定程度上,它是居民对道路交通状况作出的反应。从图9-22可以看出,2000年和2005年北京市区居民出行存在明显的"双峰"现象,出行早高峰均发生在7:00～8:00,晚高峰均发生在17:00～18:00。

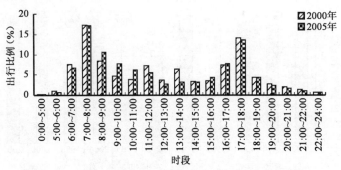

图9-22 2000年和2005年北京市区居民出行时间分布

从早高峰的发生时间来看,虽然2000年和2005年高峰小时相同,但是在早高峰小时之后直到11:00这一段时间内,2005年居民出行比例均明显高于2000年。这表明相对于2000年,早高峰时段有向后延长的迹象。就晚高峰的发生时间而言,两个年度的晚高峰小时完全相同,且绝大部分出行集中在17:00～17:30之间。不过,在15:00～17:00之间,2005年居民出行频率高于2000年,这说明相对于2000年,晚高峰的发生时间有提前的迹象。

根据2005年北京居民出行调查结果可知,城区早高峰持续时间为6:30～8:30,晚高峰持续时间为16:30～18:30,与伦敦等城市相比,早高峰延续时间基本一致,这主要是由于北京的上班时间大部分与国际保持一致。北京的出行量在19:00后迅速削弱,而伦敦的出行量虽在19:00后也有一定程度的减少,但仍保持在较高水平,如图9-23所示。

北京市的非通勤出行,例如娱乐、购物等的比例要远远小于其他城市,因此北京的早晚高峰都较其他城市明显。从城市发展的角度分析,随着物质和精神生活的需求增长,居民的出行目的趋向于多样化,非通勤出行的比

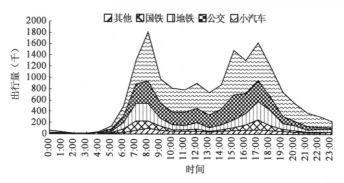

图9-23 伦敦地区机动化出行量全天变化趋势图

例将逐渐增加,北京的居民出行时间分布也将向伦敦等城市的模式发展,早晚高峰依旧存在,但其他时段的出行比例将有所增加。

出行距离主要体现一次出行的空间位移长度,它与城市经济产业布局、道路基础设施条件以及交通运行状况密切相关。通常情况下,城市经济发展水平越高、交通系统越发达、城市范围越大、相关服务设施配套越完善,居民平均出行距离越长。调查表明,国内三大都市居民出行平均距离均在5公里以上,北京为5.6公里,上海为6.9公里,广州为5.03公里,均高于纽约的4.7公里和伦敦的4.5公里。其主要原因有两方面:一是国内外的工作地与居住地习惯不同;二是北京、上海与广州的城市范围远大于纽约和伦敦。

出行距离的长短也与出行方式有直接关系。当城市范围相当时,出行方式的机动性越强,出行距离越长。表9-6列出了北京、广州与伦敦的各种出行方式的平均出行距离。从表9-6中可知,步行出行半径在1公里左右,自行车出行半径在3公里左右,三个城市相差不大。在机动车方面,受城市规模的影响,三个城市存在明显差异,北京的公交车、地铁、小汽车、出租车平均出行距离均高于广州和伦敦。其中北京公交车平均出行距离是伦敦的近3倍,地铁和小汽车均是伦敦的2倍左右。

各种交通方式平均出行距离(公里)　　表9-6

出行方式 城市	公交车	地铁	小汽车	出租车	自行车	步行	平均
北京(2005)	9.5	14.5	14.0	8.6	4.2	0.8	0.3
广州(2005)	7.9	8.4	8.8	6.1	3.2	1.5	5.0
伦敦(2005)	3.4	7.2	6.8	7.2	3.2	0.8	4.5

出行距离是决定城市交通系统负荷水平的重要因素。通过日均出行距离计算周转量,再除以道路里程,就可得到交通系统负荷水平。由于出行距离与出行率的差异,实际上各大都市某种交通方式的日均出行距离都是不同的。以小汽车出行为例,北京2005年日均出行距离为44.2公里,上海为46.9公里,而伦敦只有36公里,这与北京、上海的城市规模较大的特点相符。但由于道路里程的差异,全年道路的负荷水平差别很大,如表9-7所示。北京每公里道路一年承担452.59万辆小汽车,上海为259.70万辆,分别是伦敦的2.53倍和1.45倍。即使按伦敦所有机动车的周转量计算,北京与上海的道路负荷也分别是伦敦的2.03倍和1.16倍。北京的机动车保有量与伦敦相当,上海甚至还明显少于伦敦,但实际的道路负荷水平却远高于伦敦,道路交通拥堵状况比伦敦严重很多,这是国内大城市交通状况的特点之一。

各城市各道路交通负荷水平　　　　　　　表9-7

出行方式 城市	日均出行距离 (公里)	小汽车数量 (万辆)	周转量 (亿车公里)	城市道路里程 (公里)	年道路负荷 (万辆/公里)
北京(2005)	44.2	134	216.2	4777	452.59
上海(2004)	46.9	61	104.4	4020	259.70
伦敦(2004)	36.0	—	262.5	14676	178.86

9.5 交通发展模式及管理策略的借鉴

9.5.1 国际大都市优化交通结构的趋势和主要途径

(1)东京:打造以轨道交通为骨架的一体化快速公交出行网络,保持公交吸引力,为中心区与居住区间提供便捷的公交联系

①规划先导,奠定城市发展基础。

• 加强沟通城市亚中心的环路建设,促进城市向多中心型结构的转变。

• 以东京23区为中心,加强建设公共交通功能的新交通体系,大力推进由私人小汽车向公共汽车的方式转换。

• 优化城市空间利用模式,疏解交通时空冲突,包括充分利用地下空间,从流线上削减交叉口行人、非机动车与机动车的冲突数量和严重程度,将铁路道口全部改建成立交等。

- 加强公交车站站前广场等交通枢纽的运行设计,方便出行者换乘。
- 制订对非公交的管制策略,坚定在城市中心区优先发展公交的决心。
- 建立交通信息服务系统,并不断扩大服务区域。

②正视土地利用与交通发展的关系,解决道路和地铁拥挤问题。
- 建立综合交通发展的法律框架。
- 制订合理的营业许可发放方案以避免铁路运营公司间的过度竞争。例如,允许铁路公司下设公交分公司,可以使铁路公司能直接对公交车线路进行重组,提高这两种方式间乘客的换乘质量与效率。
- 促进投资选择的多样化,例如带息补助、软贷款(无条件长期低息贷款)、财政投资贷款以及商业贷款。
- 出台鼓励使用公交的免税补贴。
- 改善城市基础设施的管理效率以减轻政府补贴压力。

③提高公共交通出行方式多元化程度。提高公共交通效率的有效方法之一就是提高"出行方式多元化"程度。这主要是通过缩短几种出行方式间的换乘时间,来使各方向、各方式的出行更加迅速。东京的学者们近年来注意到了伦敦、巴黎使用多功能交通卡所带来的出行方式多元化,并开始研究使用这种多功能卡后所带来的影响。其未来的发展很有可能向这一方向靠近,从而逐步取消用于公交车和地铁之间换乘的额外费用。

④大力加强道路使用的管理。日本从2000年到2015年间预计在ITS方面花费6千万兆日元(约合4万亿元人民币),而作为首都的东京将在其ITS发展计划中占有举足轻重的地位。未来的主要发展领域是电子收费系统(ETC)、安全驾驶帮助系统、交通管理系统、自动化公路系统、公交自动化系统、应急车辆运营系统和光纤通信基础设施的扩展等。

(2)伦敦:多方式组合协调发展形成稳定的综合交通体系

①加强地面交通系统建设与管理。
- 不断延伸服务和提高频率来扩大公交网络的吸引力。
- 推行优惠的票制票价体系,体现对公交出行者的鼓励。
- 加强中心区私家车停车管理,严格管理侵占公交车车道行为,提高公交出行效率及出行时间的可靠性。
- 提供免费的公交地图、时刻表及各类服务信息来提高公交服务的可接近性。
- 使用更好的风雨棚、照明、座位,改造路缘帮助乘客登上低地板公交车,从而改善候车环境。

②加强地铁系统的管理和投资。
- 通过提高现有线路运营公里的总数量，增加现有网络的总容量。
- 改善地铁车站环境，提高枢纽站乘客换乘的方便性。
- 通过建立一个"可达性网络"核心，使地铁接近更多的居民。
- 加强地铁车站、出入通道及换乘通道等处的安全监控，消除出行者的安全担忧，使地铁同其他交通方式更好地连成一体。
- 通过延长网络（如所建议的伦敦东西部穿越线）和伸长东伦敦线，提高系统能力。

③对中心区小汽车使用实行更严格的管理。中心区内的公司、宾馆、公共建筑保留的免费停车场一律改为收费停车场，并提高停车费，用停车费来限制轿车的使用，减少由于非法停车而造成的延误。2003年以来，对核心地区还实施了比较成功的拥挤收费制度。道路收费使进入中心区的交通量大大减少，取得显著成果。

④改善非机动出行者的交通环境。对步行者，主要措施包括：改善人行横道；保养良好、清洁、宽阔的人行道，尽量避免信号或街头装置杂乱；在当地街道上实行更多的交通平抑，降低交通流量与速度。对非机动车出行者，主要措施包括：提高核心区自行车出行网络的质量，增设自行车车道；更加注意自行车停车安全。

9.5.2 交通结构演变的国际经验研究

(1) 中心城区公共交通与私人交通政策是解决资源短缺的重要手段

不同城市的基础设施和人均资源水平具有一定差异，如何根据城市的具体特点来平衡不同交通方式的份额、规划交通结构发展目标具有重要战略意义。在这个过程中，最为核心的问题是要处理好公共交通与个人交通的平衡。

伦敦的措施是坚定不移地贯彻优先发展公交系统的思想，其中最有成效的就是不断完善以轨道交通为核心的快速公交体系，对中心城区小汽车使用及停车实行严格管理，通过改善长距离城际铁路和城市轨道交通的衔接，极大地方便了乘客换乘，使轨道交通成为居民出行的重要手段。

东京于1982年、1986年进行了两次远景规划。1986年的远景规划要点有：强化环路建设，促进城市结构的多中心化；以东京23区为中心，大力推进私人轿车向公共汽车的转换，引入旨在加强公共交通功能的新交通体系。

首尔通过一系列软、硬措施,成功地使其成为世界上公共交通份额最高的大城市之一,有效缓解了道路交通的拥堵。

(2) 合理引导并努力优化城市不同区域的交通结构

城市区域功能的差别导致不同区域交通结构的差异。通过用地布局和交通发展策略,从源头引导不同区域交通结构的合理化是另一个重要的国际经验。分析表明:城市中心区的交通结构是城市交通结构控制目标中的关键问题。中心城区居住、就业密度远远高于周边地区,同时聚集了城市活动的主要部分,是资源负荷最重的区域,也是最需要体现公平的区域。坚定不移地采取各类措施保持中心城区公共交通发展的绝对优势,尤其是中心城通勤交通中公共交通的优势地位,是解决整个城市交通问题的核心。

以东京为例,先将中心城的部分活动分散到近郊区,再通过回迁重新提高了中心城地区的人口密度,一定程度上平衡了高峰期间道路方向间交通流量的不均衡性(潮汐特征);通过控制中心城区停车资源和停车费率,使东京城市中心区全日公共交通份额达到45%,高峰通勤方式的比例高达80%。

伦敦通过提高郊区交通(对外交通)与城市交通间的衔接和换乘效率、增加中心城区的个人车辆的停车费用、对学生与老人等群体乘坐公交实行优惠、鼓励人们将出行转移到非高峰期等措施,确保了中心城区公共交通的绝对主导地位。伦敦中心城全日交通中公共交通占40%,高峰期通勤交通的比例高达70%。

(3) 充分利用需求管理杠杆的引导作用

城市作为人口与资源的聚集区,也是矛盾的聚集区。在城市交通领域,硬件建设(规划手段)与软件措施(管理手段)是治理交通的两条途径。由于城市成长的规律性,绝大多数城市在进入成熟期后,交通规划手段的空间越来越小,规划的作用逐渐弱化,而交通需求管理与交通政策的引导成为政府的主要杠杆,这一点在城市中心区尤为明显。

东京的道路系统基本建成于20世纪80年代以前。1980~2005年间,全市新增道路仅500公里,面积为50000平方米;新增轨道交通仅90公里。同一期间,东京城市中心区停车收费水平提高了12倍,按占收入的比重计算提高了5倍。

伦敦的道路系统基本建成于20世纪70年代以前,轨道交通则多数建成于20世纪50年代以前。20世纪80年代以来,尽管交通需求增长了1

倍多，但中心城区的私家车比例却在下降。2003年实行拥挤收费以来，公共交通的比例进一步得到了提高。

首尔坚持了规划手段与管理手段并举的策略，在大力兴建以轨道交通为主体的城市公共交通的同时，通过交通消费的引导、停车管理等措施有效地控制了中心城区小汽车出行比例，为确保该区域交通服务水平奠定了良好基础。

纽约是资源相对宽松的城市，其公共交通系统在北美城市中最为发达，全日公交系统出行比例达到36%，中心区通勤交通方式中公共交通的比例达到了43%。

图9-24汇总了北京与上述几大都市市区全日、中心区全日以及中心区通勤三种情况下全方式交通结构中公共交通的比例结构。

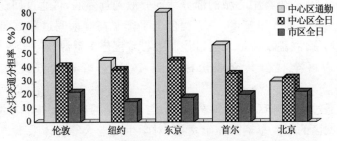

图9-24 部分城市不同统计口径下公共交通份额的对比图

从图9-24中可以看出，北京市上述三个指标最为接近，均位于20%~32%之间，而伦敦、东京等城市的上述三个指标则有较大差异。其中东京中心区通勤中公共交通的比例较市区全日的比例高出4倍以上，伦敦为2.5倍，纽约为3倍，首尔为2.5倍。这一显著差异说明对不同区域和时间段的出行，不同的管理与引导方式是构造一个高效城市交通系统的关键。

9.5.3 国内城市交通结构引导策略分析

(1)强化出行需求的源头引导，优化用地布局

①加快边缘集团建设，完善卫星城镇的功能，避免单中心过度扩张。

• 随着城市人口的不断增加，城市建设重点逐步从市区转向边缘集团和郊区新城。在旧城区，由于空间格局的限制，应严格控制大型公共建筑和大型商业设施规模，严格执行建设项目交通影响评价制度，将土地开发强度控制在交通容量许可的范围内。

• 对新城区，应尽量贯彻交通引导战略。按照新的城市空间发展战略

要求,构建以快速大容量公交为骨干、多种交通方式兼容的复合型交通走廊来引导土地开发。

• 不断优化中心城区道路系统结构,大幅度扩充和完善道路"微循环"系统,提高集散能力与交通可达性。

②加快建设中心城区与郊区间的复合走廊,建立快速公交出行体系。

• 结合土地开发,尽快建设连接新城与主城区的多种交通方式兼容的复合型快速交通走廊。

• 快速公交体系建设应注意整合不同方式的网络,实现互相补充,协调发展。

• 对新城内部的交通网络体系,应充分发挥交通规划的作用和影响,避免出现新的"大院"对路网的分割格局。

(2)建立可持续的公交运行机制和财务补贴制度

• 建立并不断完善政府主导下的市场化运作机制,确保公交企业的服务水平。

• 根据城市的具体情况,研究建立可持续的公共交通补贴补偿机制。对政策性亏损给予适当补贴,对承担社会福利和完成政府指令性任务增加的支出,定期进行专项经济补偿。

(3)强化公共交通与非公共交通的管理,引导非公交出行需求的理性消费

• 重视对小汽车使用的管理,降低小汽车在高峰、通勤中的比重。

• 通过区域差别的停车收费费率策略,控制中心区个人机动化出行的规模。

9.6 主要结论

综上所述,不同城市的交通结构直接取决于城市人口规模、城市地理环境、出行需求特征以及交通管理政策等要素。通过对北京、广州、上海、纽约、首尔、东京、伦敦七大都市基本交通状况的比较分析,可以得到以下几点主要结论。

(1)从统计上,我国城市与西方国家在城区范围、人口分布、城市发展水平等方面存在一定差异。例如,北京市全市域范围超过1.6万平方公里,为不少国外对比城市面积的10倍以上;但北京人口分布比较集中,市区面积占市域面积的8.34%,户籍人口占总人口的72.56%,市区人口密度为

7629人/平方公里,与国外大都市水平相仿。因此,不同区域范围,由于人口密度和经济发展水平的差异,交通供给和需求的特点截然不同,对应的合理交通结构也将各不相同。

(2)公共交通与私人交通的功能定位是判断城市交通结构合理性的根本依据。从交通基本设施情况而言,北京市城八区路网密度为4.52公里/平方公里,道路面积率为6.53%,在国内城市中居于领先地位。然而和国外同类城市相比,道路设施仍相对落后,路网密度仅为伦敦的1/2,首尔的1/3,东京的1/4。北京地面公交发展迅猛,公交运营车辆数量远多于其他六大都市,但轨道交通设施发展相对不足,截至2010年底轨道交通运行里程接近240公里。机动车保有量超过470万辆,超过了除东京以外的其他国内外城市。机动车过高的使用频率给原本不足的道路交通带来了极大负担,使交通拥挤达到白热化程度。

(3)中心城区的合理交通结构应该显著区别于城市外围区域的合理交通结构。中心城区人口密度、就业岗位密度均显著高于外围区域,出行需求的规模相对于外围区也要集中得多,因此,中心城区的人均交通资源是判断交通结构合理性的技术关键。对中心城区来说,单一的公共交通方式出行比例不一定能够说明全部问题,因为该区域有限的道路资源如果被过多的个人小汽车充斥,即便较高的公交出行比例所对应的交通运行状况可能也是难以令人满意的。中心城区合理的交通结构应该是较高的公交出行与较低的个人机动车出行的并存组合。

(4)从交通结构来看,国内城市目前普遍处于快速机动化阶段,小汽车增长率达到15%甚至更高。对于发展中国家来说,小汽车进入家庭初期所出现的对机动车出行的"照顾"可能是一种共同的公众心理,这导致了许多城市现阶段在道路交通管理中出现了实际上的"以机动车为本"现象;而这一时期机动车出行在路权上得到的"照顾"深刻影响着公共交通的运行及其对出行者的吸引力。因此,对于我国大城市来说,建立高效率的中心城区公共交通出行体系,甚至通过自行车而非西方的小汽车交通来延伸公共交通的吸引力,可能是优化中心城区交通结构的重要方向。

(5)在引导中心城区的需求管理策略上,停车管理是调整交通结构的最为简单有效的手段。尽管伦敦成功地实行了拥挤收费,并取得了较好的效果,但对我国城市来说,可借鉴的意义并不很大。首先,拥挤收费需要通过技术手段自动而非人工实现;其次,拥挤收费某种意义上需要机动车对规则的自觉遵守(或觉悟)而非强制执行,因为后者所增加的交通管理工作量是巨大的;第三,我国现行制度所涉及的车辆种类管理也为拥挤收费增加了难度。

(6)充分发挥轨道交通在交通结构中的作用。轨道交通是一类大容量的交通工具,需要高强度的出行需求来支撑,而出行强度很大程度上取决于土地利用方式。在引导城市交通发展问题上,东京采用复合式轨道交通网络,通过公共交通保持中心区强大的吸引力;伦敦通过多方式的协调发展形成了稳定的城市综合交通体系。这两个城市是目前世界上轨道交通系统功能发挥得最好的城市,发挥了轨道交通对中心城区通勤交通的主导支撑作用。限于城市经济发展实力,我国许多城市轨道交通网络密度不高,尤其是中心城区。轨道交通有时被作为引导城市疏散的主要工具,而非缓解道路交通拥挤的手段,这一点在北京、广州等大城市均可看出。因此,加大中心城区轨道交通网络的密度,提高其覆盖率,并通过地面公共交通或自行车交通来提高整个公交出行体系的运行效率与服务水平,是充分发挥轨道交通的功能、从根本上改变交通结构的重要基础。

参 考 文 献

[1] 交通运输部道路运输司. 世界主要城市公共交通[M]. 北京：人民交通出版社，2010.

[2] 北京市规划委员会. 北京城市总体规划 2004~2020[DB/OL]. http://www.bjghw.gov.cn/web/static/catalogs/catalog_233/233.html.

[3] 北京市规划委员会. 北京城市总体规划 1991~2010[DB/OL]. http://house.sina.com.cn/o/2002-05-22/11536.html.

[4] 北京市城市规划设计研究院. 2000 年北京市城市交通综合调查总报告[R]. 北京，2000.

[5] 北京建设史书编辑委员会. 建国以来的北京城市建设[M]. 北京：北京建设史书编辑委员会编辑部，1985.

[6] 北京交通发展研究中心. 2005~2010 年北京市交通发展年度报告[M]. 北京，2005~2010.

[7] 北京交通发展研究中心. 北京交通发展纲要专题研究[R]. 北京，2004.

[8] 北京交通委员会，北京交通发展研究中心. 北京市第三次交通综合调查简要报告[R]. 北京，2007.

[9] 北京统计局，国家统计局北京调查总队. 北京统计年鉴 1980~2010[M]. 北京：中国统计出版社，1980~2010.

[10] 北京志编委会. 北京志·市政卷·公共交通志[M]. 北京：北京出版社，2002.

[11] 北京志编委会. 北京志·市政卷·道桥志[M]. 北京：北京出版社，2002.

[12] 曹连群. 韩国首都首尔见闻[J]. 世界都市，1995，1(1)：58-60.

[13] 曹小曙，杨帆，阎小培. 广州城市交通与土地利用研究[J]. 经济地理，2000，20(3)：74-77.

[14] 常华，马小毅. 广州公共交通发展现状及展望[J]. 交通与运输，2004，8(4)：10-11.

[15] 陈朝晖，徐海清. 广州市土地资源的保护和可持续利用研究[J]. 热带地理，1996，16(4)：350-356.

[16] 陈尚云. 我国特大城市客运交通系统结构和发展战略研究[D]. 成都：西南交通大学，2004.

[17] 邓汉英. 广州交通现状及发展探讨[J]. 中国市政工程，2005(5)：22-24.

[18] 邓毛颖，谢理. 广州市居民出行特征分析及交通发展的对策[J]. 城市规划，2000，24(11)：45-49.

[19] 邓毛颖，谢理，林晓华. 城市土地开发中引进交通影响分析的探讨[J]. 地域研究与开发，2000，19(2)：47-50.

[20] 丁人. 首尔：不限私车限公车[J]. 安全与健康，2003(22)：52.

参考文献

[21] 丁燕,彭希哲.首尔城市发展的人口轨迹及对上海的启示[J].西北人口,2006(2):37-40.

[22] 东京都总务局统计部统计课.东京都统计年鉴[M].东京:东京都统计协会,1999.

[23] 董鉴泓.城市规划历史与理论研究[M].上海:同济大学出版社,1999.

[24] 冯黎,顾保南.国外典型大城市市郊轨道交通的发展及其启示[J].城市轨道交通研究,2008,11(12):49-53.

[25] 广东省统计局.广州市经济统计年鉴[M].北京:中国统计出版社,2009.

[26] 广东省统计局.广东统计年鉴[M].北京:中国统计出版社,2009.

[27] 广州市交通规划研究所.广州市2005年居民出行调查总报告[R].广州,2005.

[28] 广州交通规划研究所.广州交通发展年度报告2006~2008[R].广州,2006~2008.

[29] 广州市城市规划局,广州市城市规划编制研究中心.广州市城市总体发展战略规划实施总结研讨会综述[J].城市规划,2004,28(1):56-59.

[30] 郭继孚,毛保华,刘迁,等.交通需求管理——一体化的交通政策及实践研究[M].北京:科学出版社,2009.

[31] 国家统计局城市社会经济调查队.中国城市统计年鉴2008[M].北京:中国统计出版社,2009.

[32] 韩皓.都市圈交通系统战略规划研究[D].上海:同济大学,2001.

[33] 贺崇明,邓毛颖.广州市内环路建成后对周边地区社会经济影响研究[J].经济地理,2001,21(4):435-441.

[34] 华兆增.美国的城市公共交通[J].交通与运输,2007,23(1):34-35.

[35] 黄建中.1980年代以来我国特大城市居民出行特征分析[J].城市规划学刊,2005(3):71-75.

[36] 黄荣.城市轨道交通网络化运营的组织方法及实施技术研究[D].北京:北京交通大学,2010.

[37] 中华人民共和国交通运输部道路运输司.世界主要城市公共交通[M].北京:人民交通出版社,2010.

[38] 金基云.北京与首尔城市交通体系比较研究[D].北京:北京交通大学,2009.

[39] 金敬酷,著金凡,房育为,等.迈向可持续的公共交通之路——首尔公交改革的经验与成就(续)[J].城市交通,2006(4):35-40.

[40] 景国胜,王波.广州市居民出行特征变化趋势分析[J].华中科技大学学报(城市科学版),2004,21(2):88-92.

[41] 刘爽.基于系统动力学的大城市交通结构演变机理及实证研究[D].北京:北京交通大学,2009.

[42] 陆锡明.大都市一体化交通[J].城市交通,2006,20(1):13-18.

[43] 吕拉昌,王建军,魏也华.全球化与新经济背景下的广州市空间结构分析[J].地理

学报,2006,61(8):798-808.

[44] 马小毅.广州市居民出行方式结构变化的启示[J].城市交通,2004,2(2):29-32.

[45] 马小毅.城市个体交通工具发展的思考[J].交通科技,2004(2):56-58.

[46] 毛保华,四兵锋,刘智丽.城市轨道交通网络管理及收入分配理论与方法[M].北京:科学出版社,2007.

[47] 毛保华,王明生,牛惠民,等.城市客运管理[M].北京:人民交通出版社,2009.

[48] 毛保华,郭继孚,陈金川,等.北京市交通发展的历史思考[J].交通运输系统工程与信息,2008,8(3):6-13.

[49] 潘安,周鹤龙,贺崇明,等.城市交通之路——广州交通规划与实践[M].北京:中国建筑工业出版社,2006.

[50] 潘海啸,杜雷.城市交通方式和多模式间的转换[M].上海:同济大学出版社,2003.

[51] 彭高峰,蒋万芳,陈勇.新区建设带动旧城改造优化城市空间结构[J].城市规划,2004,28(2):29-31.

[52] 仇保兴.中国城市化进程中的城市规划变革[M].上海:同济大学出版社,2005.

[53] 全永燊,刘小明.新北京交通体系研究[J].城市交通,2005,3(2):1-4.

[54] 全永燊.《北京交通发展纲要》研究及近期交通对策建议[J].交通与运输,2004(1):5-7.

[55] 任远,王桂新.常住人口迁移与上海城市发展研究[J].中国人口科学,2003(5):42-48.

[56] 上海市城市交通管理局综合规划处.上海城市交通"十一五"规划纲要[DB/OL]. http://www.dfxj.gov.cn/dfxjw/dfxj/node2830/node2914/node2991/userobject1ai49123.html.

[57] 上海市人民政府.上海市城市交通白皮书[M].上海:上海人民出版社,2002.

[58] 上海申通地铁集团有限公司.上海市城市快速轨道交通近期建设规划(2010～2020年)[DB/OL]. http://www.stec.net/nationaltube/nationaltube_Detail.asp?id=15111.

[59] 上海市人民政府.上海市城市总体规划(1999～2020年)[DB/OL]. http://unpan1.un.org/intradoc/groups/public/documents/APCITY/UNPAN023928.pdf.

[60] 上海市统计局.上海统计年鉴2010[DB/OL]. http://www.stats-sh.gov.cn/2004shtj/tjnj/tjnj2010.htm.

[61] 邵俊杰.货物运输通道的演变及实证研究[D].北京:北京交通大学,2010.

[62] 石京.城市道路交通规划设计与运用[M].北京:人民交通出版社,2006.

[63] 宋淑运.从新加坡、首尔控制车辆增长措施看解决交通阻塞[J].现代交通管理,1997(5):44-45.

[64] 田锋.我国大城市客运交通结构发展模式研究[D].南京:东南大学,2002.

参考文献

[65] 汪德华.中国城市规划史纲[M].南京:东南大学出版社,2005.

[66] 王毅.羊年伊始纵观羊城交通[J].综合运输,2003(1):40-43.

[67] 王正.大城市客运交通结构与轨道交通方式的研究[D].上海:同济大学,2003.

[68] 许传忠.我国大城市居民出行交通结构研究[D].上海:同济大学,2003.

[69] 杨东援,韩皓.世界四大都市轨道交通与交通结构剖析[J].城市轨道交通研究,2000(4):10-15.

[70] 姚凯.上海市中心城区社会空间结构及其演化的研究[D].上海:同济大学,2004.

[71] 虞同文.首尔交通见闻[J].交通与运输,2003(1):26-28.

[72] 袁成.首尔的城市交通[J].城市公用事业,2001,15(1):41-46.

[73] 詹远洲.公共交通优先发展的政策体系[J].城市公用事业,1999,13(3):6-8.

[74] 张建明,许学强.从城乡边缘带的土地利用看城市可持续发展——以广州市为例[J].城市规划汇刊,1999(3):15-19.

[75] 张敬淦.北京规划建设纵横谈[M].北京:北京燕山出版社,1997.

[76] 张忠民.近代上海城市发展与城市综合竞争力[M].上海:上海社会科学院出版社,2005.

[77] 赵晓雷.2005上海城市经济与管理发展报告[M].上海:上海财经大学出版社,2006.

[78] 郑时龄.上海城市的更新与改造[M].上海:同济大学出版社,1996.

[79] 郑祖武.中国城市交通[M].北京:人民交通出版社,1993.

[80] 周鹤龙.广州市城市轨道交通线网规划的回顾和展望[J].地铁与轻轨,2002,15(4):14-19.

[81] 邹志云.城市道路网络运营可靠性分析及优化研究[D].北京:北京交通大学,2009.

[82] A Social History of London's Public Transport,1800~2000[DB/OL]. http://www.ltmuseum.co.uk/learning/online_resources/ecobus_omnibus.

[83] Analysis of the Transport Programme to Support the Draft London Plan[DB/OL]. http://www.tfl.gov.uk.

[84] Eva Lemer-Lam. An Introduction to Rail Service in the New York Metropolitan Region[J]. Beijing Planning Review,2007(3):40-44.

[85] Gerard Whelan. Modeling Car Ownership in Great Britain[J]. Transportation Research Part A,2007(41):205-219.

[86] Kee-Yeon Hwang. Traffic Policy In Seoul[DB/OL]. http://211.38.10.10/nfile/zcom_eng_bbs/urban_6.pdf.

[87] London Travel Report 2002~2009[DB/OL]. http://www.tfl.gov.uk/tfl/reports/.

[88] Preesan Rakwatin, Naoki Watanabe, Takahiro Yonemura. Introduction of Transit-

Oriented Development Policies in Some Cities TOD in Seoul [DB/OL]. http://www. trip. t. u-tokyo. ac. jp/member/staff/ieda/planning_policy_management/G6. ppt.

[89] Public Transport in London: Market Report 2000[DB/OL]. http://www. tfl. gov. uk/tfl/reports/.

[90] The Japan Research Institute,United[DB/OL]. http://www. jri. co. jp/JRR/2003/01/op-granddesign. html.

[91] The London Plan: A Summary, Highlights from the Mayor's Spatial Development Strategy for Greater London [DB/OL]. http://www. tfl. gov. uk.

[92] Transport Statistics for London 2001[DB/OL]. http://www. tfl. gov. uk/tfl/reports/.

[93] Transport Statistics Great Britain 2009 Edition[DB/OL]. http://www. dft. gov. uk/pgr/statistics.

[94] Transport for London 2010[DB/OL]. http://www. tfl. gov. uk/corporate/media/3119. aspx.

[95] World Cities Research: Final Report on World Cities[DB/OL]. http://www. travelwiseni. com/world_cities_research. pdf.

[96] Tokyo Metropolitan Government. http://www. metro. tokyo. jp/CHINESE/index. htm.

[97] Rail Based Urban Transport Development Policy and the Financing Mechanism in Japan[DB/OL]. http://nippon. zaidan. info/seikabutsu/1997/00296/contents/009. htm.